東吳大學中國文學系　補助

周鼎珩先生遺照

周鼎珩 著

易經講話 附原易

周鼎珩等協編

淨立夫 主編

易學應用之研究 第一輯

臺灣中華書局印行

師母徐氏

徐氏及獨子同舉

重刊易經精華序

易經兑於秦火之泥但經南北朝兵劫摩及典籍
散失者十三五六易自不能例外盖莊尊易者五
經之首莪莪尊設學官方于倡導士林中趨之者日眾
攻之者日諸一時風尚遂演為施孟梁邱三派相互
闡揚各有其獨到之處易更周之而薪傳不絕嗣以五
胡之亂中原板蕩向之各派所極深研受者至是寧皆
蕩為無存差幸唐人李鼎祚作残篇斷簡之中殷拾
漢易三十餘家彙編咸君周易集解一書復之治易者
得由漢易之津課以窺先聖堂奧於萬一厥頼乎此

按李氏所編之周易集解全部諸神側重於象
數其背莪理睇而不詳或以易所難解者既光象數
而非莪理故其難者自無須辭費既宋
儒為求辭釋之便及易於為人樓受多避重就輕較
循王弼得莪忘象之途經尊說莪理而視象數若術
人小道非聖學之正宗矣且日象己失傳於是尊
漢宋門户之爭易墾遂晦而不明矣
清初李光地地奉旨編殷周易折衷本名君謂和門户之
李期能將漢宋名家治君一爐惟究其實殊又不然周
易所表之內容首列朱莪次列程傳復之乃家亦

皆偏於莪理要之仍不能脫離程傳彖象之所
謂折衷者其名而已不過自兩宋以來言莪理者
固無象數之來傳皆得為折己見而以自成一家之
婆態表而出之其用集註体例述而不作一若周易
集解兑輯象家之言彙君一編則惟周易折衷
彖數君完聲坂周易折衷就莪理而論乃不可或缺
之書也近乎清之中葉嘉穎薛佳邨氏亦以集註体
例工自子夏易傳歷兩漢魏晉唐宋元明以至滿清
計蒐輯二百八十六家彙編易經精華一書並於每一
則經莪辭釋過看末周之變使補之以詳盡說明

在集註體例之中詢與李鼎祚之周易集解及李

光地之周易折衷可以窺稱鼎足而且周易集解之

於象數周易折衷之作義理主者所偏此則不分象

數藏理蒐羅益玫手此一編誠采百餘家言皆具眼

底其有裨於後人之治易自此淺鮮

雲於今日動氣時會乘歇瀰天斯文掃地讀書士

子如欲購置古籍雖出多金亦不易浮傳統書局以

復興傳統文化為職志適於坊間輾轉獲浮易經

諸舊刻本擬即付梓重列索言於子時子正

在設庠復易周見是編對於怡易者助益良多尤

其便於初學披睞加申述是為序

中華民國六十七年暮春中浣桐城周鼎珩於乾初

易舍時年七十有五

博一同學,接獲 寄來的賀年卡,並是很好討於
卜筮之術,頗感惟此項以錢擲挂,俗稱六搖課,其來源
係淺自火珠林,由所筮之卦,納之枝干支,再由干支被五
行生剋制化,以斷吉凶,易經講話第六版偏後宜
筮法已作詳盡說明,但此並非易,充其量只是易之餘
緒也,易所究者為宇宙之造化,引伸之則為治國平天
下之大道,豈僅卜筮之小術,君如論為卜筮小術則易已
無研究之價值,何能厝之經之首?西學中如核之物理及
最近盛行之電腦計數,與易頗相近,德人萊布尼茲謂得
中國報彰傳去易學之二進位,對發揚光大矣。

寬左零占,遂發展而至今日之電腦計算方式,吾人
所應努力者,乃在此等處有之溝通,卜筮小術,不足重
視,取法乎上,僅得乎中,如取法乎下,將何以自立。太卜
同學所見以為如何! 扶狀暨復延齡
釋念!耑此順詢
健進!

　　　　　　　愚 周鼎珩 　一月廿日

乾初易舍用箋

未定講稿
請勿傳播

易經講座附稿

～～當前卦象～～

周鼎珩

四十五年 講稿重印

按皇極經世，從唐堯即位元年甲辰，歷數至滿清乾隆九年甲子，其大運卦已輪轉而為天風姤（䷫），

姤者以陰消陽，物盛心衰之象也，如衡之於實際情形，則為人情漸薄，物慾漸張，而走向人役於物之

途徑，此一大運卦，主管三百六十年，即自乾隆九年起，至民國一百九十三年止，並以六十年當一爻

，六爻共分為六個階段運行。

第一階段：自乾隆九年至嘉慶九年之六十年，為初爻甲子，由姤卦第一爻主事，第一爻變而為乾，即

姤（䷫）之乾（䷀），乾乃純陽至健之卦，而有光大昌明之象，故在此六十年間，民安物阜，樂

享太平，文治武功，均較有表現，但乾卦行至上爻，不免亢而有悔，此所以乾隆晚節不佳也。

第二階段：自嘉慶九年至同治三年之六十年，為二爻甲子，由姤卦第二爻主事，第二爻變而為遯，即姤

（䷫）之遯（䷠），遯乃能力減退之卦，而有逐漸萎縮之象，故在此六十年間，回匪作亂，洪楊

又起，而英陷舟山，首肇外患之端，清廷形勢，途由此日見衰弱，內憂外感，不斷發生。

第三階段：自同治三年至民國十三年之六十年，為三爻甲子，由姤卦第三爻主事，第三爻變而為訟，

即姤（䷫）之訟（䷅），訟乃情乖勢逆之卦，而有彼此爭奪之象，故在此六十年間，中法之戰，

喪失安南，中日之戰，喪失台澎，而內有聯軍，戰亂無已，紛至沓來，卒以武昌起義，滿

清覆亡，清亡之後，而軍閥交鬨，彼爭此奪，仍然不停，此中蓋有天也。

第四段：自民國十三年至民國七十三年之六十年，為四爻甲子，由姤卦第四爻主事，第四爻變而為巽

，即姤（䷫）之巽（䷸），巽者入也，義屬內向，乃雙重疊卦，往復推移，而有此即有彼，有是

即有非之象也，但巽卦色尚青白，究以青白為主，故在此六十年間，首經國民黨奠定統一局面，乃復

遭共匪破壞，蓋由於卦之德性推移重疊也，惟國民黨徽為青天白日，與卦色青白相符，自應以國民黨

為主體，共匪在卦中所處之位置，不過是中之非，此中之彼耳，共匪自竊據大陸，為時已歷有八

年（自民國三十八年至民國四十五年），以卦數推知，應在民國六十三年至民國七十三年之內，即係

共匪完全崩潰時期，茲請分別說明於次：

(一)自民國十三年至民國二十三年之十年，巽卦第一爻當值，而為巽（䷸）之小畜（䷈），小畜

卦象，乃部份畜積，即小康之局面，故此十年，完成北伐以後，在國家形勢上粗告統一之功。

(二)自民國二十三年至民國三十三年之十年，巽卦第二爻當值，而為巽（䷸）之漸（䷴），漸之

卦象，施展不開，有如水源枯短而流濡緩也，故此十年，日軍侵華，政府退守西南之一隅，形勢

日蹙。

(三)自民國三十三年至民國四十三年之十年，巽卦第三爻當值，而為巽（䷸）之渙（䷺），渙之

卦象，披離分散，冰消瓦解矣，故此十年，共匪倡亂，竊據大陸，而五千年文化之傳統，掃地無

餘。

(四)自民國四十三年至民國五十三年之十年，巽卦第四爻當值，而為巽（䷸）之姤（䷫），大運

卦本為姤之巽，此又為巽之姤，而有反復之象，所謂反復，如在圈圈內賽跑，不論速度如何，始

終不能超過圓圈之範圍，故此十年，呈現膠著狀態，進一步之開展，不免窒礙重重。

(五)自民國五十三年至民國六十三年之十年，巽卦第五爻當值，而為巽（䷸）之蠱（䷑）蠱者毀

壞也，而為有事之卦，蓋蠱之卦象，積弊已深，有不能維持現狀之勢，故不得不從頭再起，而走

向更張之途徑，觀夫蠱之爻辭，一再曰「幹父幹母」，即表示新陳代謝，含有更張之意也，又查

皇極經世之佈卦，係根據大陸之區域與方位，凡此所言新陳代謝之更張，皆以大陸為指標，故此

十年，應主共匪逐漸崩潰，並有一種更張之局面隨之產生。

(六)自民國六十三年至民國七十三年，巽卦第六爻當值，而爲巽（☴☴）之井（☵☴），井者

養也，係營養之卦，亦即休養生息之義，但非常勞苦，故此十年，應主全國上下，於百坎之餘，

艱難自救，以圖恢復刧後之瘡痍，而生活亦漸納之於正常帆道，蓋已刧無可刧矣。

以上係第四階段六十年之情況。

第五階段：自民國七十三年至民國一百三十三年之六十年。爲五爻甲子，由姤卦第五爻主事，第五爻

變而爲鼎，即姤（☰☴）之鼎（☲☴），鼎乃除舊佈新之卦，而有新興隆盛之象，故在此六十年間，

當能煥然一新，富強康樂，蓋承第四階段第六爻井養之後，由衰入盛，轉弱爲強，亦理之固然也。

第六階段：自民國一百三十三年至民國一百九十三年之六十年，爲上爻甲子，由姤卦第六爻主事，第

六爻變而爲大過，即姤（☰☴）之大過（☱☴），大過乃表現特殊而大有過人之卦。蓋自身力量，既

經充實，勢必向外發展，爲人所不敢爲，言人之所不敢言，故在此六十年間，肝衡世局，而平抑歐美

，可斷言也。

過此以往，其大運卦爲鼎之大有，大有者豐盈飽滿之卦也，較之現行大運卦（姤卦），相差不可以道

里計，故中國未來國運昌隆，主宰全球，非我莫屬，而光輝燦爛，有如日月行天，猗歟庥哉！

第一冊

周氏易經通解

周鼎珩 遺著　陳素素 等記錄

五南圖書出版公司 印行

周鼎珩先生事略

受業 陳素素 敬述 七十三年八月

　　先生諱鼎珩，字公燮。世居安徽桐城周施鄉柏莊保。其先世代有明德。祖父啓仁公，事貨殖，常往來京、滬、蕪湖間，故饒於財；好施與、樂助人。父元熙公恪守家業，性好客，賓從輒滿座。先生四歲而孤，母蘇太夫人辛勤鞠育，期之至殷！初使從鄉長周菊樓先生讀，繼使遠赴九華山，師事三元道長；太夫人篤念之，背人掩涕，輒至嘔血染帨。其後先生每念此恩，益自惕勵。三元道長者，清末翰林也，研精覃思於《易》，先生天資穎悟，益以潛心，盡窺其奧。既而祖母命歸，入中學，畢業，考入北京大學，再轉入朝陽大學法律系，民國十九年畢業，授法學士。次年三月，任中國國民黨安徽省黨務整理委員會訓練部秘書。越一年，以中央組織部軍人科幹事派為武漢地區同少將主任點驗委員，巡迴各部隊點驗，交際餽貽，涓滴不取；事竣，獲獎金五仟銀元，並蒙給假三月。二十五年，調中央組織部文化事業委員會總幹事。越二年，授命赴西北往謁第八戰區司令長官朱紹良，接掌甘肅民國日報社，鼓吹抗戰，宣傳黨務，啓迪民智，報章銷行遍及甘、寧、青三省，遂為西北輿論權威。方是時，共黨在延安有所謂「救亡日報」，專事煽動挑撥，自民國日報出，其伎遂窮。二十八年，以所事績著，加任甘肅省黨部執行委員；次年，又加任中央執行委員會宣傳部宣傳指導員。先生綜理報務之餘，間亦參贊戎機，朱長官嘗納其言，以某項專款先行墊發軍餉，俾安軍心；人有忌先生者，投閒言於樞府，先生既受詰責，明白自陳，事乃已。三十二年，在重慶任中央圖書雜誌審查委員會主任祕書，其時共黨新華社捏造莠言，謀亂軍心，先生堅主封閉其社，雖周匪恩來親乞恢復，不稍寬假。是年教育部長陳立夫先生聘為戰區學生指導處處長，日接流亡學生，不可勝計，事前既不必預算，事後亦不必報銷，先生每言及此，輒有知遇之感。日寇既降，先生返鄉，倡議墾殖桐城縣無為縣陳瑤湖區普濟圩，並草擬墾殖辦法，庶解民困，興農村。其時產權分配，事最艱鉅，先生毅然以協理兼產權主任，折衝

協調，務得其平。三十七年秋，經圍墾整理完竣者五萬畝，先行分配農漁民十萬人種植生產。先生方慶濟民有緒，而共黨之禍日烈，乃於次年五月避地臺灣，任教臺南工學院。四十一年，入革命實踐研究院，奉先總統　蔣公命，至政工幹部學校，以孫文學說、理則學課諸生。越八年，借居臺北士林，兼課東吳大學中文系，授《周易》、老莊、理則學等科，憤者啓之，悱者發之，學子輒有會心，遂顏其居曰「乾初易舍」，隱曜不用，推演師說。五十一年，在中國廣播公司專設《易經》節目播講，嘗以微恙中斷，先總統　蔣公問其故，主事者因敦請復講，其見重於時，從可知矣。播講既畢，輯其講詞，曰《易經講話》，行於世。自六十二年後，先生家居，專志於講《易》，先後在黎明文化公司、中華文化大樓講授，歷時凡四年又八月，自《易》例、解卦、十翼以至綜合研究，畫卦作圖，曲盡其情；師孔子《大象》之意，因人事以明天理。每講錄音，旁有記錄，嗣經修定者計有《易》例及〈乾〉、〈坤〉、〈屯〉、〈蒙〉四卦，將謀付梓，此為第一期。第二期始於七十年五月，惜乎僅及年餘，先生嬰疾，初疑疾在肺，經查正常，又查大腸，疑有瘜肉，乃輟講就醫；久之，體貌漸豐，日寫稿五百字，常祈天假其年，俾遂其志。豈意今年夏曆六月二十九日患感冒，日進中藥，未見痊癒；七月七日晚，門人陳永銓陪侍進餐後，觀華視奧運轉播，猶曰：「此騎術不及我西北健兒也。」八時許，稍感疲乏，登樓就寢，痰湧不能出，遂不起！時七月八日子時也，距生於民國前八年三月二十日，享年八十有二。先生始以外祧姑母，娶周氏，三年而卒，無出。繼以遊學北平，娶吳氏，情至篤，生一女，名「生生」；吳氏出於北平世家，婉嬺有才，善詞曲，先生作《易經通論》，吳氏嘗為清校；吳氏亦三年而卒，先生傷悼至切。及中日戰爭結束，太夫人已前卒，承遺命娶徐氏，生一子，名「同舉」；其夫人近已捐世。蓋自三十八年先生孑身來臺灣，常恨有妻不能養，有子不能教，蓋天地間之罪人也；又言司馬遷言西伯居羑里演《周易》，孔子厄陳蔡作《春秋》，今天所以使我獨居海隅者，蓋欲使繼此絕學乎！其孜孜矻矻窮一生心力於《易》，以商瞿自期，老而愈勤者，良以此也。嗚呼！志士學人躬閱叔世，其生平行事，有不及詳次者，從蓋闕之例，幸大雅君子庶垂鑒焉。

周鼎珩先生事略補遺

受業 陳素素 恭撰

先師民國七十三年七月八日仙逝，八月我曾作〈周鼎珩先生事略〉，略述其生平大要，重在彰顯其宏揚《易經》的志業，然其間曲折，以篇幅所限，不見敘述，今本書出版在即，爰補述如下：

先師少年時曾師事九華山的三元道長，三元道長是清末翰林，學宗道家，道家傳《易》是不立文字的，這是先師在少年時代所受的《易》學教育。除《易經》之外，其他課程，三元道長也督責甚嚴，有時甚至夜半把先師叫起來背誦課文；先師書法宗顏真卿，三元道長為了訓練先師的筆力，在筆桿上逐漸增加有孔銅錢的數量，所以先師的書法骨力遒勁。先師常守丹田，晨起必練九節連環，這可能也是傳承自三元道長，所以七十歲時還自豪髮黑如漆。

先師是朝陽大學法律系畢業，當初選擇法律系是因為四歲喪父，孤兒寡母怕人欺負。其實先師志趣所在一直是研究《易經》，在大陸時就曾作《易經通論》，同仁好友多呼「周八卦」而不名，可惜渡海來臺，未及攜出。

來臺後，先師還是不忘初志，一面在東吳大學中文系教授《易經》，一面在中廣公司專設《易經》講座播講，臺灣朝野研究《易經》的風潮，自此掀起；播講完畢，先師即輯各期講詞成書，名曰《易經講話》，自民國五十一年至今，已行世五十餘年。

《易經講話》是先師師承三元道長的《易》學，加上日後長期不斷地冥思默討，累積心得寫成的。那時他客居外雙溪，自顏其居曰「乾初易舍」。書法家賀其燊老師嘗贈先師聯語曰：「此間有山中宰相，何處問世外桃源？」「山中宰相」這時沒有出仕的機緣，而在默默從事傳「道」的志業。當時我正在東吳大學中文系就讀，畢業後又在母校任教，常侍左右，恭聆教誨；記得有一次先師讀《易》很有體會，不禁說：「我們老祖宗的頭腦和玻璃一樣！」那嘆服的神情，如今還歷歷在目。所以這本書既沒有時下急功近利者的東拼西湊，也沒

有純學術論文的艱澀難懂；用淺顯的文字表達高深的道理，是這本書的特色，是先師功力的顯現，更是這本書能持續銷行半個世紀的原因。

　　先師有一段經歷，很少向人訴說。民國卅八年大陸淪陷，先師先行逃難來臺。後來年輕的師母帶著襁褓中的兒子及十七口箱子，搭乘卡車，萬里迢迢地尋夫，豈知半路遇到巷戰，暫時避難民家時，卡車司機竟駕著滿車的箱子開溜，留下的是夫妻睽違卅年，隔海相思，團圓夢永遠沒有實現。那種椎心泣血的痛苦，非親歷者，實難以了解。記得先師有一個專櫃專門存放師母的來鴻，我曾很好奇地想要看看，先師說：「不要，你看了會哭！」我也曾很天真地問先師：「老師！您如果有一天和師母見面了，會怎樣？」老師說：「會抱頭痛哭！」語氣都是平靜的；平靜的背後，曾經歷多少痛苦的煎熬啊！他常恨「有妻不能養，有子不能教，是天地間的罪人」，但痛苦之餘，不忘用司馬遷的話──「西伯拘羑里演《周易》，孔子厄陳蔡作《春秋》」自勵，他領悟老天所以使他獨居此海隅，就是要他宏揚此絕學啊！於是他對《易經》傾注了所有的情感，有恆地一步一步完成他的志業，他是那麼的專注，甚至說：「《易經》就是我的兒子！」孔子說：「作《易》者，其有憂患乎！」先師所以能夠深入體悟《易經》，也是由於飽經憂患啊！那是犧牲兒女私情、犧牲家庭溫暖，用斑斑血淚換來的啊！

　　民國六十二年先師自東吳大學退休，應聽眾要求，先後在黎明文化公司、中華文化大樓開設講座，旁有錄音，並有專人記錄，當時先師年已七十，常說：「我在辦交代！」其傳《易》的心情，非常明顯，如此講了四年又八個月，此為第一期；第二期始於七十年五月，可惜僅及年餘，就因病輟講，未幾又齎志辭世。所幸先師在世時即為其書命名為《周氏易經通解》；其中，《易》例及〈乾〉、〈坤〉、〈屯〉、〈蒙〉四卦也已定稿，其餘各卦都是弟子們秉承先師遺志，根據先師錄音帶記錄而成。

　　《易經》不是尋常的書籍，加以先師乃安徽桐城人，鄉音不改，能勝任記錄者寥寥可數，所幸諸記錄者深感先師對於志業的真誠，莫不黽勉以赴，終於可以為先師一償素志了。在問世前夕，不揣鄙陋，敬謹補綴如上。

先師周鼎珩對《易經》之體悟與闡發 以賁卦等十七卦爲例

陳素素

　　先師命素素記錄者先後有賁卦、剝卦、无妄卦、頤卦、大過卦、離卦、遯卦、晉卦、睽卦、夬卦、井卦、震卦、歸妹卦、巽卦、渙卦、中孚卦、既濟卦等十七卦，記錄既竟，得略窺先師對《易經》之體悟與闡發，因不揣鄙陋而論述之。

　　先師首明易例，易例為探索《易經》的鑰匙。易例既明，則用以闡釋六十四卦。茲分條舉例如下：

一、糾正宋《易》的謬誤、闡發漢《易》的道理

　　先師在易例一中指出：「《易》至魏晉，經王弼掃象之後，即已流於空洞，唐宋兩代，如孔《疏》、程《傳》與朱《義》，亦皆局限於義理，而象數見絕，《易》之本旨，逐漸喪失！所幸李鼎祚掇拾兩漢三十餘家之殘篇賸簡，兼之邵康節又闡明先天數，於是象數之說，得以略存一二，藉使後之學者尚有途徑可循，故明清兩代，有不少之經師，於摸索之中，復窮漢《易》。但至民元鼎革，西風東漸，此已即將失傳之《易》學，便不為人所重，而湮沒莫聞！時至今日，中華文化，不絕如縷，欲謀文化之復興，必先昌明文化源頭的《易》學，鼎珩不敏，願與海內外諸君子共勉之。」可見先師是志在追隨明清的經師，復窮漢《易》，挽救即將失傳的《易》學的，在闡說六十四卦時，常常可見，以下僅舉兩例以為證明。

　　在〈无妄〉卦裡，先師說：「根據卦變，二陰四陽的卦是來自遯卦和大過卦，无妄卦是從大過卦來的呢？還是從遯卦來的呢？是從遯卦來的，遯卦的上爻下來了，於是乎變成〈无妄〉；宋儒有些講是從三爻下來的，但三爻不對，何以故？」以下先師緊接著用乾卦上九「亢龍有悔」，上九已發展到極點，於是反生於下，來說明上爻理當下來；另外又用「〈乾〉〈坤〉生六子」來說明三爻不能下來的道

理：〈艮〉是六子中的少男，既是少男，陽就不夠，還是嫩的，怎麼能下來？這是糾正宋《易》的謬誤。

在賁卦裡，先師說：「這卦以漢《易》的說法，是從泰卦來的，為什麼呢？在卦變裡，三陰三陽的卦，是以〈泰〉〈否〉兩卦為主，這卦是三陰三陽的卦，他的本源是從泰卦演變來的。泰卦外卦是〈坤〉，內卦是〈乾〉，乾卦的九二上居坤卦的上六，坤卦的上六下居乾卦的九二，於是就變成賁卦。」緊接著先師先舉〈彖傳〉「柔來而文剛」，來說明坤卦上六為「柔」，下來文飾乾卦九二的「剛」；又舉〈彖傳〉「分剛上而文柔」，來說明分乾卦九二上的「剛」，上去文飾坤卦上六的「柔」。這是闡發漢《易》的道理。

二、針對先儒懷疑，援用易例，加以澄清

先師在易例三說：「〈繫辭傳〉曰：『爻也者，效天下之動者也。』六爻就是一現象所含之動態有其六種不同之方式，……二與五爻之動，是指示主幹之動，二為內卦之主，有關基礎之建樹，其動也篤實；五為外卦之主，有關成功之表現，其動也榮華，……此所以乾卦二爻爻辭，僅繫『見龍在田』，以狀其篤實，而於五爻爻辭，則繫之『飛龍在天』，以狀其榮華。」又說：「卦是代表現象的，任何現象……自其結構的形態看，有內在的基礎，就有外在的發展，卦即因之而分內外，意為示人以觀察之途徑也。」可見有些卦要拿「爻」來觀察，有些卦則要拿「內外兩體」來觀察。

比方先師在剝卦裡說：「先儒有人懷疑剝卦是剝掉五個陽，只剩一個陽，像那花木已零落，裡頭生機不夠了，本來他是九月卦嘛，說他剝，還可以；觀卦剝了四個陽，也僅比〈剝〉多了一個陽，怎麼倒還有可觀之處呢？怎麼還有『大觀在上』呢？至於否卦只剝掉三個陽，還有三個陽存在啊！怎麼就閉塞不通呢？這怎麼講法呢？這不是矛盾嗎？」

先師如何來澄清先儒的懷疑呢？先師先拿「爻」來觀察剝卦、觀卦的不同—「乾卦代表乾陽的爻是五爻，『九五，飛龍在天，利見大人』，這個五爻可以代表乾陽最大的主力，假使主力不亡，他還有辦法，觀卦雖說剝到四陽，而五陽—乾陽的主力還存在，所以還有可觀之道也。到了剝卦，他乾陽的主力已經沒有了，所以他就剝落了、凋

零了，這是拿『爻』來講。」

　　否卦乾陽的主力還在啊！為什麼他又閉塞不通呢？先師又如何來解釋呢？先師是拿「內外兩體」來觀察否卦的，他說：「中國過去講卜筮的，是講『內貞外悔』，內卦是『貞』，外卦是『悔』，那是什麼意思呢？內卦是主宰，是不動的，外卦是發展的，可以變動的，有懊惱的，可是只要內卦的主宰不壞，外卦就可以減少他的危機，現在否卦內卦的主體，已經為陰剝完了，內在變成塊然死體，是靜止的，只是外體的浮陽向外發展，內外兩氣連不起來，不能相通，所以他閉塞不通，這是拿『內外兩體』來看的。」先師又順便提出「遯卦也是拿『內外兩體』來看，遯卦內卦本來是陽，現在內卦變成〈艮〉，〈艮〉為止，內在停止了，內在沒有力量了」。其觀察方法和「否卦」相同。

三、從本卦內外體的卦象來了解本卦卦體

　　先師在易例三說：「……卦體則分為內外、本末，重卦的體例是由兩個三畫複合而成，既為三畫卦所複合，當然有內、有外。先儒對在內的三畫卦，多稱之為「內體」，亦稱「內卦」；對在外的三畫卦，多稱之為「外體」，亦稱「外卦」。……〈泰〉之〈彖傳〉曰：『內陽而外陰，內健而外順，內君子而外小人。』〈否〉之〈彖傳〉曰：『內陰而外陽，內柔而外剛，內小人而外君子。』這是就內外以言卦體。」

　　先師在泰卦即根據這個原則來闡釋，他說：「內體〈乾〉，〈乾〉為天而居下；外體〈坤〉，〈坤〉為地而居上。……就內外言：〈乾〉乃動能的陽，而為萬物生機之所在，〈乾〉居內，是表示生機藏之於內；〈坤〉乃靜態的陰，而為萬物形質之由來，〈坤〉居外，是表示形質現之於外。舉凡宇宙萬物，其內在必藏有生機，外在方現出形質，外在既現出形質，內在必藏有生機。例如花木之能發枝發葉、開花結果，完全是於內在根荄所蘊藏的生機，根荄生機，倘已耗盡，則枝葉花果一切外在的形質，立即隨之而消滅，所謂『有諸內者形乎外』是也。」

四、從旁通卦和本卦做卦象之比較來了解本卦卦體

先師在易例四說：「設有兩卦於此，卦體位置一致，並不顛倒，而兩卦所含之陰陽各爻，本質完全相反，在這一卦的某爻是陰，在那一卦的某爻卻是陽，在這一卦的某爻是陽，在那一卦的某爻卻是陰，似此陰陽相反的兩卦，就叫做『旁通』（一稱錯卦或對卦）。例如〈屯〉和〈鼎〉兩卦，圖解於次：

屯卦　鼎卦

除〈屯〉與〈鼎〉兩卦外，如〈蒙〉與〈革〉、〈需〉與〈晉〉、〈訟〉與〈明夷〉、〈師〉與〈同人〉、〈比〉與〈大有〉等等皆是。以旁通較之於前述的反對，彼則起於位置上的關係，而無與於卦爻的本質，故其為用猶狹，僅能施之於五十六卦；此則乃起於本質的差異，而為陰陽互變，故其為用特廣，可以行之於六十四卦全部。」

「旁通」既可以行之於六十四卦全部，所以先師在闡釋卦體時，常從旁通卦和本體卦做卦象的比較，經由比較，更能了解本卦。現在試舉夬卦為例，以見一斑。

夬卦　剝卦

「夬卦的旁通是剝卦，剝卦是五陰剝陽，就是五陰向上浸長，只有一個陽孤懸在上，這個情勢勢必為陰所剝，存在不住的。夬卦的情形也是如此，五陽向上浸長，只有一個陰孤懸在上，當然到了最後一定為陽所滅，毫無問題。這兩個形勢是相同的，可是裡頭有不同的地方，有什麼不同的地方呢？陰剝陽比較容易，陽決陰比較難，何以見得？」以下先師分別舉自然現象—「火滅水是慢慢地熬，水滅火是突然地驟滅」、人事社會—「小人害君子容易，君子去小人困難」來說明。

五、從互卦來幫助對本卦卦體的觀察

　　先師在易例五說：「〈繫辭傳〉曰：『雜物撰德，辨是與非，則非中爻不備。』所謂中爻，指的是一卦裡面二、三、四、五各爻，因這幾爻居卦體之中也。那麼，中爻何以能辨別是非好壞呢？這得要經過一番的手續：將二、三、四、五各爻，依其所居位置之上下，分為內、外兩體，二、三、四疊之於內，而成內體；三、四、五疊之於外，而成外體。於是中爻遂疊成另一個完整的卦體；既經有了另一個完整的卦體，在卦體形式上，當然就會顯示是非好壞，而中爻便可藉此以發揮其應有之作用—雜物撰德，辨是與非。惟卦非本有，係由中爻互相複合以成，故稱之為「互卦」。茲仍舉〈屯〉〈蒙〉兩卦，圖解於次：

屯卦中爻互成剝卦：　蒙卦中爻互成復卦：

　　後儒有疑互卦非先聖之旨意，其實，孔子於《繫辭傳》裡指出『中爻』，非互體而何？這好比選擇樹木的材料，並不在乎樹枝之茂，以及樹根之牢，而要審度樹幹之中段成材與否。故對一卦之觀察，絕不能忽視中爻之互體。」

頤卦中爻互成坤卦：

　　互體既如此重要，所以先師常用來觀察卦體，比方頤卦，〈頤〉上頭是〈艮〉，〈艮〉為止，底下是〈震〉，〈震〉為動，等於口車輔吃東西，底下動，高頭不動，所以是口車輔之象。中間四爻互著兩個〈坤〉，〈坤〉作成物，〈坤〉為萬、為物，〈坤〉厚德載物，就是嘴裡面有厚德載物，嘴裡面有萬物；下頭在動，高頭在輔助，中間有萬物在口中，所以是養的象徵。

六、從本卦卦變的來源和本卦比較以加深對本卦卦體的認識

先師在易例四說：「宇宙間從沒有一成不變的現象，人事現象固然不斷地在變，自然現象更是變動不居，而且白雲蒼狗，一息萬殊。卦者，掛也，掛萬象於其上也。卦之為用，是在指示周遭所懸掛的現象；質言之，無異乎是現象的代表。現象既經時時在變，代表現象的卦體形式，當然也就隨著現象之變而變，這便是『卦變』的由來。卦變一稱『變卦』，謂由這一卦演變而成那一卦。」並列舉虞翻及李挺之所傳的卦變，以為「李挺之所傳之『卦變』，持義最精，針對實際現象，而將卦變分為兩大類：曰『反對』，曰『相生』。在實際現象中，相生者，如父而子、子而孫是也；反對者，如暴虐統治之下，而有革命運動出現是也。窮極宇宙萬有，其現象之能不斷演進，無非由於相生與反對兩種途徑；故言『卦變』，應以此為準。」

泰卦　　既濟卦

故先師在觀察卦體時，常用「卦變」，比方先師在講既濟卦時說：「我們根據『卦變』來講，三陰三陽的卦都是從〈泰〉、〈否〉兩卦來的。這一卦是從泰卦來的，泰卦的二爻上去居五，五爻下來居二，變成〈既濟〉。泰卦是正月卦，在《禮記·月令》上講：『是月也（正月），天氣下降，地氣上騰。』『天氣下降』，所以〈乾〉在下，〈乾〉在裡頭；『地氣上騰』，所以〈坤〉在上，〈坤〉在外頭。泰卦是陰陽兩氣全面相交，萬物生機暢逐，可是萬物真正到定局的時候，光陰陽全面相交還不夠的，在陰陽兩氣全面相交之後，一定要再由〈乾〉〈坤〉兩氣中心的契機互相交換；就是〈坤〉的中心契機居〈乾〉體之中，〈乾〉的中心契機居〈坤〉體之中，萬物才真的可以成就。我們看萬物，無論是胎生的也好，卵生的也好，種植生的也好，藉著春天（泰卦）陰陽兩氣相交的這個機遇，他自己本身生殖的中心點，兩個還要交換，還要互相契合在一起，這樣才能變成萬有的生物，人才能變成人，禽獸才能變成禽

獸。泰卦是講陰陽全面要交換，〈既濟〉是講每一個物體他自己內在的那個陰陽契機要交換，才能成就每一個物體，所以既濟卦和泰卦的關係很深。」既濟卦和泰卦經由如此的比較，不是可以加深我們對既濟卦的認識嗎？

七、參照〈乾〉、〈坤〉十二爻之爻辭來認識各卦體之爻的好壞

先師在易例四說：「……〈乾〉〈坤〉十二爻，在功用上既各有其差異之表現，如分別散居於各卦之中，而為各個卦體之組成分子，固然分具各個卦體之爻位特性，但或多或少，仍保持〈乾〉〈坤〉十二爻之原有的意義。……要之，認識各個卦體中之爻是好是壞，以及引申到人事社會的應進應退，須參照〈乾〉〈坤〉十二爻之爻辭。」

遯卦　　姤卦

舉例來說，在遯卦，先師為了說明遯卦二爻的陰把整個內在的基礎掌握住了，就引坤卦二爻的爻辭來證明，他說：「姤卦這個初爻的陰，固然是基礎，但是初爻還不當位，還不能代表內卦。如果姤卦這個初爻的陰升到二爻，二爻就能代表內卦，為什麼呢？坤卦的二爻：『直方大，不習无不利。』乾卦的二爻：『見龍在田，利見大人。』內卦到了二爻以後，他內在的基礎，就歸他所掌握，陰長到二爻，內卦就被陰所掌握住了，現在這個姤卦初爻的陰升到二爻，於是把整個內在的基礎掌握住了。」

剝卦　　觀卦

在剝卦，先師為了要說明剝卦裡頭生機不夠了，而觀卦還有可觀之處，就引乾卦五爻的爻辭來證明，他說：「乾卦代表乾陽的爻是五爻，『九五，飛龍在天，利見大人。』這個五爻可以代表乾陽最大的主力，假使主力不亡，他還有辦法；觀卦雖說剝到四陽，而五陽——乾陽的主力還存在，所以還有可觀之道也。到了剝卦，他乾陽的主力，已經沒有了，所以他就剝落了、凋零了。」

八、用天地人三才來看卦體

先師在易例三說：「所謂才，指的是從內在本有之氣質，到外在表現之能力。才之所以分為天地人者，是說天具主宰的能力，空洞而無形，其為才也屬於氣；地具凝聚的作用，實在而有體，其為才也屬於質。人生於天地之間，稟賦雖各不同，但就一般而論，人得天地均衡之數，稟之於天所主宰的氣，約佔其半，是即人之靈能的來源；稟之於地所凝聚的質，約佔其半，是即人之軀體的來源。故凡人類應具之才，則屬於氣與質的配合。氣質配合適宜，其才高而且美；氣質配合不當，其才卑而且劣。這在《易經》卦爻上，指示得極為明顯：三畫之卦，以在上一爻為天，在下一爻為地，居中一爻為人；六畫之卦，以在上的五、上兩爻為天，在下的初、二兩爻為地，居中的三、四兩爻為人。」

在既濟卦，先師說：「既濟卦拿三才分開來看，更可以證明老子這句話——『功遂身退，天之道。』所謂『天道』，指陽而言，因為陽為天嘛。既濟卦六爻皆正，而且陰爻皆居前，陽爻皆居後。初、二兩爻是地，三、四兩爻是人，五、上兩爻是天，所謂『兼三才而兩之』。拿天地來講，陰爻在前，陽爻在後，陰爻在外，陽爻在內；拿人來講，也是陰在外，陽在內。所以我們人所看到的都是五官百骸，至於精神意志呢，藏在裡面。拿天地來講，看到的都是有形的東西，無形的東西隱藏在後。所以老子講『功成』——『陰體已經成功了』，『事遂』——『是花就是花，是樹就是樹，是草就是草，是牛馬就是牛馬，是飛禽就是飛禽，這樣子事已經成就了』，於是『身退』——『造成這些物體的動力就退後了，陽爻就是退後了』。總而言之，宇宙萬有，一般所看到的都屬於具體的表現，具體的表現屬於陰；至於陽的方面的能力呢，是不具體的，所以就退後了。」這就是

用三才觀察既濟所得的認識。

九、用八宮之說來觀察卦體陰陽消息的情形，進而了解卦情

先師在易例八說：「八宮之說，詳見《京房易傳》，旨在示人以觀察現象之途徑，並為占筮上確立推斷之基礎。析而言之：〈乾〉本純陽，但〈乾〉宮所領導者，率皆陰消之卦，而且陰消之勢，逐級增強；初消成〈姤〉，二消成〈遯〉，三消成〈否〉，四消成〈觀〉，五消成〈剝〉，〈剝〉盡即入於純陰之〈坤〉矣。〈坤〉本純陰，但〈坤〉宮所領導者，率皆陽息之卦，而且陽息之勢，逐級增強；初息成〈復〉，二息成〈臨〉，三息成〈泰〉，四息成〈大壯〉，五息成〈夬〉，〈夬〉盡即入於純陽之〈乾〉矣。」

在剝卦，先師即從此途徑以觀察卦體，他說：「剝卦本來是〈乾〉宮的卦，是陰來消陽的卦，陰初消成〈姤〉，是〈乾〉宮一世；二消成〈遯〉，是〈乾〉宮二世；三消成〈否〉，是〈乾〉宮三世；四消成〈觀〉，是〈乾〉宮四世；到了五消，就成〈剝〉，此時〈乾〉宮本身快剝完了，剩了一個孤陽空懸於上。我們曉得任何一個現象，他所以能夠成長，乃至於能夠發展，都是靠著陽在裡頭做他的生機，假使這個現象，他的陽快完了，到了五消成〈剝〉的，這個現象就存在不下去了，就要瀕於死亡的邊緣。」

在泰卦也是如此，先師說：「〈泰〉本〈坤〉體，而為〈坤〉宮三世卦。〈乾〉入〈坤〉體，初息成〈復〉，二息成〈臨〉，三息成〈泰〉，四息成〈大壯〉，五息成〈夬〉；自〈夬〉以後，如再上息，則已成〈乾〉，而〈坤〉體即不存在。故就〈坤〉體存在之範圍內，只始於初息而止於五息，三正居於初至五之中。在三之前，為初、為二，初陽猶微，二仍屬於涵養期內；在三之後，為四、為五，四已過壯，五則瀕於決陰之程度。是初、二嫌不及，四、五卻太過，過猶不及，惟有陽息至三，三陰三陽，各得其半，配合均衡，始能達成通泰的境界。」

十、用納甲之說闡明卦爻

先師在易例七說：「兩宋以來，治《易》者率多側重義理，擯棄象數，有謂五行、干支與《易》無關，納甲只是術家所用，而非聖門

之學。持此觀點，何異耳食？按《易經》裡面，以干支解釋卦爻，屢見不鮮，如蠱卦卦辭曰：『先甲三日，後甲三日。』革卦卦辭曰：『己日乃孚。』巽卦九五爻辭曰：『先庚三日，後庚三日。』是則《易》固未嘗諱言干支，干支且為《易》之所本有，而與卦爻結成不可分之關係。尤其在文王演《易》之前，夏、商兩代帝王，即已沿用干支為名，夏之孔甲、履癸，商之盤庚、武丁，其例之多，舉不勝舉！幾乎所有夏、商帝王的名字，十之八九，都離不開干支，足見當時對於干支，非常重視。然而為什麼這樣的重視呢？蓋《易》在古代，乃唯一的立國寶典。治曆明時，準之於《易》；制器尚象，準之於《易》；凡有興革大計，無一而不準之於《易》。而夏之《連山》、商之《歸藏》，其文字內容更較《周易》為簡約，有關卦爻性能及其變化，不得不藉干支以為之說明。因八卦中〈乾〉〈兌〉屬金，〈坤〉〈艮〉屬土，〈震〉〈巽〉屬木，〈坎〉屬水，〈離〉屬火，八卦就是五行，干支也是從五行而來，彼此都以五行為依據，故兩者之間，脈絡相通；而干支遂成為卦爻的主要標誌，『納甲』之說，於是應運而起。」又說：「干支是怎樣的從五行而來？這就由於五行分陽、分陰，木分為甲、乙，火分為丙、丁，土分為戊、己，金分為庚、辛，水分為壬、癸，以成十天干。十天干既成，再經遁成地支，癸遁子，癸、辛、己遁丑，甲、丙、戊遁寅，乙遁卯，乙、戊、癸遁辰，丙、戊、庚遁巳，丁、己遁午，丁、己、乙遁未，庚、壬、戊遁申，辛遁酉，辛、丁、戊遁戌，壬、甲遁亥，而十二地支以成。根據以上分析，所謂『干支』，無非指的是太空氣化。十天干遁成十二地支，是在表示太空氣化經過五行的演變，做更進一層的發展，由天干的氣化，走向地支的形化，而已具有作育萬物的功用了。至於《易經》裡面所有的卦爻，不論是如何複雜，要皆由於陰爻和陽爻組合而成卦體，陰爻和陽爻，就是陰、陽兩種氣化的代表，先聖作爻畫卦，無異乎是演氣化方程式，而將卦爻體例代表太空氣化各種組合的形態。總而言之，干支指的是太空氣化，卦爻也是代表太空氣化，彼此所講的對象，完全相同，當然其間的脈絡是相通的。不過卦爻組合，只是陰、陽氣化在位置上往來升降的不同，如僅憑此以認識卦爻的性能，似覺較為困難，必須多費思考。而干支標誌，從五行到天干，從天干到地支，其間每一類型之氣化的特質，以及演變的情

形，均能一一點出。如將干支運用在卦爻之上，則對卦爻的性能，自能獲得較為清楚的認識；甚至對卦爻的變化，亦可藉干支加以體察。這就是納甲在理論上的基礎。」

　　「納甲」在理論上既有這樣的基礎，於是先師就用「納甲」來闡明卦爻，比方巽卦九五的爻辭：「先庚三日，後庚三日。」先師先說內體變至〈震〉（見圖1），〈震〉納「庚（見圖2），中間互〈離〉（見圖3），〈離〉為「日」，這是「後庚三日」。如此用「納甲」說明了「先庚三日，後庚三日」後，再與蠱卦的「先甲三日，後甲三日」比較其不同，從而對「先庚三日，後庚三日」自然有深切的認識。

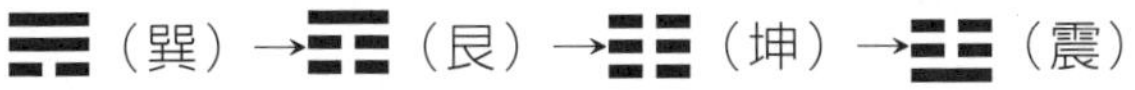

☴（巽）→☶（艮）→☷（坤）→☳（震）

圖1　〈巽〉變至〈震〉

上六	六五	九四	六三	六二	初九
庚戌	庚申	庚午	庚辰	庚寅	庚子

圖2　〈震〉納〈庚〉

註：以上係京房所傳之納甲法，尚有他説，詳見先師易例七——納甲對於卦爻之功用。

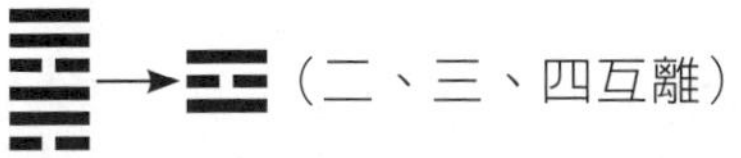

☴→☲（二、三、四互離）

圖3　〈巽〉中間互〈離〉

十一、根據師承，特別發明

　　先師在大過卦說：「這一卦很難講，而且也很重要，可以說在現在這個時候是最重要的一卦。過去鄭玄、虞翻、荀爽諸家，一直到兩宋程《傳》、朱《義》，滿清惠棟、張惠言諸家所講，裡頭很多意義，都沒交代得清楚，都非常含混，因為裡頭有很多的東西，實在是很難講。我對於這一卦，根據師承有一些特別發明的地方。」所謂「特別發明」，大約有以下幾點：

　　第一、用比較的方法說明〈大過〉之體象：先用〈小過〉與〈大過〉比較，陰為小，陽為大，陰過於陽，謂之「小過」；陽過於陰，謂之「大過」。經由這樣的比較，〈大過〉的特色不是很明顯嗎？但是〈中孚〉也是陽過於陰（見圖5），為什麼不稱為「大過」呢？先師再提出一個原則來說明「陽過於陰」，所謂「陽過於陰」，陽一定要在內，陽在內，他才能過於陰；陽在外，過不了（見圖4）。如此，〈大過〉的特色更明顯了。接著先師又順便取頤卦（見圖7）與〈小過〉（見圖6）比較，因為頤卦也是「陰過於陽」，為什麼不稱為「小過」呢？所謂「陰過於陽」，陰要居在外面，才能過於陽。最後，先師再提出一個原則，來說明〈大過〉、〈小過〉的共同特色，那就是「渾圜」的性質。所謂「渾圜」，就是反覆不衰，掉過頭來，他還是四個「陽」在裡面，「陽」沒有少；掉過頭來，他還是四個「陰」在外面，「陰」沒有少。這樣子才行，要不然，四爻陽、二爻陰，陽就過於陰。那還有五爻陽的呢，為什麼不稱之為「大過」呢？比方夬卦五爻陽，為什麼不稱之為「大過」呢？因為夬卦雖是五個陽，掉過頭來，就不對了；像這一頭──夬卦（見圖8）陽是很旺，掉過頭來，就是姤卦（見圖9），姤卦是陰剝陽的形勢，陽就衰了，陽不是「過」了。

　　第二、說明〈大過〉的道理，並舉證以明之：所謂「過」，在卦體卦象上稱之為「過」，而揆之於理呢，恰到好處。先師先舉例說明〈小過〉，「陰過於陽」，恰到好處，其次說：「〈小過〉既然如此，〈大過〉亦復如此；〈大過〉是『陽過於陰』，所過者大，所過者大，揆之於事理方面是什麼東西呢？這種行為不是平常人所能辦得到的，也不是平常時候所能看得到的，千百年而一見的，那一種非常的行為、非常的舉動，所以稱之為『大過』，大有過人的意思；因

大過	中孚	小過	頤卦	夬卦	姤卦
（陽居內）	（陽居外）	（陰居外）	（陰居內）	（陽旺）	（陽衰）
圖4	圖5	圖6	圖7	圖8	圖9

為他是以陽為主，這種中心的四陽，力量太大，不是普通力量趕得上的，所以稱之為『大過』。〈大過〉者，名為『大過』，事實上並不『過』，『過』而合乎『道理』；比方湯放桀、武王伐紂，這是『大過』，在堯、舜禪讓之後，在那極端倫常的社會，而湯、武能夠起來，放逐、革命，這是驚天動地、驚人的動作，普通人不敢做的，所以稱之為『大過』。湯、武他不革命，夏桀、商紂弄得亂七八糟，社會上已經支持不下去了，有他這個驚人的動作，社會上賴以復生，所以他雖是『大過』，但是合乎『理』，『不過』就錯了。」

　　第三、用陽爻的性能、陽爻的位置來說明〈大過〉另一個體象上的特色「本末弱」：「陰為柔弱，陽為剛強，二、五兩個陽在三畫卦居中，三、四兩個陽在六畫卦也居中，重要的位置都是陽居著，陽本來剛強，而居的位置又是剛強的位置，所以中幹太強，本末太弱。」

　　第四、用「陰卦多陽」說明初六、上六兩爻的特色：「〈大過〉外頭是〈兌〉、裡頭是〈巽〉，〈兌〉是少女，〈巽〉是長女，兩個都是陰卦，『陰卦多陽』，所以〈大過〉固然是以陽為主，但是他的基礎是陰，他要陰來調和他、輔助他。」接著舉商湯革命（陽），雖然有驚天動地的力量（陽），而沒有社會基礎（陰）輔助他也不行為例證。

　　第五、用特例說明大過卦九二、九五兩爻的特色：一般的卦是初爻與四爻相應，二爻與五爻相應，現在大過卦是特例，「應位不應，過位而應」；二不應五而應上，為什麼和上爻相應？因為五比上，五爻使上爻的陰和二爻相應，因此二爻是過五應上；同樣的道理，五不應二，五爻是過二應初。

　　第六、〈大過〉不講「應」而講「比」：用此原則來了解九二、九五兩爻，以及九三、九四兩爻的特色，是九二比初六、九五比上六，所以九二、九五都接近陰，陰就來滋養他；至於九三、九四無應而相比，表示九四這個階段就受到九三這個階段的影響。

　　第七、用「河圖」、「洛書」九是老陽、七是少陽、八是少陰、六是老陰，來觀察九二和上六的關係、九五和初六的關係，進而再指示出這種關係是生機再造的方法。但是九二和上六是老陽少陰的關係，表示社會上青年壯丁很夠用、物質也很夠用（少陰），在中樞主持的人頭腦子也夠用（老陽），所以「无不利」；而九五和

初六的關係是少陽和老陰的關係，表示這時社會已經凋零，已經老弱殘兵，陰老了，不太夠用（老陰），中樞主持人的頭腦不夠（少陽），少陽、老陰配合起來，還是可以「枯楊生華」，不過是「无咎无譽」，沒有好處，也沒有壞處。可見兩種關係都可以生機再造，而前者比後者的配合好。

第八、用陽爻居陽位、陰位之不同來判斷九三、九四兩爻之吉凶：九三、九四都沒有應，都沒有陰爻輔佐，但九三以剛居剛，流於剛愎自用，所以「凶」；九四以剛居柔，謙抑有輔，所以「吉」。

第九、從宇宙生機永遠無窮、社會生機永遠不絕來看上爻：有一個說法，就是〈大過〉之世，到了這個時候（上六），已經無藥可救了！但是先師說：「這個說法我不敢取，因為我們曉得宇宙生機永遠是無窮，社會是永遠不絕地延綿，不至於一個社會到著萬劫不復，根本就消滅了；這個固然是有，像過去巴比倫的種族，根本都消滅了，猶太人變得很少，但是〈大過〉之世，上六不宜於做這個解釋，還是宜於『君子殺身成仁』地解釋善，……把自己毀掉了，雖是凶，但是沒有罪責，我是這個解釋。」三爻居內卦之極，上爻居外卦之極，爻辭都不好，但上爻還沒有到無藥可救的地步，先師的看法是如此。

十二、觀察卦體、領悟卦義，必運用於實際人生

我們看《易經講話》的篇目就知道，比方第七講「發創時期的作法」是先師研究屯卦，從而運用於實際人生；第八講「蒙昧時期的自處」是先師研究蒙卦，從而運用於實際人生。本書更是先師體悟的結晶，對我們立身處世尤有幫助，僅介紹兩卦以見一斑。

在剝卦，先師說：「根據剝卦的體象，山勢高而險峻，地勢卑而平坦，所以居高位的，一定有危險，為什麼呢？因為剝卦的體象，只有一陽而孤懸於上，所謂位高而勢孤，位一高了，勢就孤了，所以過去做帝王的常常稱『寡人』，稱『不穀』；『寡人』就表示我沒有人，我是寡的，我是孤的；『不穀』就表示我不善。那意思就是說我們居富了，就想到不要富；居高了，就想到不要高，要想到自己的危險，而求其平坦。何以求其平坦呢？謙卦和剝卦是往來卦，剝卦上九這一陽來而居三，六三這一陰往而居上，於是變成〈謙〉；變成〈謙〉什麼意思呢？這一陽勁氣內斂，陽就不會傷勁了，所以根據這

個卦象，我們居高位的人，不要居高，位置是高，但自己的作法要居卑，要在人之下。所以往年『王者師，霸者友，匹夫則僚下』，你想成就王業，把人都當先生待；你想成就霸業，見到人，都把他當朋友待；假使把人當作自己部下，指使奴差的，任意驅遣的，那是個匹夫，不能成就大業。成就大業，一定要有這胸懷，自己本來位置高，要掉下來，居卑位，把人家當先生、當朋友；那麼你把人家當先生、當朋友，人家當然給你賣命啊！因此就有成就，自己那陽就不至於衰，就可以凝聚得住。所以我們學這一卦，居高位，就應當卑躬屈節的，不一定在政治上如此，在事業上也是如此……。」先師又說：「我們知道剝卦是以陰消陽，我們剛才講〈乾〉宮陰初消成〈姤〉，二消成〈遯〉，三消成〈否〉，四消成〈觀〉，五消成〈剝〉，一直往上消，這趨勢是往上長的，這陰很盛，你如果任其發展，那一點點孤陽就完了。所以我們省察自己的環境或事業，好像是凋零了、剝了，這時要特別當心，我已經在凋零了，那我就要保持我的陽，不能讓他自己一直線發展下去；把這一點陽剝完了呢，要再恢復，那就很困難了！宇宙間陽不會太絕的，可是要經過相當的期間才恢復得來；陽剝盡了，就成〈坤〉，要經過一個階段、二個階段、三個階段、四個階段、五個階段、六個階段，到第七個階段，這一點陽才能恢復，所謂『七日來復』（復卦卦辭），就表示第七個階段，陽才恢復得了（見圖10）。因為復卦講陽，所以拿『日』字代表；臨卦講『至於八月有凶』，因為講陰，所以拿『月』字說。既然這一點孤陽，不要任他發展，如任他發展，等著恢復，那長得很，那費事了，所以要拉回來。拉回來有二個現象，第一個現象就是我剛才講的，把他拉到三，上與三應（見圖11）；另一個現象就是五爻上去，上爻下來，到初爻的位置（見圖12）。不管你怎麼拉，拉回來，內斂住了，這陽都可以保持住，還可以保持一段很長久的輝煌的節奏；如果任他發展，要經過一段漫漫長夜的黯淡，才能恢復這一

剝卦　坤卦　復卦

圖10　七日來復（坤卦六個爻就是六個階段，復卦初爻是第七個階段）

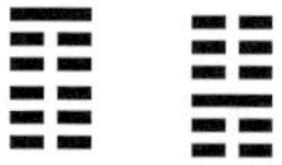

剝卦　　謙卦

圖11　把剝卦上九拉到三爻

剝卦　　復卦

圖12　把剝卦上九拉到初爻

陽。比方辦公司、辦企業，你假使凋零了，你千萬不能閉門，不管用什麼方法維持住了，內斂住了，還可以徐圖復興；如果公司根本上這一點孤陽，任他發展完了，這公司就完了，你想東山再起、重起爐灶啊！難！難！難！所以我們學剝卦第二個意義即在此。」

　　在遯卦，先師說：「遯卦的卦體，是顯示小人當權。小人當權，君子必須要逃避，不逃避就要受到傷害。因為君子、小人不同道，小人當權，是為著他自己的利益，不是為國家社會；君子則不然，君子是為著國家社會，眼光是注重整個的。君子、小人既不同道，小人做些事情不能見人，他看到君子這個做法，自己就不安，所以非除掉君子不可。因此，君子在小人當權的時候，非逃避不可，不逃避就要受到傷害；但是怎樣逃避法呢？第一個逃避要遠，什麼道理呢？因為這個小人關起門來，天天就想要害人，今天殺這個，明天除那個，假使你還在他頭腦子有印象，你也是在他殺傷名列的，他一定要把你除掉。所以我們要逃避宵小，一定要逃避得很遠，使令你在他頭腦子沒有印象，已經忘記你了，傷害的名單裡頭沒有你的存在了，這樣子逃避得愈遠愈好。但是在為環境所迫，不能夠逃避得很遠，怎麼辦？我們看有些人被宵小殘害了，為什麼呢？因為他是非感太重，他看小人在弄權，心裡就憤憤不平，悻悻然作色，『那個是什麼東西！這個是什麼玩意！』好！這樣一來，你就和那個宵小結怨了，他就要想法暗害你。所以我們假使不能逃避得很遠，還要常常和宵小有接觸的機會的時候，那就要慎重我們的態度，第一個，不要結怨於宵小，要和他

虛與委蛇地應付，宵小不對了，千萬不要勃然變色、嚴辭譴責，這樣宵小非殺你不可，無損於小人而有害於自己；第二個，要嚴整自己的言行，自己一切的言行要檢點得非常的到堂，使令小人想害我，而沒有機會、沒有嫌隙。歷史上很多忠臣被殺，就是對於宵小應付得不對，我們同鄉前輩左忠毅公上了好多奏摺，彈劾魏忠賢，結果反為魏忠賢所害，受了炮烙之刑，好苦！所以我們就是要揭破小人，要看自己有力量沒有，自己沒有力量，犯不著這樣做，總要保全自己。各位先生，你一定要懷疑這個說法，你這樣子逃避宵小，你這個人豈不是太消極了嗎？不然，這絕對不是消極，因為我們知道國家社會的正氣就在一般的正人君子身上，如果宵小已經當權了，外頭這個乾陽已經被他消滅了，這個正人君子的正氣就沒有了，這個社會上一團漆黑，那就很久很久才能夠翻得了身，甚至於翻不了身。因此，我們當君子的這些人，就要保持自己的安全，保持自己的安全，就是為著國家社會保持一股子正氣，因為我們知道，這個遯卦如果宵小往上生長，於是乎把乾陽剝掉，變成天地〈否〉，天地閉，賢人隱，這個時候，子弒其父，臣弒其君，無是無非，無黑無白的，社會上完全沒有一點軌道，非常的危險（見圖13）；假使我們君子自己保全自己，不為他傷害，屹然獨立，那遯卦就不會成為否卦。遯卦不成為否卦，就會怎麼樣呢？那這個遯卦就會有二條出路：第一個出路，就是上爻下來、初爻上去，變成澤火〈革〉（見圖14）；第二個出路，就是二爻上去、五爻下來，變成火風〈鼎〉（見圖15）。

遯卦　　否卦

圖13　遯卦宵小往上生長，把乾陽剝掉，變成否卦

遯卦　　革卦

圖14　遯卦上爻下來，初爻上去，變成革卦

遯卦　　鼎卦

圖15　遯卦二爻上去，五爻下來，變成鼎卦

〈鼎〉是鼎新，〈革〉是革故，所以君子逃避小人的傷害，不是單純的消極，這是為社會國家保持一點正氣，社會國家的正氣保持住了，這個卦體就不至於變成天地〈否〉，而變成澤火〈革〉或者火風〈鼎〉；等到局勢已經變成澤火〈革〉、火風〈鼎〉的現象，君子可以出而問世了，這是我們學遯卦的第一個意義。

　　第二個，我們剛才講過，這個卦體內在是代表發縱指使的政府，外在是代表一般的社會活動，乾陽居外，乾陽是君子，就表示君子不在政府之內，而散盪在一般的社會上；散盪在社會上的君子，尤其是中國，自來最重大的課題，就是自身的生計問題，過去有些先生們常常為五斗米折腰，因為他母老家貧，沒有辦法，只好在政府裡屈身做個小官。因此，在這個遯卦的時代，如果一般君子散盪在社會上，第一個很重要的問題，就是自身的生計問題，這個在明末七子、清初的時候，一般人都注意這個問題，為什麼呢？那時候，滿清入關，一般的讀書人，不出仕於滿清，既不出仕於滿清，自己要能站得住，自己要能站得住，就要自己有生活，所以顏李學派，六藝教育而外，每一個學生學一個生產的技術，學裁縫也可以，學水泥匠也可以，學木匠也可以，總要學一門生存的手藝，到必要的時候，自己可以生活下去，政府壓迫不了你。在前十幾年政府發創一個『一人一技運動』，這是根據顏李學派的那個辦法來的。遯卦是個最危險的時候，例如現在在共產黨之內，要是有非感的人，自己不能夠生產，怎麼存在？遯卦在幾千年前就知道這個現象，他就告訴你，在宵小當權、君子散盪於社會的時候，不僅是要自己的精神存在，還應該有生計來顧慮到自己的存在；因為乾卦本身就是精神，除了精神的存在，還要自己生活的存在，這是遯卦的第二個意義。」

　　以上所述，可以略窺先師用易例以闡發《易經》的大概特色，讀者如能掌握這些特色，玩索含咀，沉潛既久，於立身處世，必定有很大的幫助。

凡　例

一、本書包括先師周鼎珩先生之定稿、手稿、講稿及講習大綱。

二、定稿計有易例及〈乾〉〈坤〉〈屯〉〈蒙〉四卦，此盡收錄於《周氏易經通解》第一冊。

三、手稿計有〈需〉〈比〉〈小畜〉〈泰〉〈否〉五卦。

四、講稿係門弟子據錄音帶所記錄並加整理，除定稿之四卦外，其餘六十卦、〈說卦〉〈繫辭上下〉皆是。

五、講習大綱係先師為便於「易經講座」之聽眾所擬，在講授現場分發，計有第一卦〈乾〉卦至第二十卦〈觀〉卦。

六、除定稿之四卦外，其餘均以講稿為主，另有手稿、講習大綱者附於其後。

七、本書凡《易經》正文部分，悉以《武英殿十三經注疏》之《周易正義》為準。

八、本書除易例、〈繫辭上下〉、〈說卦〉之外，其通解六十四卦之體例，依次為總說、卦辭、爻辭、彖傳、大象、小象。「總說」之下又分卦序、卦體、卦義三項。

九、本書講稿記錄原則，先師嘗指示曰：「按錄音帶逐字記錄，然後去其重複者。」弟子等謹遵遺訓，不敢踰越，並著記錄者姓名，以示負責。

目錄

凡例

易例一

首須具備的基本認識

一、何以名之爲「易」

㈠五經定名，各有涵義，經而名之爲「易」，自亦有其意義之所在。據《說文》引祕書之記載，謂「日月爲易，象陰陽也」；《參同契》亦謂「日月爲易，剛柔相當」，虞仲翔且爲之註解云：「（易）字從日下月。」是則「易」以日月成字，以之名經，旨在展示陰陽兩者之情況。〈繫辭傳〉曰：「懸象莫大於日月。」「日往則月來，月往則日來。」日是代表陽，月是代表陰，陰陽往來，變動不居，因而導致宇宙萬有現象，無一而不是在變動之中，推陳出新，生生不已！從這方面看，《易》則以「變易」爲義；可是從另一角度來看，「日中則昃，月盈則虧」，億萬年來，永遠如此！而且「陽極陰生，陰極陽生」，更是陰陽推移之常道。由此可見，日月陰陽，雖然變動不居，而有不變的軌跡存在於其間，故《易》又涵「不易」之義。蓋變易者現象也，不易者法則也，現象運行，如無不易之法則在支配，勢必陷於混亂，絕不能演進而成今日之宇宙。以不易之法則，探求變易之現象，《易》之主要旨趣就在此，我們學《易》之目的也在此。另有釋「易」爲蜥易：蜥易就是蜥蜴，俗稱「蛇醫」，亦即古代宮廷所用之「守宮」。其蟲色彩多變，一日十二時，時時變色，因見《易經》內容，無非宇宙陰陽變化，而爲探討變化之書，遂以蜥易之「易」爲名；這種說法，殊嫌穿鑿。按《易經》爲五經之首，所言乃人天大道，似此崇高神聖之寶典，何至以蟲爲名，於理欠安，不足爲訓。

㈡鄭玄謂：「易一名而涵三義：易簡，一也；變易，二也；不易，三也。」此則於「變易」、「不易」之外，增「易簡」一義，推

其來源，蓋出於〈乾鑿度〉。〈乾鑿度〉曰：「易者，易也，變易也，不易也。」又曰：「易者，以言其德也……。變易也者，其氣也……。不易也者，其位也。」〈乾鑿度〉所謂「易者，易也」，即鄭氏第一義之易簡；惟「易簡」二字並提，始見於〈繫辭傳〉，〈繫辭傳〉曰：「易簡之善配至德。」又曰：「夫乾，確然示人易矣；夫坤，隤然示人簡矣。」據此，所謂「易簡」，其本旨是在釋〈乾〉、〈坤〉之德，而非釋《易》之名。尤其易簡的「易」字，應讀爲異，是難易之「易」；《易經》名稱的「易」字，卻讀爲奕，是變易之「易」。兩者音義，皆不相同。〈繫辭傳〉所提示的易簡，是說〈乾〉、〈坤〉化育萬物，極其平易，而又簡略，後人因見「道在邇而不在遠」，宇宙間極平常的道理，就是極高深的道理，萬有現象，呈現於吾人之眼前，乍看起來，好像非常的錯綜複雜，究其實則頗平易簡略，無論飛潛走植，都是自然而然的以生以長，故即援引〈繫辭傳〉裡的「易簡」一辭以之釋《易》。至於稱之爲《周易》，在「易」名之上，冠之以「周」，鄭玄謂爲「《易》道周普，無所不備」，其說似嫌牽強。《周易》的「周」字，應作「朝代」解，表示爲文王、周公所演之《易》，用別於夏《易》、商《易》，一如《周書》、《周禮》之「周」。

二、《易》之重點所在

㈠宇宙發創之始，一片混沌，只是鴻蒙大氣而已！就由於鴻蒙大氣，逐漸演變，而成陰陽兩種氣化。陽氣化性善奔放，左旋而向外運行，所謂「輕清之氣上浮於天」是也；陰氣化性善凝聚，右旋而向內運行，所謂「重濁之氣下墜於地」是也。向外運行，而又奔放，陽氣化遂產生萬有動態之能；不奔放，何以成其爲能？向內運行，而又凝聚，陰氣化遂產生萬有靜態之體；不凝聚，何以成其爲體？宇宙之所以發展而生生不已，完全得之於陰陽氣化，而以陰陽氣化爲其總源頭。《易》與天地準，鈎深致遠，整個的宇宙，都是《易》所研究的範圍，故《易》所言者，亦即以陰陽氣化爲主。《易》中之卦，卦內之爻，無非就是陰陽氣化的

指標。兩漢去古未遠，尚未完全喪失《易》之眞傳，治《易》者不云「升降」，則云「往來」，一本之於卦氣、消息。「升降」是說陰陽氣化的升降，「往來」也是說陰陽氣化的往來。《莊子·天下》曰：「《易》以道陰陽。」陰陽可以概括整個宇宙兩大類型的氣化，《易》之重點，即在於此。但吾人如何能夠識別陰陽氣化？這裡略提一提，當在氣候晴朗的時候，風和日麗，或是天高氣爽，舉目瀟洒，我們身心內在都感覺到很舒暢，而思想更顯得很活潑，那就是陽氣化在發用；如遇陰霾鬱結的時候，氣息不通，或是淫雨連綿，潮濕沉滯，我們身心內在都感覺到很困倦，而思想更覺得施展不開，那就是陰氣化嫌之太盛。當然，陰陽氣化的意境，尚不僅此，此不過就是淺顯而便於覺解者，略述其梗概而已。歷來先儒，多以天道釋陽，地道釋陰，而謂天道順行，其氣左旋，愈旋轉而愈擴張，是即陽也；地道逆行，其氣右旋，愈旋轉而愈收縮，是即陰也。茲分別圖解如圖1-1、圖1-2：

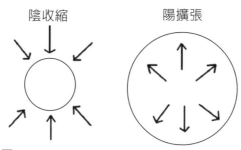

圖1-1　陰陽態勢圖

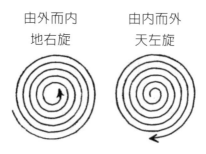

圖1-2　左右運行圖

㈡宇宙在混沌一片的發創時期，什麼都看不見；但演變而爲陰陽兩種氣化之後，陰陽氣化各自的發展，以及相互的往來，至少總有些幾微的徵兆表露出來。這些幾微的徵兆，就是《易經》裡所言之「象」，老子曰：「惚兮恍兮，其中有象。」義即指此。惟此所謂「象」，是基於氣化而生，歷來先儒率皆稱之爲「氣象」。氣化是變動不居的，由氣化而生之象，當然也是變動不居的。不過儘管是變動不居，而惚惚恍恍之中，究竟還有個象。既經有了象，象又因爲氣化之變動不居，於是呈現深淺之差與大小之別；乃至持續之時間，亦有長短之不同。這些差別和不同，就是《易經》裡所言之「數」；諸如錯綜複雜的卦爻，無異乎是數的排列程式。惟此所謂「數」，同「象」一樣的是基於氣化而生，歷來先儒率皆稱之爲「氣數」。所謂「氣數」是在測算氣化能量之高低，以及在時間上究竟維持到多久？這與數學所講的數，完全的兩回事。數學所講的「數」，係本諸靜態的存在，一始終是一，二始終是二；而「氣數」卻不然，係本諸動態的演變。原來氣化就是變動不居的，甫覺其爲一，忽爾又變而爲非一；甫覺其爲二，忽爾又變而爲非二。可以這樣說：數學裡面的「數」，只是靜態的數，《易經》裡面的「氣數」，乃是動態的數。又以氣化運行，並非漫無軌道，而有一定的法則在支配，要不然，便無從暢遂其化育之功。前面說過，陽氣化左旋而向外運行，陰氣化右旋而向內運行，更由陰陽左右運行，引伸而爲五種運行（五行），於是陰陽二氣，絪縕化醇，而萬物以生以長。這些運行的法則，就是《易經》裡所言之理。理者，理路也，而爲氣化運行所必遵之軌道，在《易》如卦氣之往來、爻位之升降，無非都是說明氣化的理路。惟此所謂「理」，仍然是離不開氣化，歷來先儒率皆稱之爲「理氣」。蓋理雖由氣出，而氣必以理行，先儒遂認爲理可以主宰氣，因將「理」字冠之於上，而曰「理氣」。象所以依據而觀察，數所以依據而測算，理所以依據而推證，氣化固然是變動不居，但如治之以象、數、理，便能覺解其變動之情況。氣化是萬有的源頭，氣化的情況，既然覺解，則由氣化所生之萬有現象，當然可以循序而知。《易》所探索者，以陰陽氣化爲主要目標，而探索氣化，又以象、數、理爲依據。故《易》之

爲「易」，合而言之，象、數、理、氣也。

㈢《易》所言之象，固然以大小〈象〉及〈說卦〉爲基礎，但須觸類旁通，而有逸象、廣象及補象，非僅限於大小〈象〉及〈說卦〉所提示之範圍。如〈乾〉有君象，推而至於〈坤〉，則有臣民之象；〈坤〉有方象，推而至於〈乾〉，則有圓圓之象。又如〈坎〉象爲水，引伸則爲雲爲雨，在人爲耳，耳通腎屬水；〈離〉象爲火，引伸則爲日爲光，在人爲目，目通心而屬火。《易》所言之數，最具體的啟示，是〈繫辭傳〉裡的「天地之數」一章，如云：「天一地二，天三地四，天五地六，天七地八，天九地十，……。」又如云：「〈乾〉之策，二百一十有六；〈坤〉之策，百四十有四。凡三百有六十，當期之日。二篇之策，萬有一千五百二十，當萬物之數也。」此外，就卦爻之排列來看，參天兩地，陰陽綜錯，亦即是數的程式：圓圖所以記時，方圖所記位，其中之變，無一而非數，而且以二進位數根爲基礎。《易》所言之理，則以對待原理爲最高之發端，陰陽二氣，相與推移，彼此依存，而生萬物；因之，有此就有彼，有是就有非，無平而不陂，無往而不復。他如卦氣何以能夠循序而往、循序而來？爻位又何以能夠循序而升、循序而降？其間自有一定之軌道以資遵守，是皆理也。

三、卦爻經傳之體系

㈠據《周禮》，太卜掌三《易》：一曰《連山》，二曰《歸藏》，三曰《周易》。其經卦皆八，其別卦皆六十四；卦分二十四氣，與七曜行天，同其軌跡。《連山》首〈艮〉，傳爲夏《易》，而始於神農；神農一稱「連山氏」。《歸藏》首〈坤〉，傳爲商《易》，而始於黃帝；黃帝一稱「歸藏氏」。惟《連山》、《歸藏》已散失不存，現在所流傳的，只是三《易》中的《周易》。《周易》與《連山》、《歸藏》有所不同，以〈乾〉〈坤〉居首，而爲文王、周公之手筆。文王依據包羲氏所作卦爻之體象，以及演變之法則，於每卦之下，繫之以辭，提示一卦之旨趣，是

謂「彖辭」，即卦辭也。周公因見一卦六爻，各有不同之動態，遂作更進一步之剖析，針對六爻各階段的發展，分別繫之以辭，謂之「爻辭」。在《周易》中，凡屬包羲氏所畫之卦爻，以及文王與周公所繫之卦爻辭，稱之為「經」；其餘如〈繫辭〉上下兩篇，〈文言〉上下兩篇，大小〈象〉兩篇，〈彖傳〉一篇（亦有分〈彖傳〉為上下兩篇而合大小〈象〉為一篇），〈說卦〉一篇，〈序卦〉一篇，〈雜卦〉一篇，乃孔子所贊之「十翼」，統稱之為「傳」。孔子惟恐《易》道深邃，後人不得其門而入，故贊之十翼，藉明經義，並指出學《易》之途徑。

㈡《易》至兩漢，經傳仍舊分開，各成體系。自王弼掃象，為求簡便，遂割裂經傳，而將十翼中之〈彖傳〉與大小〈象〉，混雜於經文之內，如在卦辭後，即繼之以〈彖傳〉和〈大象〉；而在爻辭後，即繼之以〈小象〉。於是經傳不分，體系紊亂，致啟後人之誤解，以為除〈彖傳〉與大小〈象〉外，其他十翼之各篇，皆無足輕重，甚或目之為偽託之書；實則十翼各有所指，不可偏廢！〈繫辭〉兩篇，是孔子對《易》之綜合說明；〈文言〉兩篇，是孔子專論〈乾〉〈坤〉兩卦之綱領；〈彖傳〉是分釋各卦之卦辭；〈大象〉是剖析一卦之體象；〈小象〉是剖析各爻之體象；〈說卦〉是列舉八卦之卦象；〈序卦〉是表示各卦銜接之次序；〈雜卦〉是提示各卦之特性。

四、《易》在學術上之地位

㈠清末以還，西學大行，入主出奴，《易》遂不登於講席，寂焉莫聞，幾已成為絕響！而知識分子，率皆不知《易》為何物，於是產生瞎子摸象的看法，所謂「仁者見之之謂仁，智者見之之謂智」。有的看到《易》太抽象，而且鈎深致遠，觸類旁通，便認為《易》是哲學；有的看到《易》辭隱晦，而且變化無常，不可捉摸，便認為《易》是玄學；有的看到《易》以爻辰配合星象，恰如天體運行所分布之躔度，便認為《易》是星象學；更有的看到《易》以卜筮，免於秦火，而能參伍錯綜、逆知來物，以定天

下之吉凶，便認爲《易》只是卜筮之書。這些看法，都是以偏概全！《易》者所以經綸建制，利用厚生，豈僅局限於空洞之哲理？《易》者所以尙象制器，曲成萬物，何能目之爲毫無實際之虛玄？至若星象、卜筮，不過《易》學中之餘緒而已。

㈡〈繫辭傳〉曰：「《易》之爲書也，廣大悉備。」就中國學術而論，太史公所稱道之六家顯學，無一而不淵源於《易》。如《易》言時位，而貴乎不偏之中；《易》窮變化，而貴乎不變之常，遂產生儒家中庸與倫常的思想體系；「《易》无思也、无爲也」、「不疾而速，不行而至」，遂產生道家無爲而自然的思想體系；《易》道惡盈，盈極必虛，而在卦爻之間，無往不復，相互依存，遂產生墨家苦行與兼愛的思想體系；《易》明陰陽，周天佈卦，且用納甲、爻辰，特重時序，遂產生陰陽家奉天而敬時的思想體系；《易》以鈎深致遠，非文字所能竟其功，分設卦爻以擬諸其形容，遂產生名家控名以責實的思想體系；《易》嚴分際，卦爻之間，上下有體，尊卑有序，不容有絲毫的混亂，遂產生法家嚴法以飭紀的思想體系。這些號稱的「顯學」，究其內容，各皆只得《易》之一端而已！推而至於術數，亦莫不然。以言算術，則淵源於《易》之河洛；以言醫術，則淵源於《易》之陰陽；以言占術，則淵源於《易》之大衍。是知《易》者可以包羅一切學與術，而爲中國學術之總源頭。

五、《易》之起源及其流派

㈠據〈繫辭傳〉所載：包羲氏（一稱伏羲氏）仰觀於天，俯察於地，近取諸身，遠取諸物。於是綜其會通，畫「▬」以代表萬有之動態能力，而爲乾之陽儀；畫「▬▬」以代表萬有之靜態體質，而爲坤之陰儀。更由此二者相與複合，以成八卦，兼三才而兩之，以成重卦，而《易》之卦爻體象，遂告大備。但歷來先儒，皆以爲「龍馬負圖」，包羲氏得之以作《易》，而〈繫辭傳〉亦有「河出圖，洛出書，聖人則之」之辭，是則包羲氏之作爻畫卦，當別有所本。按河圖是一種經過雕製的玉器，《尙書·

顧命篇》曰：「大玉、夷玉、天球、河圖在東序。」這四種都是雕製的玉器，而各有所記。河圖所記者爲數，其理最精，用以描摹宇宙發展的情態。所謂「龍馬負圖」，是說這種河圖的玉器，雕製成龍馬形，而在龍馬背部之上，刻出錯綜而有系統之數的圖案，並非眞的有什麼負圖的龍馬出現。至於河圖及在東序的大玉、夷玉、天球，爲何質料都是用玉雕製呢？這就因爲地球所產生的物質，如金石雖云堅固，而易於風化，只有玉最能垂久，故中國歷代帝王皆用玉製成玉璽而不用金石。揆諸邵子元會運世之說（參看元會運世附圖），河圖可能是前一元或前數元研究之精華，爲謀求永遠傳之於後世，刻成玉質的圖形；由於元會運世之推移，地殼發生變化，以致埋沒於地下。到了現在的這一元，經過子、丑、寅三會以後，地面解凍了，埋在地下的河圖，遂因洪水擊而出土，所以說「河出圖」，而稱之爲「河圖」。按河圖之「河」，係指黃河而言，黃河乃中國最大之河流，而爲古代人文發祥地。

㈡包犧氏之王天下，既已發揮其作《易》之功用，結網罟以教漁佃，養犧牲以供庖廚，並制嫁娶，而作三十五弦之瑟，以開化人民，是皆取用於《易》也。包犧氏歿，歷經女媧氏、共工氏，凡十九傳而至神農，其間對《易》的內容，各皆有所增益。神農氏作，更擴大《易》用之範圍，本諸益卦體象，斲木爲耜，揉木爲耒，以致耒耨之利；本諸〈噬嗑〉體象，日中爲市，交易而退，以便天下之民，並親嘗百草，而始創醫藥。神農氏歿，歷經帝克、帝榆罔，凡八傳而至軒轅黃帝，其間雖多沿襲神農氏《易》之舊例，但至軒轅黃帝，《易》之爲用，則又進一步而見之於各方面的創造，如舟楫之利，以濟不通，而本之於〈渙〉；服牛乘馬，引重致遠，而本之於〈隨〉；重門擊柝，以待暴客，而本之於〈豫〉；斷木爲杵，掘地爲臼，而本之於〈小過〉；弦木爲弧，刻木爲矢，而本之於〈睽〉；上棟下宇，居以宮室，而本之於〈大壯〉；棺槨衣衾，喪葬以禮，而本之於〈大過〉；製作書契，以代結繩，而本之於〈夬〉。推及所有政教設施，無一而不是淵源於《易》。由此可見，中國自古即以《易》爲立國之最高

寶典，舉凡開物成務，一切文明，皆從《易》之探索中得來。前面說過，神農一稱連山氏，故爲《連山易》，傳之於夏，開夏代四百餘年的國祚；黃帝一稱歸藏氏，故爲《歸藏易》，傳之於商，而開商代六百餘年之國祚；至周則因文王繫以卦辭，周公繫以爻辭，遂稱之爲《周易》，乃效法「堯舜垂衣裳而天下治」，並重〈乾〉、〈坤〉，以開周代八百餘年的國祚。孔子繼文王、周公而贊《易》，以《易》而言，實爲承先啓後之最大關鍵！要不是孔子所贊之十翼，吾人從何得窺先聖之堂奧？如〈乾〉非〈大象〉指明爲天，即無以了解〈乾〉之爲義；〈坤〉非〈大象〉指明爲地，即無以了解〈坤〉之爲義。就由於孔子指明治《易》之途徑，於是治《易》者日聚，且各有所專，而流派以起。自孔子六傳至田何子莊，又再傳而成漢《易》施、孟、梁邱三派（參看孔子後《易》學流派表）；其中以孟喜及費氏《易》，至今尚可見其髣髴。

㈢《易》至於魏晉，經王弼掃象之後，即已流於空洞。唐宋兩代，如孔《疏》、程《傳》與朱《義》，亦皆局限於義理，而象數見絕，《易》之本旨，遂漸喪失！所幸李鼎祚掇拾兩漢三十餘家之殘篇賸簡，兼之邵康節又闡明先天數，於是象數之說，得以略存一二，藉使後之學者尚有途徑可循，故明清兩代，有不少之經師，於摸索之中，復窮漢《易》。但至民元鼎革，西風東漸，此已即將失傳之《易》學，便不爲人所重，而淹沒無聞！時至今日，中華文化，不絕如縷，欲謀文化之復興，必先昌明文化源頭的《易》學，鼎珩不敏，願與海內外諸君子共勉之。如圖1-3、表1-1。

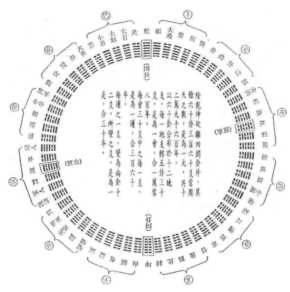

圖1-3　邵子元會運世圖

表1-1　孔子後《易》學流派表

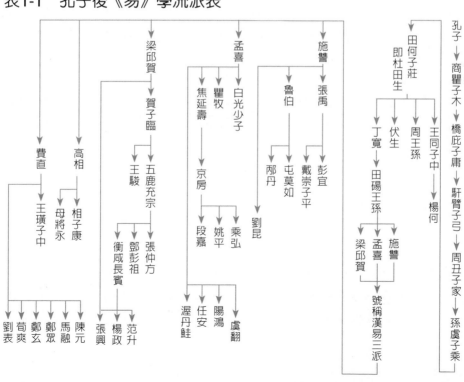

易例二
太極兩儀四象八卦

一、宇宙最初肇自太極

㈠《易》所探討的範圍，乃整個之宇宙，故〈繫辭傳〉曰：
「《易》與天地準。」但以宇宙之大，而萬有現象，複雜得不可
指數，如欲加以探討，初非枝枝節節所能竟其功，是必「原始要
終」，一直溯其源頭，源頭既見，斯能循序而解，此所以《易》
對宇宙之探討，自太極開始，而追求到宇宙最初的源頭。太極
者，無名之名也。太者，大也，極者，至也。〈乾〉之〈彖傳〉
有謂：「大哉乾元！」〈坤〉之〈彖傳〉有謂：「至哉坤元！」
乾元謂之為「大」，蓋指陽之發動能量而言，宇宙萬有的生機，
無一而不是乾元在發動，而且生生不已，所以為大。坤元謂之為
「至」，蓋指陰之作育周備而言，宇宙萬有的形體，無一而不是
坤元在作育，而且精巧絕倫，所以為至。但溯自乾坤未判之前，
渾淪一氣，最高無上，其發動之陽，與作育之陰，皆涵蘊不分，
合而為一，亦大亦至，故名「太極」。太極不僅是無名之名，更
是無狀之狀，立乎天地之先，超乎陰陽之上。老子曰：「有物混
成，先天地生，寂兮寥兮，獨立而不改，周行而不殆，可以為天
下母，吾不知其名，字之曰道，強為之名曰大。」老子這一段
話，無異乎是太極的說明，其所謂「道」，其所謂「大」，就是
「太極」的意思，不過名詞上的不同罷了。有謂「極者中也」，
太極是最高的大中境界，這和〈中庸〉裡所講的「喜怒哀樂之未
發謂之中」很相類似，併存之，以供參考。

㈡據上所述，太極是在乾坤未判之前，而為宇宙創始的源頭。但太
極究竟是什麼而能創始宇宙呢？先儒對此，立論不盡相同，大別
之為二：漢儒主氣，如鄭玄謂：「（太極）極中之道，淳和未分

之氣也。」宋儒主理，如朱子謂：「《易》者，陰陽之變；太極
者，其理也。」只就氣與理兩者來比較，謂之爲氣，似猶可取；
謂之爲理，則不免流於鑿空。宇宙萬物之化生，皆導源於氣化，
《易》所探討者，亦即氣化爲其主要之指標；而氣化之於宇宙萬
物，何以能夠發揮這樣大的化生功用？這就由於氣化不斷地做有
規則之運行，其運行上的規則，是即所謂理也。反觀我們的自
身，理從何來，更可瞭然。前面說過，萬物皆導源於氣化，當
然，人也是稟氣化而成形。氣化運行的規則，就在人稟氣化而成
形的同時，隨著氣化運行而寄存於人身，以成人的理性。人的理
性，就是從氣化運行的規則而來，所以理附於氣，無氣便無所謂
理。主氣論者，蓋以《易》之本旨，即在研究氣之變化，易經講
到氣，而理即存在於其間，還可以自成其說。至於主理論者，捨
氣而專言理，理便沒有了著落，所謂「皮之不存，毛將安附」是
也。不過，太極是在乾坤未判之前，而爲一種混淪的境界，並無
跡象可見，理既未著，氣亦不顯，理氣皆蘊藏於內，髣髴〈中
庸〉所講的「未發」之「中」也，以言是理固不可，以言是氣，
亦非至當之論。《易》雖以氣化爲主，但《易》道陰陽，其所言
之化，本諸乾、坤，所有卦爻，無非乾、坤二者之往來，孔子贊
《易》，仰體包羲氏作《易》之初，一畫開天地，因推及乾、坤
二者，必有所自，惟無名狀可資依據，故從最高無上的觀點，稱
之爲「太極」；太極就是太極，不分陰陽，混而爲一，更不必拘
泥於理與氣。

㈢太極在乾坤未判之前，可以說是宇宙最初的起處；宇宙既從太極
　而來，太極又從那裡來的呢？周敦頤《太極圖說》認爲「無極而
　太極」，謂太極之前爲無極，太極是由無極而生。此種說法，先
　儒以出自道家，多諱而不論，所以好多《易》註裡，不見「無
　極」字樣。其實，道家的窮變化，儒家的道中庸，都是本之於
　《易》，而同出一源。所言果是，不分道家或儒家，固皆爲是；
　所言果非，不分道家或儒家，固皆爲非。捨是非而持門戶之見，
　似可不必。〈繫辭傳〉亦曾說過：「神无方而《易》無體。」孔
　子贊《易》，即不諱言無。試先就社會現象來看，所有興革的措

施，那一件不是產生於人之意念，而意念從何而來？窮及最初，還是歸之於無；不僅社會現象如此，自然現象亦莫不然。莊子曰：「樂出虛，蒸成菌。」凡無形之音與有物之體，無一而不是來自空虛之氣，最初都是沒有的。杭辛齋《學易筆談》亦謂：「天地生物之初，萬物之忽自无而有也。」杭氏並舉無種自生之例以明之，如謂：「空庭積雨，苔霉生焉；淨水貯器，孑孓育焉。」不過《易》所探討者，始自一畫開天地，即從太極開始，所謂「《易》有太極」是也；太極以前，頗少涉及。

（四）在先聖作爻畫卦，乃至繫辭的當時，是否已有太極圖？歷來爭議不一。疑之者，謂太極既爲宇宙最初的渾淪境界，什麼跡象都看不見，稱之爲「太極」，不過是無名之名耳，如何能描繪出圖型來？但揆之實際，太極圖卻盛傳於世，且不止一種；即今所知，太極圖有三：一爲趙謙撝所得之古太極圖（見圖一），其圖左右黑白迴互，白的裡面有黑點，黑的裡面有白點，白爲陽，黑爲陰。白裡有黑，表示陽極陰生；黑裡有白，表示陰極陽生。白的到了極衰微之部位，黑的便接著強盛起來；黑的到了極衰微之部份，白的便接著強盛起來。彼此消息盈虛，恰與自然妙合。相傳此係老子出關時所遺留之古代圖籙。朱子門人蔡季通於陝蜀之間，亦曾覓得此圖；而在宋元以後，流傳最廣，家諭戶曉，北方俗稱爲「陰陽魚兒」，以其圖形好像兩魚顚倒排列，首尾交互，雖愚夫愚婦皆能識之。二爲不知何人所傳之太極圖（見圖二）；其圖只一空白之圓圈，而在圓圈之中，著了一點，蓋以表示在一畫開天地之先，自無至有之樞機，而係醇和未分之渾淪境界，意在形容宇宙之初也。三爲周敦頤所傳之〈太極圖〉（見圖三），圖載《周子通書》；窮其所自，可能得之於陳希夷，而陳希夷則得之於道藏。唐《眞元妙品經》已有此圖，名曰「太極先天圖」；上一圓圈，分黑白三層，左右相錯，中分金、木、水、火、土五行，下爲兩圓圈，與《周子通書》所載者，完全相同，足見此圖流傳已古。按在上之黑白三層，即《參同契》之水火匡廓圖；其中之五行，即《參同契》之三五至精圖；在下之兩圓，則垂象乾坤、男女也，乃道家煉丹之依據，實不足以說明

　　「《易》有太極」之意境，併存之以備參考。各圖如圖2-1～圖2-3。

二、由太極而兩儀

㈠據上所述，太極只不過渾淪一氣，無任何形跡可見也；但因太極動而生陽、靜而生陰，於是一分為二，由無可見之渾淪，而佈陰陽之二氣，是謂「兩儀」。儀者容也，宇宙自經分布陰陽二氣，始於恍忽窈冥之中，微有儀容可見。氣之陽者，名為「陽儀」，可以發光發熱，而無重量，其為性也主動，向外奔放，以開拓萬有之能，故曰：「輕清之氣，上浮於天。」乾卦之所以稱「飛」，亦即說明其為萬有之體的動態。氣之陰者，名為「陰儀」，可以成形成質，而有重量，其為性也主靜，向內收斂，以聚結萬有之體，故曰：「重濁之氣，下墜於地。」坤卦之所以稱

圖2-1　趙謙撝所得之古太極圖

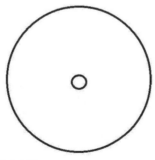

圖2-2　不知何人所傳之太極圖

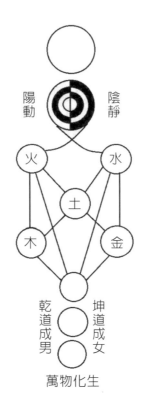

圖2-3　周敦頤太極圖

「凝」，亦即說明其為萬有之體的靜態。太空就由於陰陽二氣相互接合，循序化育，而成日月星辰，乃至林林總總之萬物。尤其陰陽二氣，對待運行，導致整個宇宙現象，都以兩線交相演進的方式，暢遂其化育之功。如人有男女，而人以延續；物有雌雄，而物以蕃衍；推而至於其他的所有現象，無一而不是兩線交相演進。就我們自己的身心兩界來看，是最好的實證：人類精神意志的靈能，屬於陽，而為陽氣化所主宰；人類五官百骸的身體，屬於陰，而為陰氣化所凝成。可是精神意志的靈能，從不離開五官百骸的身體，離開了五官百骸的身體，便無所著落，而成游魂；同樣的，五官百骸的身體，從不離開精神意志的靈能，離開了精神意志的靈能，便不能行動，而成死體。故屬於陽的靈能與屬於陰的身體，必須兩線交相演進，才能夠顯出人的作用。不過陰陽

二氣，雖是交相演進，而彼此比重並非等量齊觀。以數而言，太極之數為一，動而生陽，陽數起於三；靜而生陰，陰數起於二。陽三陰二，是則陽數大於陰數，亦即〈繫辭傳〉所謂「參天兩地而倚數」之義。又以陽性主動，奔放而開拓，無往不在也；陰性主靜，收斂而聚結，只有見之於形體而已。是則陽之能量亦大於陰之能量，故曰：「陽大陰小。」如人之五官百骸的身體，完全承受精神意志靈能之指揮，而精神意志的靈能，卻非五官百骸的身體所能指揮得了，其故安在呢？陽大可以統陰之小，陰小不能統陽之大。

㈡ 乾陽乃萬有生機的創始者，所謂「乾知大始」是也。創始生機，何等艱鉅，其所經歷之工程，自屬浩繁，當然需要的是力量集中，而不能分散，應本其奔放善動的屬性，一直地向前開拓，直到開拓生機完成為止；這可以反觀我們自身，就更瞭然。前面說過，乾陽在人，表現而為精神意志的靈能，而人對精神意志之發揮，並不是漫無涯際的，精神之所守，必須專而不雜；意志之所趨，必須一而不亂。也就是說，要專心一志，朝著選定之目標，日積月累，以求進展，才能夠有所成就。如其不然，頭腦不能集中精神意志，一任其浮蕩散漫，內無所守，外無所趨，時而想到這兒，時而想到那兒，終日昏昏，莫知所之，像這樣繼續下去，怎麼會有成就？〈繫辭傳〉曰：「夫乾，其靜也專，其動也直。」所以在陽儀的圖形上，是由一點引伸而為一直線，以示其為專一之發展也。坤陰乃萬有形體的作育者，所謂「坤作成物」是也（一稱坤化成物），舉凡物之所以成體，而且能自弱小以迄壯大，其間的結構，必然是兩兩比合，逐漸擴展。蓋宇宙肇端於氣化，由氣化演進而為形化，於數必由奇轉變為偶；天一則地必二，天三則地必四，天五則地必六，天七則地必八，天九則地必十。數之奇者主動，數之偶者主靜。物體之成，有賴於「致役乎坤」的靜養，故呈現出兩兩比合的偶數形態。這也可以求證於我們自身，前面說過，坤陰在人，孕育而成五官百骸的身體，而人之身體，在結構上到處都顯示兩兩比合；視有兩目，聽有兩耳，鼻有兩孔，喉有兩管，行動則有兩足，操作則有兩手，下體排

洩，且有兩竅。其他如木石各種物體，外形雖無兩兩比合明顯的
表現，但若分析其內在的結構，亦必以兩兩比合爲基礎，否則不
足以成其自小而大之體。〈繫辭傳〉曰：「夫坤，其靜也翕，其
動也闢。」所以在陰儀圖形上，分爲兩段，形成中空，以示其兩
兩比合，虛而有容也。陰陽兩儀圖如圖2-4：

━━　　━ ━

陽儀奇　　陰儀偶

圖2-4　陰陽兩儀圖

三、由兩儀而四象

㈠自經太極判分兩儀，雖是由渾淪一氣演進而爲陰陽兩種氣化，但
　在兩儀階段裡的陰陽氣化，其氣化本身，仍極其細微，僅具乾坤
　之端倪罷了。不過宇宙最高法則，是生生不已，而氣化究竟是氣
　化，周流六虛，變動不居，兩儀階段裡的陰陽氣化，固然細微得
　很，可不是停滯著而終於細微，還在不斷地向前發展。溯其發展
　軌跡，不外陰陽兩種氣化相互間的迴環複合，如陽氣化與陽氣化
　相互複合，兩皆爲陽，連成一體，謂之「太陽」；如陰氣化與陽
　氣化相互複合，陰附於陽，以資演進，謂之「少陰」；如陽氣化
　與陰氣化相互複合，陽附於陰，以資演進，謂之「少陽」；如陰
　氣化與陰氣化相互複合，兩皆爲陰，連成一體，謂之「太陰」。
　兩儀間經過上述四項不同的複合，其在氣化上所表現的形態，就
　叫做「四象」。象對儀言，而較儀更進一步，儀僅初現之儀容，
　象則已有較著之形象。《禮記·樂記》注云：「象，光耀也。」
　老子曰：「惚兮恍兮，其中有象。」據此，儀進而爲象，是已從
　恍惚之中而顯出光耀之形象矣。〈乾鑿度〉有一段記載可以採
　證，若謂：「有太易，有太初，有太始，有太素。太易者，未見
　氣；太初者，氣之始；太始者，形之始；太素者，質之始。」四
　象之於氣化，相當於太初，而漸及於太始也。四象圖如圖2-5：

太陽
▬▬
▬▬

少陰
▬▬
▬　▬

少陽
▬▬▬
▬　▬

太陰
▬　▬
▬　▬

圖2-5　四象圖

㈡ 所謂「太陽」，其圖形是在陽儀之上，再覆一陽，陽上加陽，表
示爲陽氣化自身的成長，非如陽儀時之細微，而已從成長中逐漸
達於壯大；證之以後天事例，如一燭之光，其光猶弱，再燃一燭
以益之，光則較前亮矣。所謂「少陰」，其圖形是在陽儀之上，
再覆一陰，而以陽爲主，表示陰氣化必須承受陽氣化之鼓舞，方
可發揮陰之廣生作用；證之以後天事例，如人之身體屬於陰，而
精神意志屬於陽，身體若無精神意志爲之主宰，則不能行動。所
謂「少陽」，其圖形是在陰儀之上，再覆一陽，而以陰爲主，表
示陽氣化必須依存於陰氣化之涵蘊，方可產生陽之開化功能；證
之以後天事例，如花卉本爲陰體，而涵蘊有陽的能在內，故所結
之花苞，一經陽的動能，從中鼓舞，旋即開放。所謂「太陰」，
其圖形是在陰儀之上，再覆一陰，陰上加陰，表示爲陰氣化自身
的成長，這就如同前述的太陽一樣，陰儀經成長亦漸達於壯大
矣；證之以後天事例，如幽谷寒泉，本即寒冷，再加之天降冰
雪，滲透其間，則寒必增強而震齒。以上所舉的後天事例，只是
爲了便於讀者覺解，藉後天事例，以形容四象陰陽之先天意境。
實則四象陰陽，還在早期的氣化階段裡，僅能從恍惚中略窺其軌
跡而已；切不可即以先天四象陰陽，視爲後天運行之陰陽。至於

四象陰陽而冠之以「太少」，亦有其特具之意義。太者，大也；按臨卦二陽浸長而曰「大」，坤卦至二亦曰「直方大」。四象中的太陽、太陰，其陰陽各已複合爲二，可以說是長大了，故皆稱之爲「太」；少陰、少陽的「少」，是對「太」而言。少陰之陰，依存於陽，其陰尙屬穉幼；少陽之陽，依存於陰，其陽尙屬穉幼，故皆稱之爲「少」。要之，四象陰陽的太、少，是說先天氣化成長的狀況，而與筮法上所講的陰陽老少，不同其趣。筮法上雖亦有老陰、老陽、少陰、少陽等等的名目，那是說七、八、九、六筮得之數，各有所指，二者不可混爲一談。

四、由四象而八卦

㈠四象還是兩儀初步的複合，雖有軌跡可見，只不過恍惚中的表現而已，對於宇宙的發展仍然看不出有什麼頭緒。至由四象演進而爲八卦，其情形便爲之改觀：卦者，掛也，指的是周遭一切懸掛的現象。〈繫辭傳〉曰：「八卦成列。」又曰：「八卦而小成。」意思是說宇宙發展到了八卦的時候，太空的周遭，已非兩儀、四象那樣的單調，而有宇宙序列軌跡的出現了，就是陰陽氣化的結構，一序列一序列地在太空裡分布而成章，不過這還是先天的初期宇宙序列，只有概括性的分布，遠不及後天「方以類聚，物以羣分」的精細，故在卦僅佈爲八，而孔子謂之爲「小成」。蓋凡宇宙最基本的序列，率皆以八爲準；如天有八風，地有八荒，人有八脈（任、督、沖、帶、陰維、陽維、陰蹻、陽蹻）。由四象演成卦體，自然而然的，其數恰亦爲八。分而言之，即太陽之上，再覆一陽以成乾卦，居其一；太陽之上，再覆一陰以成兌卦，居其二；少陰之上，再覆一陽以成離卦，居其三；少陰之上，再覆一陰以成震卦，居其四；少陽之上，再覆一陽以成巽卦，居其五；少陽之上，再覆一陰以成坎卦，居其六；太陰之上，再覆一陽以成艮卦，居其七；太陰之上，再覆一陰以成坤卦，居其八。〈乾〉、〈兌〉兩卦，同源於太陽；〈離〉、〈震〉兩卦，同源於少陰；〈巽〉、〈坎〉兩卦，同源於少陽；〈艮〉、〈坤〉兩卦，同源於太陰。曠觀宇宙萬有，飛潛走植，

棋佈星羅，固然是複雜得不可指數，但皆以類相聚，莫不有其區分上之準據，以資逐級演進。兩儀、四象而至於八卦，即此種準據之啟示。邵子的先天數，蓋亦脫胎於此。四象而八卦圖如圖2-6：

圖2-6　四象而八卦圖

㈡八卦係來自兩儀，而兩儀就是〈乾〉、〈坤〉的根本，故八卦以〈乾〉、〈坤〉為主。〈繫辭傳〉曰：「乾坤其《易》之門邪！」意思是說，《易經》裡面各卦，皆由〈乾〉、〈坤〉往來以構成其卦體。因〈乾〉係純陽，於象為天而亦為父；〈坤〉係純陰，於象為地而亦為母。〈乾〉、〈坤〉既是父母，由〈乾〉、〈坤〉往來交接，當然可以生出子女。乾卦初爻，往居〈坤〉初，以成〈震〉體，而為長男，即〈說卦傳〉所啟示的「〈震〉一索而得男，謂之長男」是也；坤卦初爻，往居〈乾〉初，以成〈巽〉體，而為長女，即〈說卦傳〉所啟示的「〈巽〉一索而得女，謂之長女」是也；乾卦中爻，往居〈坤〉中，以成〈坎〉體，而為中男，即〈說卦傳〉所啟示的「〈坎〉再索而得男，謂之中男」是也；坤卦中爻，往居〈乾〉中，以成〈離〉體，而為中女，即〈說卦傳〉所啟示的「〈離〉再索而得女，謂之中女」是也；乾卦上爻，往居〈坤〉上，以成〈艮〉體，而少男，即〈說卦傳〉所啟示的「〈艮〉三索而得男，謂之少男」是也；坤卦上爻，往居〈乾〉上，以成〈兌〉體，而為少女，即〈說卦傳〉所啟示的「〈兌〉三索而得女，謂之少女」是也。上述之〈震〉、〈坎〉、〈艮〉，係三陽卦，故皆稱之為「男」。〈震〉雖中、上兩爻皆陰，而以居初之一陽為主；〈坎〉雖初、上兩爻皆陰，而以居中之一陽為主；〈艮〉雖初、中兩爻皆陰，而以居上之一陽為主，陽卦多陰也。上述之〈巽〉、〈離〉、〈兌〉，係三陰卦，故皆稱之為「女」。〈巽〉雖中、上兩爻皆

陽，而以居初之一陰爲主；〈離〉雖初、上兩爻皆陽，而以居中之一陰爲主；〈兌〉雖初、中兩爻皆陽，而皆以居上之一陰爲主，陰卦多陽也。這就是〈乾〉、〈坤〉所生之六子，圖如圖2-7：

圖2-7　乾坤生六子圖

(三) 八卦以體用之不同，而佈卦的位置有先天八卦與後天八卦之分。先天八卦，一說是包羲氏所佈，而言對待之體；後天八卦，一說是文王所佈，而言流行之用。〈說卦傳〉曰：「天地定位，山澤通氣，雷風相薄，水火不相射。」這是說明宇宙在結構上的最高法則，而屬於體；〈說卦傳〉又曰：「帝出乎〈震〉，齊乎〈巽〉，相見乎〈離〉，致役乎〈坤〉，說言乎〈兌〉，戰乎〈乾〉，勞乎〈坎〉，成言乎〈艮〉。」這是說明宇宙在運行上的最高法則，而屬於用。屬於體的結構法則，就是所謂「先天八卦」。云「天地」者，〈乾〉對〈坤〉也，因〈乾〉象爲天、〈坤〉象爲地；云「山澤」者，〈艮〉對〈兌〉也，因〈艮〉象爲山、〈兌〉象爲澤；云「雷風」者，〈震〉對〈巽〉也，因

〈震〉象爲雷、〈巽〉象爲風；云「水火」者，〈坎〉對〈離〉也，因〈坎〉象爲水、〈離〉象爲火。率皆兩兩相併，故取其對待之義。屬於用的運行法則，就是所謂「後天八卦」。〈震〉曰「出」，〈巽〉曰「齊」，〈離〉曰「見」，〈坤〉曰「役」，〈兌〉曰「說」，〈乾〉曰「戰」，〈坎〉曰「勞」，〈艮〉曰「成」，各皆有其行動上的表現；而且由〈震〉至〈巽〉，由〈巽〉至〈離〉，由〈離〉至〈坤〉，由〈坤〉至〈兌〉，由〈兌〉至〈乾〉，由〈乾〉至〈坎〉，由〈坎〉至〈艮〉，彼此順序銜接，故取其流行之義。蓋宇宙萬有，不論如何複雜，無非對待、流行而已。先天對待，所以明其體；後天流行，所以明其用。先、後天八卦兩圖如圖2-8、圖2-9：

圖2-8　先天八卦圖

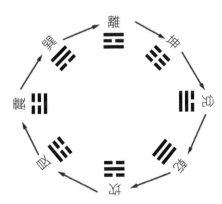

圖2-9　後天八卦圖

㈣前面說過，八卦是表示宇宙序列，宇宙既經分布出序列，當然在序列之間，具有類別，而八卦也就各有其不同之屬性。〈乾〉純陽，而爲奔放之能，故稱之爲「天」；〈坤〉純陰，而爲凝聚之質，故稱之爲「地」；〈震〉以一陽突破重陰，奮發而出，故稱之爲「雷」；〈巽〉以一陰引導重陽，疏散而入，故稱之爲「風」（太空陽氣隨陰下而入於地面即成風）；〈坎〉由二陰夾陽，幽暗而潤下，故稱之爲「水」；〈離〉由二陽麗陰，明顯而炎上，故稱之爲「火」；〈艮〉則浮起一陽，屹立於重陰之上，故稱之爲「山」；〈兌〉則潤飾一陰，融和於重陽之外，故稱之爲「澤」（澤之爲義，潤澤也）。由此可見，八卦之間雖是脈絡相通，而在屬性上卻每每相反；其相反之兩卦，所居之位置，且遙遙相對，遂以形成先天的對待關係。又按八卦除了屬性而外，還有時位作用存乎其間。〈震〉居正東，於時爲春，陽氣化即隨春令而勃然發動，故曰「帝出乎〈震〉」；帝者，乾元之陽也。〈巽〉居東南，於時爲春夏之交，陽得陰和，而齊頭並茂，故曰「齊乎〈巽〉」。〈離〉居正南，於時爲夏，陰陽既已相和，各皆發展而顯露其跡象，故曰「相見乎〈離〉」。〈坤〉居西南，於時爲夏秋之交，化育漸成，陽退而一委之於〈坤〉，以遂其含弘光大之功，故曰「致役乎〈坤〉」。〈兌〉居正西，於時爲秋，物至此已完全成熟，內則充實，外則潤飾而有色澤，故曰「說言乎〈兌〉」。〈乾〉居西北，於時爲秋冬之交，萬物閉歇，乾遂獨自鼓舞，再創生機，故曰「戰乎〈乾〉」。〈坎〉居正北，於時爲冬，萬物歸根，陽則下陷，欲振無力，故曰「勞乎〈坎〉」。〈艮〉居東北，於時爲春冬之交，一陽浮起，與震相反，所以成其終，亦即所以成其始，故曰「成言乎〈艮〉」。此後天八卦以春夏秋冬之時令，合四正四隅之方位，從萬物生化的過程上，十足顯示後天的流行關係。如先、後天兩者比較，一明生物之源，一明物生之序。至先儒中有昧於先天、後天之義，而謂包義氏和文王的二圖（如圖2-10、圖2-11），分不得先天、後天，其說於理無據，已在拙著《易經講話》中詳加論列矣，茲不贅。

先天八卦在內，後天八卦
在外，表示後天八卦運行
於先天八卦基礎之上，以
遂其摩盪而成六十四卦

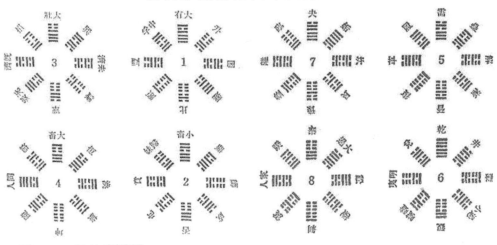

圖2-10　八卦摩盪圖一

先天八卦在外，後天八卦
在內，表示後天八卦運行
於先天八卦能量之下，以
遂其摩盪而成六十四卦

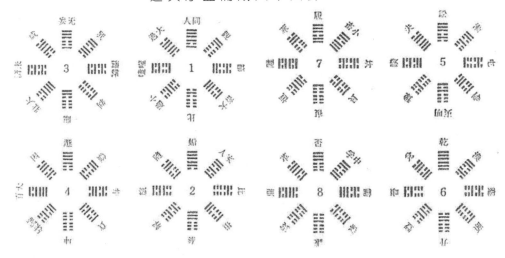

圖2-11　八卦摩盪圖二

先天八卦在內，後天八卦在外，表示後天八卦運行於先天八卦基
礎之上，以遂其摩盪而成六十四卦。

先天八卦在外，後天八卦在內，表示後天八卦運行於先天八卦能
量之下，以遂其摩盪而成六十四卦。

易例三

重卦六爻三才兩體

一、何謂重卦

㈠重卦的重字，讀平聲，即複之而再的意思，是將三畫的八卦複之而爲六畫的六十四卦。宇宙自太極渾淪一氣，逐漸發展，而兩儀，而四象，以至於八卦，其充塞於太空之氣化，並非無規律的散漫，而已分布爲宇宙最初的八種序列。但儘管成爲八種序列，還沒有具體的形質存在於其間，完全是先天的氣化境界。氣化猶在先天，何以就能佈成八種序列？這就由於一變二，二變四，四變八，自然而然的演進。其境界好像後天宇宙運行中的八風；所謂「八風」，就是通常經驗的東風、南風、西風、北風，以及東南風、東北風、西南風、西北風。〈乾坤鑿度〉曰：「（風）通天地之元氣。」又曰：「（風）能入萬物，成萬物。」八風是在時令上劃分階段，由入物而成物，皆各有其不同之性能。從八風的性能，便可以體會到什麼是先天氣化的八種序列。後天的八風，無異乎是先天八種序列遺留下來的痕跡；而且風之數八，四正四隅，恰如八卦所佈之方位，八卦之意義，也就可以從八風獲得認識了。不過，八卦只是指呈最初的宇宙序列而已，語乎萬物之化生，尚有很遙遠的距離！蓋天地化育萬物，都是兩線演進，有陰就得有陽，有柔就得要有剛，已在前面易例第二則裡面做了詳盡的說明，亦即莊子所謂「兩行」是也。故三畫的八卦，必須兼三才而兩之，重行結爲六畫的六十四卦，才能夠符合兩線演進的法則，以達成化生萬物的目標。

㈡宇宙萬有的發展，最初都是肇端於氣化，繼則由氣化逐級演進而爲形化，以至於構成萬有之物體。三畫的八卦，固然是從太極一變爲兩儀，再變爲四象，三變爲八卦；以數言之，就是一變二，

二變四，四變八，到了八卦的階段，已經三度演變，其氣化總算得成熟了！不過氣化儘管成熟，還在先天領域之內，如依宇宙程序，發展至後天形化的途徑，尚須繼續演變。以數言之，則八變十六，十六變三十二，三十二變六十四，與太極發展到八卦，同樣的要經過三度演變，才能夠由氣化走向形化的邊緣。也就是三畫的八卦，必得要重之為六畫的六十四卦，夫而後方可談得上化育的功用。但六畫的六十四卦，雖已就接近形化的邊緣，其卦體之由來，只是三畫的八卦，兩相複合而已。所謂「重卦」，仍以氣化為主，卦內陰爻和陽爻的錯綜排列，無非指示陰、陽氣化各種不同的結構方式。就因為氣化上有這些不同的結構方式，於是產生宇宙萬物各式各樣的體形，動物大別之為蟲魚鳥獸，植物大別之為花草竹木，礦物大別之為土金砂石，其體形的表現，不僅複雜得不可指數，而且奇異得不可想像；有的大，有的小，有的強，有的弱，有的靈巧，有的笨拙。即以人類自身來看，除膚色、身材種種的不同而外，所稟賦的資質，有上智，有下愚，有中人之資。如在氣化上結構得很圓滿，就成為上智；如在氣化結構得有缺陷，就成為下愚；氣化結構，雖未臻於圓滿，但亦無大缺陷，就成為中人之資。凡此氣化結構的說明，亦即重卦意義之所在。

二、重卦所包含的六爻

㈠《周禮・春官》疏有謂：「卦之為言掛也，掛萬象於其上也。」〈繫辭傳〉則謂：「爻也者，效天下之動也。」故《易經》裡面所有的卦，是分別代表各種不同的現象，卦裡面所有的爻，是分別代表現象中某一階段的動態。任何一種現象，從其發展過程來看，大致都有六個階段的動態，到了第七階段，這一現象便會改了樣子，甚至於消滅，而代之以另一現象。也就是一卦所包含的只有六爻，超過六爻，這一卦便會遞變為另一卦了。然而一現象的發展，為什麼就只有六個階段？這是根據自然現象及社會現象普遍的表現，並非任意劃分，如聲律上所用的音符，中國是「柳工車商士合」六種，西方用的是「1234567」，好像是多一種，但

「7」是半音；化學上的元素週期表，由第一位數到第七位，卻又回復到第一位；光學上的光帶，連紫外之半和紅外之半，合計只有六色光帶；電學上的電子，繞行質子至第七軌道，便有變化。不僅聲光電化如此，人類本身的情形，大抵也是如此。我們都知道傷寒症是很危險的一種病，但在適當的調護下，由太陽而陽明、而少陽、而太陰、而厥陰、而少陰，傳過六經以後，傷寒病狀便自然消失，而代之以恢復健康的現象。蓋宇宙現象雖繁，然有不變者在，故表現於萬有現象之中，其發展過程，初無二致，至六而極，至七而變也。

㈡六爻之順序，依卦氣發展的層次，是從下向上數，第一為初爻，第二為二爻，第三為三爻，第四為四爻，第五為五爻，第六為上爻。第一不曰「一」而曰「初」，明其為卦氣發生之始；第六不曰「六」而曰「上」，明其為卦氣已至終極。六爻分陰分陽，陽爻則冠之以「九」，初爻曰「初九」、二爻曰「九二」、三爻曰「九三」、四爻曰「九四」、五爻曰「九五」、上爻曰「上九」。陰爻則冠之以「六」。初爻曰「初六」，二爻曰「六二」，三爻曰「六三」，四爻曰「六四」，五爻曰「六五」，上爻曰「上六」。陽爻而必曰「九」，以陽用九也；陰爻而必曰「六」，以陰用六也。陽用九，陰用六，說見〈乾〉、〈坤〉兩卦；在此應特別交代的是：任何一卦，其卦內各爻固然分陰分陽，而各爻所居之位置，亦有陰陽之分。爻居第一位，一為奇數而屬陽；爻居第二位，二為偶數而屬陰；爻居第三位，三為奇數而屬陽；爻居第四位，四為偶數而屬陰；爻居第五位，五為奇數而屬陽；爻居第六位，六為偶數而屬陰。如果陽爻居陽位，陰爻居陰位，謂之「當位」；陽爻不居陽位，而居陰位，陰爻不居陰位，而居陽位，謂之「不當位」。當位則陰陽各皆可以發揮其化育之功能，不當位則陰陽即各喪失其本有之作用；猶之一個國家，如將有能力的人居於發縱指使的位置，而將沒有能力的人居於承受驅策的位置，這個國家必然會一天一天強盛起來，是為陰陽當位；反之，如將沒有能力的人居於發縱指使的位置，而將有能力的人居於承受驅策的位置，這個國家必然會

一天一天衰亂下去，是爲陰陽不當位。圖如圖3-1：

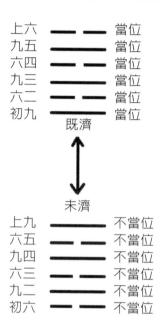

圖3-1　六爻稱謂圖

(三)〈繫辭傳〉曰：「爻也者，效天下之動者也。」六爻就是一現象所含之動態，有其六種不同之方式。初與上爻之動，是指示終始之動，初爲動之始，其動也漸；上爲動之終，其動也劇。如一事業產生，恆由一點一滴累積而成，因其始也故漸；而一事業之崩潰，每於旦夕之間，一敗塗地，因其終也故劇。此所以乾卦初爻爻辭，僅繫「潛龍」以狀其漸，而於上爻爻辭，則繫之「亢龍有悔」以狀其劇；坤卦初爻爻辭，僅繫「履霜」以狀其漸，而於上爻爻辭，則繫之「龍戰于野」以狀其劇。二與五爻之動，是指示主榦之動，二爲內卦之主，有關基礎之建樹，其動也篤實；五爲外卦之主，有關成功之表現，其動也榮華。如人在埋頭創造之時，默默耕耘，孜孜不輟，因係建樹基礎，故動則篤實；及其創造成功，形之於外，光輝照人，因係成功表現，故動則榮華。此所以乾卦二爻爻辭僅繫「見龍在田」以狀其篤實，而於五爻爻辭則繫之「飛龍在天」以狀其榮華；坤卦二爻爻辭僅繫「直方大」以狀其篤實，而於五爻爻辭則繫之「黃裳，元吉」以狀其榮華。

三與四爻之動，是指示進退之動，三居內卦之末，四居外卦之初，適當內外交遞之際，進退不慎，偏差必多；因此，三之動也多凶，四之動也多懼。如花正含苞，將放未放，當此時也，最宜斟酌！放之過早，為時不長；放之過遲，其色不艷。此所以〈乾〉之三爻勉以「終日乾乾」，而四爻則戒以「或躍在淵」；〈坤〉之三爻勉以「含章可貞」，而四爻則戒以「括囊，无咎无譽」。蓋凡一切現象，其發展的過程，每每到了中途，敗於進退之際，故對三、四兩爻，必須戒慎恐懼以臨之。

㈣ 六爻相互間之關係，有所謂「應」，有所謂「比」，有所謂「乘」與「承」。「應」之為義，即此一爻之動，影響彼一爻之變化；彼一爻之動，又足以影響此一爻之變化。如樹木之根本，培植堅牢，則枝葉必然茂盛；而枝葉過於茂盛，又足以損傷其根本之堅牢。但兩爻相應，並非漫無規則。合六爻而觀之，則初與四應，二與五應，三與上應；分內外兩卦而觀之，則內卦之初爻與外卦之初爻相應，內卦之中爻與外卦之中爻相應，內卦之末爻與外卦之末爻相應。即凡現象內在之基礎與其外在之發展，如影隨形，密切相依，內在某一階段發生變動，外在某一階段亦必隨之而有反應。人在十歲前後之管教，可以影響四十前後入世之操持；二十前後之學養，可以影響五十前後事業之途徑；三十前後之歷練，可以影響六十前後成就之規模。十歲前後，相當於內卦之初爻；四十前後，相當於外卦之初爻；此二者之互相影響，就是初與四應。二十前後，相當於內卦之中爻；五十前後，相當於外卦之中爻；此二者之互相影響，就是二與五應。三十前後，相當於內卦之末爻；六十前後，相當於外卦之末爻；此二者之互相影響，就是三與上應。但相應之兩爻，若彼此陰陽不相配合，則又應而不應。「比」之為義，非兩爻相應，而為兩爻相比。凡屬爻與爻間，位置緊接，而又同類，並具有連帶的作用，斯謂之「比」。如初爻為陽，二爻亦為陽，其所居之位置既相近，而所稟之性質又相同，則初爻動，二爻亦必隨之而動。譬之社會經濟恐慌，秩序即不安定，可以斷言，恐慌與不安定具有連帶性，故相隨而至，這就是所謂「比」。至於「乘」與「承」，一為居

上，一爲居下；居上之爻曰「乘」，居下之爻曰「承」。此完全
以陰陽判其順逆，陽爻乘之於上，陰爻承之於下，則其爲勢也順
而吉；陰爻乘之於上，陽爻承之於下，則其爲勢也逆而凶。蓋陽
爲能而陰爲質，以能馭質，猶之物爲人用；以質馭能，猶之人
爲物役。故〈蒙〉之上九，陽爻乘陰，而〈小象〉言其「上下
順也」；〈屯〉之上六，陰爻乘陽，而〈小象〉言其「何可長
也」？要之，應、比、乘、承不僅爲六爻分布之法則，抑且爲觀
卦玩爻之門徑。爻之應與不應，圖如圖3-2：

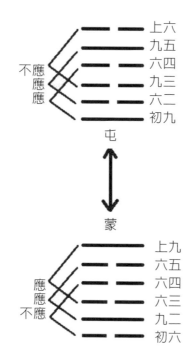

圖3-2　六爻相應圖

㈤〈繫辭傳〉曰：「〈乾〉知大始。」〈文言〉曰：「〈坤〉代有
　終。」宇宙間所有現象，皆由乾陽創之於前，而由坤陰成之於
　後。以數佈之，乾陽數奇，在天地數中，居於一三五七九；坤陰
　數偶，在天地數中，居於二四六八十。乾陽自始即發端於一，但
　至最終，只及於九而不及於十；坤陰最終而及於十，但在開始，
　卻不及於一。是則乾陽得其始而不得其終，委其終數於坤陰；坤

陰得其終而不得其始，委其始數於乾陽。合天地之數，只有十
位（見〈繫辭傳〉天一地二天三地四天五地六天七地八天九地
十），而〈乾〉〈坤〉之爻，則有十二，以十位之數分布於十二
爻之間，當然有及有不及者。故終不見〈乾〉，始不見〈坤〉，
而十天干與十二地支之配合原理，亦即由此而來。天干之十，配
合地支十二，兩者間的差數，遂產生六十甲子之「空亡」，並
導致〈乾〉〈坤〉十二爻之於「納甲」，亦有不及之差數。如
〈乾〉於內體三爻，分納甲子、甲寅、甲辰，但不及於甲午、甲
申、甲戌；而於外體三爻，分納壬午、壬申、壬戌，但不及於壬
子、壬寅、壬辰。〈坤〉於內體三爻，分納乙未、乙巳、乙卯，
但不及於乙丑、乙亥、乙酉；而於外體三爻，分納癸丑、癸亥、
癸酉，但不及於癸未、癸巳、癸卯。凡此，皆淵源於天地十數分
布〈乾〉〈坤〉十二爻之所致也。圖如圖3-3：

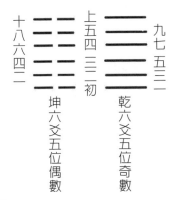

圖3-3　天地數行六爻圖

三、天地人三才

㈠《六書正譌》：「才、木質也。」一曰：「才、能也。」《禮
　記‧文王世子》：「必取賢斂才焉。」《近思錄》則謂：「才
　出於氣，氣清則才清，氣濁則才濁。」綜合這些解釋，所謂
　「才」，指的是從內在本有之氣質，到外在表現之能力。才之所
　以分為天、地、人者，是說天具主宰的能力，空洞而無形，其為

才也屬於氣；地具凝聚的作用，實在而有體，其為才也屬於質。
人生於天地之間，稟賦雖各不同，但就一般而論，人得天地均衡
之數，稟之於天所主宰的氣，約佔其半，是即人之靈能的來源；
稟之於地所凝聚的質，約佔其半，是即人之軀體的來源。故凡人
類應具之才，則屬於氣與質的配合。氣質配合適宜，其才高而且
美；氣質配合不當，其才卑而且劣。這在《易經》卦爻上，指示
得極為明顯：三畫之卦，以在上一爻為天，在下一爻為地，居中
一爻為人；六畫之卦，以在上的五、上兩爻為天，在下的初、二
兩爻為地，居中的三、四兩爻為人。天屬於氣，故云：「立天之
道，曰陰與陽。」陰陽以氣言，就因為單純是氣，可能產生的弊
端較為輕微；地屬於質，故云：「立地之道，曰柔與剛。」剛柔
以質言，就因為單純是質，可能產生的弊端，亦較為輕微；人則
合氣質而為一，氣質既經合在一起，其間之偏多、偏少，乃至於
清、濁、厚、薄，即在所難免，於是產生智、愚、賢、不肖種種
等差，故云：「立人之道，曰仁與義。」仁義以德言，就因為人
是氣質交錯，駁而不純，遂示之以仁義，作為修身立命之途徑，
以免殞越而不知返也。圖如圖3-4。

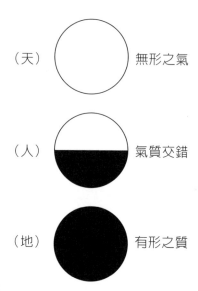

（天）　無形之氣

（人）　氣質交錯

（地）　有形之質

圖3-4　天地人三才圖

(二)就卦體來看，居中三、四兩爻是代表人，上承五、上兩爻之天，下乘初、二兩爻之地，界乎上下之間，可上可下，可進可退。進而偏上，上爲天，是得天之氣獨厚，能力必然高強，甚至躋於神明，而靈能昇華，遂成上智；退而偏下，下爲地，是得地之質特多，形體必然頑固，甚至呆如木石，爲癡鈍不才，遂成下愚。本來，在六畫卦體內，初與四應，上與三應，三、四兩爻與初、上兩爻有相應之關係，二與三爻相比而承三，五與四爻相比而乘四，三、四兩爻又與二、五兩爻相比而有乘與承之關係，是則三、四兩爻與初、二、五、上各爻，往來密切，有不可分之因素存於其間。但相應的關係，要看正不正，正則應，不正則不應；相比而乘與承的關係，要看順不順，順則吉，不順則不吉。故三、四兩爻的人位，其內在氣質結構如何，恆以初、二、五、上各爻往來的情形爲轉移。往來的情形正而又順，其內在氣質結構就很好；往來的情形不正而又不順，其內在氣質結構就很壞。蓋天、地、人六爻往來，形而上之天與形而下之地，皆迴互於中爻三、四之人位，人位既爲天、地迴互之所，則其內在氣質結構，當然要比較複雜，遠不如形上、形下之純也。揆之於實際現象，人雖爲萬物之靈，而人事社會卻愈演愈繁，總是在動盪中，不能獲得永久的安定，此所以〈繫辭傳〉警之以「三多凶」、「四多懼」；而孔子於六十四卦〈大象〉，不曰「君子以」，則曰「先王以」；以「天行健」而「自強不息」，以「地勢坤」而「厚德載物」。目的在明天、地之道，藉謀端正人道；「以」字古文作「㠯」，就是縮合上下而往來迴互的意思。圖如圖3-5：

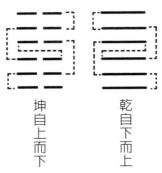

坤自上而下　　　乾自下而上

圖3-5　天地人三才上下往來圖

四、內外兩體與上下

㈠卦氣是自下向上，循序而升，升至無可再升之時，遂降而之下，變成另一卦；迨變成另一卦後，仍然是自下向上，循序而升。故位居最下的一爻，稱之曰「初」，初者，表示爲卦氣發生之始；位居最高的一爻，稱之曰「上」，上者，表示爲卦氣已經到了極限。其中二、三、四、五諸爻，則表示爲卦氣進升的各階段。專就卦氣來看，卦氣行經六爻，固然有上有下，要是論及整個的冥冥太空，便無上下之可言；有之，只是內外而已。如地球在太空裡運行，哪裡有個上？哪裡有個下？我們住在地面任何一個角落，都覺得自己的方位是在上，而視對方的方位在下。也可以這樣說：現出於地面之外的就是上，深入地心之內的就是下。上、下觀念之所以產生，一本之於內外，故卦氣分爲上下，而卦體則分爲內外。本來，重卦的體例，是由兩個三畫卦複合而成，既爲兩個三畫卦所複合，當然有內有外。先儒對在內的三畫卦，多稱之爲「內體」，亦稱「內卦」；對在外的三畫卦，多稱之爲「外體」，亦稱「外卦」。按孔子在〈象傳〉中解釋經義，或以上下爲言，或以內外爲言，蓋據卦爻之體象耳！〈損〉之〈象傳〉曰：「損下益上，其道上行。」〈益〉之〈象傳〉曰：「自上下下，其道大光。」這是就上下以言卦氣；〈泰〉之〈象傳〉曰：「內陽而外陰，內健而外順，內君子而外小人。」〈否〉之〈象傳〉曰：「內陰而外陽，內柔而外剛，內小人而外君子。」這是就內外以言卦體。此可證之以實際現象，如一切樹木，先自在下之根荄發動生機，等到生機發動，突出地面以後，便逐漸向上成長；又如一切菓蓏，須在內層結成中心的質素，然後經此中心的質素，一層一層地向外擴張，以至於成熟而壯大爲止。前者是由下至上，而爲卦氣最好的說明；後者是由內至外，而爲卦體最好的說明。

㈡卦是代表象的，任何現象自其成長的層次看，有在下的起點，就有在上的終點；自其結構的形態看，有內在的基礎，就有外在的發展。卦即因之而分上下和內外，意爲示人以觀察現象之途徑

也。試先剖析上下之間的關係。〈繫辭傳〉曰:「其初難知,其上易知。」初居卦之最下,現象猶在發生之始,不過萌牙之起點而已,很細微的,隱而未著,情形如何,不易知悉。假使對這種很細微的在下起點,都能夠了解了,那麼,其在上的終點、結果,也就不難推測而知。誠如坤卦初六爻辭所說的「履霜,堅冰至」,初雖在下,霜雖甚微,只要知道已經結成霜,由初進升至上,則未來成為堅冰之體,自屬意料中事。其次,剖析內、外之間的關係。當我們觀察現象,若僅觀其外而不察其內,或僅察其內而不觀其外,那對這一個現象,不可能獲得正確的認識;因為一切現象,都有藏之於內和顯之於外的兩種情況。以卦爻來表示,前面說過,內體三爻,通常是表示內在基礎,或是主觀條件;外體三爻,通常是表示外在發展,或是客觀環境。內在基礎或主觀條件可以影響外在發展或客觀環境,外在發展或客觀環境也可以影響內在基礎或主觀條件。例如以石擊水,則起圓圈之波紋,在內之圓圈波紋深,及於在外之圓圈波紋,必然是廣;但在外之圓圈波紋,若是過廣,反使在內之圓圈波紋逐漸消失。所以客觀環境如果配合得好,外在發展,蓬勃前進,那就要加強其主觀條件,以培養內在基礎,否則便難以為繼。

易例四
卦與卦的相互關係

一、由〈乾〉〈坤〉貫串六十四卦

㈠宇宙萬有，層出不窮，各形各色，繁複得不可指數，然溯其源頭所自，無非陰陽二氣。陰陽二氣，在《易》就是〈乾〉〈坤〉，〈乾〉〈坤〉之於各個卦體，猶如陰陽二氣之於萬有現象，而爲其源頭之所自也。按〈乾〉〈坤〉生六子，八卦即由於〈乾〉〈坤〉相交而成。〈說卦傳〉曰：「〈乾〉，天也，故稱乎父；〈坤〉，地也，故稱乎母；〈震〉一索而得男，故謂之長男；〈巽〉一索而得女，故謂之長女；〈坎〉再索而得男，故謂之中男；〈離〉再索而得女，故謂之中女；〈艮〉三索而得男，故謂之少男；〈兌〉三索而得女，故謂之少女。」這一則措辭的意思，是說〈乾〉初交〈坤〉成〈震〉，〈坤〉初交〈乾〉成〈巽〉，〈乾〉二交〈坤〉成〈坎〉，〈坤〉二交〈乾〉成〈離〉，〈乾〉上交〈坤〉成〈艮〉，〈坤〉上交〈乾〉成〈兌〉。八卦之能完成序列，實係肇自〈乾〉〈坤〉之往來、相交；而八卦又是六十四卦的前身，六十四卦原即基於八卦之摩盪，以成其內外卦之卦體。八卦既以〈乾〉〈坤〉爲主，六十四卦當然也就以〈乾〉〈坤〉爲主。在卦體上，六十四卦雖各具有個別不同的形式，但如分析其內容，都是〈乾〉〈坤〉十二爻往來於其間，錯綜而爲各種形式的結合。所謂「乾坤」，陰陽二氣也，宇宙間「品物流形」，其能林林總總，「各正性命」。試問：那一件不是由於陰陽二氣調和舒配呢？以數言之，《易》即陰陽二進位的數根，而能演至無窮萬萬之數，這在西方所發明的電腦，已從實例上而作二進位數根的說明了，故〈乾〉〈坤〉可以貫串所有的卦體。

㈡就六十四卦排列的次序上看，〈乾〉〈坤〉往來，而能貫串各卦
之間的情形，更覺明顯。〈序卦傳〉曰：「有天地，然後有萬
物；有萬物，然後有男女；有男女，然後有夫婦；有夫婦，然後
有父子；有父子，然後有君臣；有君臣，然後有上下；有上下，
然後禮義有所錯。」所謂天地，〈乾〉爲天，〈坤〉爲地，指的
就是〈乾〉〈坤〉。據此，則代表宇宙運行的六十四卦，其排
列次序，完全以〈乾〉〈坤〉演進的程度而定；〈乾〉〈坤〉
演進到了某種程度，於是乎就結合而成爲某種卦體，而在客觀
事物便顯示出某種現象來。當〈乾〉〈坤〉二氣本身成長，一
經飽和了，彼此之間遂相互往來，並由〈乾〉先交〈坤〉；初
交成〈屯〉，再交成〈蒙〉。〈屯〉以初陽爲主爻，表示乾元
發動，而爲一切的創始；證之實際現象，如一元復始，雷雨滿
盈，以啓導草昧甫見之生機。〈蒙〉以二陽爲主爻，表示創始
之後，已屆入蒙稚時期；證之實際現象，如孩提之童，氣化內
行，以暢遂「蒙以養正」之天德。繼〈屯〉〈蒙〉兩卦，依次演
進，而至於〈泰〉，而至於〈否〉。其於〈乾〉〈坤〉交接的過
程中，所構成的卦體，陰陽配備，畸輕畸重，自屬難免，但至
〈泰〉〈否〉，則以〈乾〉〈坤〉各半，陰陽均衡；陰陽既經到
達均衡的地步，〈乾〉〈坤〉便可諧和發展，而成〈坎〉，而成
〈離〉，於是先天的陰陽，變爲後天的水火二氣，以遂其化生之
功用。六十卦運行到了〈坎〉〈離〉，在化育工程上，可以說
「思過半矣」！過此以往，〈乾〉〈坤〉則交錯於〈咸〉〈恒〉
之中，更進而爲〈損〉〈益〉；所謂「損」「益」，即太過者損
之，不及者益之，斟酌調停，以期達成陰陽中和之程度。有損有
益，一無偏差，〈乾〉〈坤〉之運行，才能夠陰陽各當其位，完
成終極之目標；〈既濟〉大定，而生機圓滿，各正性命。然宇宙
萬有，變動不居，無永久大定之理，〈既濟〉之後，勢必轉爲悖
亂之〈未濟〉，於是周而復始，〈乾〉〈坤〉又須從頭做起。故
凡卦之演進，無非〈乾〉〈坤〉往來也。

㈢舉凡卦體，不論如何變化，其組成的分子，總歸離不開陰爻和陽
爻；換言之，也就是離不開〈乾〉〈坤〉。而在〈乾〉〈坤〉

兩卦裡，各爻因所居的位置不同，發揮功用的程度，便隨之而有差異。以乾卦六爻來說：初爻曰「潛龍」，是說初居卦之最下，陽猶潛伏，故戒之以「勿用」；二爻曰「見龍」，是說陽升至於二，力能有所表現，故喻之以「利見大人」；三爻曰「終日乾乾」，是說陽長而至於三，剛猛好動，故警之以「惕厲无咎」；四爻曰「或躍」，是說四已由內而外，四可向外躍進，但須斟酌，故冠之以「或」，「或」者，疑慮之辭也；五爻曰「飛龍」，是說五爲乾陽最得意的時位，乾陽到五，可以發揮最高的功用，故狀之以「在天」，表示無往不利，而「利見大人」；上爻曰「亢龍」，是說乾陽居上，其位過高，「亢」是過高的意思，過高則產生傷害之懊惱，故斷之以「有悔」。坤卦六爻，亦復如此，各皆具有功用上之差異。〈乾〉〈坤〉十二爻，在功用上既各有其差異之表現，如分別散居於各卦之中，而爲各個卦體之組成分子，固然另具各個卦體之爻位特性，但或多或少，仍保持〈乾〉〈坤〉十二爻之原有的意思。在〈乾〉〈坤〉兩卦裡，二五兩爻多繫以美辭，而在其他各卦裡，二五兩爻假使當位而應，亦必无咎，甚至獲吉；在〈乾〉〈坤〉兩卦裡，三四兩爻多繫以危辭，而在其他各卦裡，三四兩爻假使不當位而無應，亦必艱險，甚至邁凶；在〈乾〉〈坤〉兩卦裡，初上兩爻較爲脆弱，所謂「本末弱也」，而在其他各卦裡，初上兩爻所繫之爻辭，除少數特例外，亦多作戒愼之啓示。要之，認識各個卦體中之爻是好是壞，以及引申到人事社會的應進應退，須參照〈乾〉〈坤〉十二爻之爻辭。揆之宇宙實際現象，任何事物，其構成的最高因素，無非陰陽二氣，陰陽二氣配合得好，這種事物本身的結構和發展，當然就好；如果陰陽二氣配合不得當，這種事物本身的結構和發展，當然就不好。陰陽二氣就是〈乾〉〈坤〉，所以〈乾〉〈坤〉十二爻在各個卦體中配合得如何，便可以看出其所指示的事物現象如何。

㈣「《易》之爲書也，廣大悉備。」其所探討之對象，涵蓋整個的宇宙，大如日月星辰，無所不包；小如纖塵微芥，無所不至。可以說：「其大無外，其小無內。」而且窮極萬有的最先源頭，以

及最後變化，與夫彼此之間的往來脈絡。故在卦之演進，由八卦而六十四卦，再由六十四卦而四千零九十六卦，乃至無窮數之卦，隨萬有現象之變化而變化，沒有止境地發展；但卦的演進，雖是繁複一如萬有現象，惟究其所自來，卻皆來自太極判爲兩儀之〈乾〉〈坤〉。就由於〈乾〉〈坤〉是卦體上的共同來源，不論卦體變得如何的繁複，而有〈乾〉〈坤〉貫串於彼此之間，往來呼應，息息相通，於是無窮數之卦，皆在整個體統之中，依次運行；此一卦之臧否，恒與彼一卦之盈虛，具有密切之關係，非僅屬於形式的單獨存在而已。前面說過，乾坤就是陰陽二氣，窮宇宙之大，極萬物之多，無一而不是創始於陰陽二氣；創始以後，更無一而不是藉陰陽二氣之保養，才能夠延續發展。這可以意味著：宇宙是由陰陽二氣兩大支柱，以形成一個生機總體，任何現象，包括自然現象與社會現象，都是從這一個生機總體化育出來的，形雖萬殊，源則一本；而且有了陰陽二氣居中溝通，故宇宙從無單獨存在的孤立現象，率皆彼此依存，相互爲用。如植物所需要的是碳氣，而排洩的是氧氣，恰好人類所需要的是氧氣，而排洩的是碳氣。以此易彼，各暢其生，誠所謂「民吾同胞，物吾與也」，由此可見乾坤的功用了。

二、反對、旁通與互卦

㈠在卦體上，其所以構成極其繁複的形式，無非基於卦內所含陰陽兩種爻數的或多或少，以及所居的位置而定。設有兩卦於此，所含之陰陽各爻，本質不變，陰還是陰，陽還是陽，只有排列位置，上下顛倒。這一卦如陰爻居下，那一卦如陰爻倒轉而居上；或是這一卦陽爻居下，而那一卦陽爻倒轉而居上。從正面順看，是這一卦，倒轉過來反看，便是那一卦，似此位置顛倒的兩卦，就叫做「反對」（一稱綜卦或覆卦）。例如〈屯〉〈蒙〉兩卦，圖解於次圖4-1。

除〈屯〉與〈蒙〉兩卦外，如〈需〉與〈訟〉、〈師〉與〈比〉等等皆是。在六十四卦中，有五十六卦爲「反對」卦體，此五十六卦，實即二十八卦，因反對關係而成五十六卦；卦體反

蒙　　　　屯

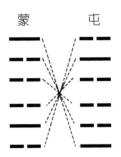

圖4-1

對，一變爲二也。爲什麼《周易》上經三十卦，而下經卻爲三十四卦？其故即在於此。蓋在上經三十卦之內，反對卦僅有二十四，另雜有〈乾〉〈坤〉〈坎〉〈離〉〈頤〉與〈大過〉六個不反對卦，但二十四個反對卦，實即十二卦，以十二加六，爲數十八，是則上經所包含的只十八卦；而在下經三十四卦之內，反對卦僅有三十二，另雜有〈中孚〉與〈小過〉兩個不反對卦，但三十二個反對卦，實即十六卦，以十六加二，爲數亦十八，是則下經所包含的亦只十八卦。上下經合起來則爲三十六卦，所以邵子稱之爲「三十六宮」。至於「反對」的意義，極其深邃，勉強以實例明之：猶人之雙目，左目大眼角朝向右方，右目大眼角朝向左方，雙目並不是一順排列，而是互相對立的。假使一順排列，則雙目視線平行，得不著交叉點，目力便無法集中；惟其互相對立，視線交叉，才能隨心所欲，注視在某一點之上。又如我們處事，僅從正面觀察事態，還是不夠，必須再從反面觀察，方可以獲得較爲完整的認識；尤其與人往來，不能只站在自己的這一方面，考慮到自己的利益就算了事，更得要反過來站在對方的立場，考慮到別人的利益，這才合乎恕道，而得人情之平。我想：讀者看了上述的實例，所謂「反對」的意義，至少總該體會到一二。

㈡卦體形式，層出不窮，「反對」固然佔了很重要的地位，但「反對」之能變更卦體形式，唯一的途徑，就是位置顛倒，而在六十四卦中，位置顛倒亦只能施之於五十六卦，尚有〈乾〉〈坤〉〈坎〉〈離〉〈頤〉〈大過〉〈中孚〉〈小過〉等八個

卦，其卦體形式，非位置顛倒所能變更得了；如乾卦顛倒過來還是乾卦，坤卦顛倒過來還是坤卦，坎卦顛倒過來還是坎卦，離卦顛倒過來還是離卦。〈頤〉〈大過〉〈中孚〉與〈小過〉四個卦，一若〈乾〉〈坤〉〈坎〉〈離〉，不再贅述。總之，反對只是位置顛倒，不足以語乎全部卦體形式之變更。設有兩卦於此，卦體位置一致，並不顛倒，而兩卦所含之陰、陽各爻，本質完全相反，在這一卦的某爻是陰，在那一爻的某爻卻是陽，在這一卦的某爻是陽，在那一卦的某爻卻是陰，似此陰、陽爻相反的兩卦，就叫做「旁通」（一稱錯卦或對卦）。例如〈屯〉與〈鼎〉兩卦，圖解於圖4-2：

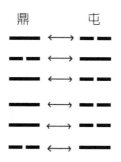

鼎　　　屯

圖4-2

除〈屯〉與〈鼎〉兩卦外，如〈蒙〉與〈革〉、〈需〉與〈晉〉、〈訟〉與〈明夷〉、〈師〉與〈同人〉、〈比〉與〈大有〉等等皆是。以「旁通」較之於前述的「反對」：彼則起於位置上的關係，而無與於卦爻的本質，故其爲用猶狹，僅能施之於五十六卦；此則乃起於本質的差異，而爲陰陽互變，故其爲用特廣，可以行之於六十四卦全部。論及「旁通」的意義，〈繫辭傳〉曰：「旁通，情也。」蓋以宇宙法則，陽性愛陰，陰性愛陽。經常講的「同性相斥，異性相吸」，是說陽遇陽，陰遇陰，便互相排斥；陽遇陰，陰遇陽，便相互吸引。「旁通」的卦體，固然在兩卦之間，彼此所含之六爻，是陰陽對立，也就因爲陰陽對立，於是「異性相吸」，產生愛慕之情，外表的形式，雖顯得乖離，內在的心情，卻極其契合，所以稱之爲「旁通」。「通」而冠之曰「旁」，「旁者，側也。」「旁通」只是側面相通，而

非正面的表達，髣髴在暗地傳情的意思。這從我們人類自身，可以看得很清楚，如男女到了成年的時候，男子便不自覺地愛慕女子，女子亦不自覺地愛慕男子。又如日常生活，凡是寒體人，大抵愛進熱性的飲食；凡是熱體人，大抵愛進寒性的飲食。男的屬於陽，女的屬於陰，男與女，則相愛慕；寒的屬於陰，熱的屬於陽，寒與熱，而能調和。何以故？「旁通，情也」。

(三)〈繫辭傳〉曰：「雜物撰德，辨是與非，則非其中爻不備。」所謂「中爻」，指的是一卦裡面二三四五各爻，因這幾爻居卦體之中也。那麼，中爻何以能辨別是非好壞呢？這得要經過一番的手續，將二三四五各爻，依其所居位置之上下，分爲內外兩體，二三四疊之於內，而成內體；三四五疊之於外，而成外體，於是中爻遂疊成另一個完整的卦體。既經有了另一個完整的卦體，在卦體形式上，當然就會顯示是非好壞，而中爻便可藉此以發揮其應有之作用──「雜物撰德，辨是與非」；惟卦非本有，係由中爻互相複合以成，故稱之爲「互卦」。茲仍舉〈屯〉〈蒙〉兩卦，圖解於圖4-3：

屯中爻互剝

蒙中爻互復

圖4-3

〈屯〉是表示創始的卦。就人事現象而言，任何一種事業的開始，都得要支付精神動力，精神動力是陽，事業是陰，爲了陰，消耗陽，所以屯卦中爻互成〈剝〉。剝者，以陰剝陽也；但〈剝〉之最後一陽，屹然獨立於上，這就意味著，不論是怎麼樣艱難的創始，必須保持最後的精神動力，才能獲得創始的成果。「蒙者，物之穉也。」當在蒙穉時期，本身是懵懂無知，一切都稟承天德，惟其稟承天德，方可以很快地成長機能，此蒙卦中爻之所以互成〈復〉。復者，一陽復生於坤陰體內，陰體塊然無知，陽者，機能也，陽復於陰，是表示懵懂無知，以天德而使機能成長。由此可見，凡處〈蒙〉境，貴使機能自內成長，有如復卦一陽自內而生，所謂「蒙以養正」是也。後儒有疑互卦非先聖之旨意，其實，孔子於〈繫辭傳〉裡提出「中爻」，非互體而何？這好比選擇樹木的材料，並不在乎樹枝之茂，以及樹根之牢，而要審度樹幹之中段成材與否。故對一卦之觀察，絕不能忽視「中爻」之互體。

三、卦變

㈠宇宙間，從沒有一成不變的現象，人事現象固然不斷地在變，自然現象更是變動不居，而且白雲蒼狗，一息萬殊。「卦者，掛也，掛萬象於其上也。」卦之爲用，是在指示周遭所懸掛的現象；質言之，無異乎是現象的代表。現象既經時時在變，代表現象的卦體形式，當然也就隨著現象之變而變，這便是「卦變」的由來。「卦變」一稱「變卦」，謂由這一卦演變而成那一卦。舉凡萬有現象，不分人事或自然，都是複雜得不可指數，而變化莫測；甫覺其如此，倏爲又覺其非此，僅憑人類感官的能力去觀察，無從獲得正確的認識。不過，現象儘管變化莫測，而在變化之中，有個不變的軌跡，因爲現象的源頭，是陰陽二氣，現象之所以發生變化，更是由於陰陽二氣之往來；而陰陽二氣往來，有其必須遵循的往來法則，所謂「日往則月來，月往則日來」、「寒往則暑來，暑往則寒來」。這一類的往來法則，便是變化中不變的軌跡。先聖本其天縱之質，化繁爲簡，經將這些不變的軌

跡納之於卦，藉使後人從卦體形式上的演變，就可以看出現象是如
何在變，好像寒暑表之於氣候，氣候或冷或熱，寒暑表上便反映出
或升或降，從寒暑表上的升降，就可以知道氣候的冷熱。所以卦變
是《易經》裡面最重要而又最精微的一個課題。揆諸實際現象，可
得而言者，如很貞操的寡婦，會變成極其淫蕩的女人；很殘忍的屠
戶，會變成阿彌陀佛的人生觀。自然界如陰變晴、晴變陰，兩者相
反之變，更是不勝枚舉。這在卦體式上，相當於兩極之變：〈泰〉
與〈否〉之變，〈既濟〉與〈未濟〉之變，皆屬之。但卦變不止乎
此，有一爻之變，有兩爻之變，有三爻、四爻乃至五爻之變，變化
特繁，具見後列虞翻、李挺之兩氏所傳的卦。

㈡虞翻所傳的卦變，列表於次：

一陽一陰之卦各六，皆自〈復〉〈姤〉而變：
　　〈復〉→〈師〉→〈謙〉→〈豫〉→〈比〉→〈剝〉。
　　〈姤〉→〈同人〉→〈履〉→〈小畜〉→〈大有〉→〈夬〉。
二陰二陽之卦各九，皆自〈臨〉〈遯〉而變：
　　〈臨〉→〈升〉→〈解〉→〈坎〉→〈蒙〉→〈明夷〉→〈震〉→
　　〈屯〉→〈頤〉。
　　〈遯〉→〈无妄〉→〈家人〉→〈離〉→〈革〉→〈訟〉→〈巽〉→
　　〈鼎〉→〈大過〉。
三陰三陽之卦各十，皆自〈泰〉〈否〉而變：
　　〈泰〉→〈恆〉→〈井〉→〈蠱〉→〈豐〉→〈既濟〉→〈賁〉→
　　〈歸妹〉→〈節〉→〈損〉。
　　〈否〉→〈益〉→〈噬嗑〉→〈隨〉→〈渙〉→〈未濟〉→〈困〉→
　　〈漸〉→〈旅〉→〈咸〉。
四陰四陽之卦各九，皆自〈大壯〉〈觀〉而變：
　　〈大壯〉→重〈大過〉→重〈鼎〉→重〈革〉→重〈離〉→〈兌〉→
　　〈睽〉→〈需〉→〈大畜〉。
　　〈觀〉→重〈頤〉→重〈屯〉→重〈蒙〉→重〈坎〉→〈艮〉→
　　〈蹇〉→〈晉〉→〈萃〉。
變例之卦有二：曰〈中孚〉，曰〈小過〉。

按上列虞翻所傳之卦變，似嫌簡略，包括不了萬有現象的變化；惟虞翻是孟氏《易》之傳人，學有所本，其所爲之卦變表解，當係淵源於孟氏，且亦自具體例，而爲卦變流傳之最初者，因存之。

㈢ 李挺之所傳的卦變，列表於次：

甲、屬於反對之卦變

1. 《易》之門戶：
   〈乾〉爲老陽之父。
   〈坤〉爲老陰之母。
2. 〈乾〉〈坤〉相索三變爲不反對六卦：
   〈坤〉體〈乾〉交：〈頤〉→〈小過〉→〈坎〉。
   〈乾〉體〈坤〉交：〈大過〉→〈中孚〉→〈離〉。
3. 乾卦下生一陰變爲反對六卦：
   〈姤〉→〈同人〉→〈履〉。
   〈夬〉→〈大有〉→〈小畜〉。
4. 坤卦下生一陽變爲反對六卦：
   〈復〉→〈師〉→〈謙〉。
   〈剝〉→〈比〉→〈豫〉。
5. 乾卦下生二陰變爲反對十二卦：
   〈遯〉→〈訟〉→〈无妄〉→〈睽〉→〈兌〉→〈革〉。
   〈大壯〉→〈需〉→〈大畜〉→〈家人〉→〈巽〉→〈鼎〉。
6. 坤卦下生二陽變爲反對十二卦：
   〈臨〉→〈明夷〉→〈升〉→〈蹇〉→〈艮〉→〈蒙〉。
   〈觀〉→〈晉〉→〈萃〉→〈解〉→〈震〉→〈屯〉。
7. 乾卦下生三陰變爲反對十二卦：
   〈泰〉→〈恆〉→〈豐〉→〈歸妹〉→〈節〉→〈既濟〉。
   〈否〉→〈咸〉→〈旅〉→〈漸〉→〈渙〉→〈未濟〉。
8. 坤卦下生三陽變爲反對十二卦：
   〈泰〉→〈損〉→〈賁〉→〈蠱〉→〈井〉→〈既濟〉。
   〈否〉→〈益〉→〈噬嗑〉→〈隨〉→〈困〉→〈未濟〉。

乙、屬於相生之卦變

1. 〈姤〉：〈乾〉一交而為〈姤〉。

  〈復〉：〈坤〉一交而為〈復〉。

  凡卦一陽五陰者，皆自復卦而來，〈復〉一爻五變而成五卦：

  〈師〉→〈謙〉→〈豫〉→〈比〉→〈剝〉。

  凡卦五陽一陰者，皆自姤卦而來，〈姤〉一爻五變而成五卦：

  〈同人〉→〈履〉→〈小畜〉→〈大有〉→〈夬〉。

2. 〈遯〉：〈乾〉再交而為〈遯〉。

  〈臨〉：〈坤〉再交而為〈臨〉。

  凡卦四陰二陽者，皆自臨卦而來，〈臨〉五復五變而成十四卦：

  第一四變：〈明夷〉、〈震〉、〈屯〉、〈頤〉。

  二復四變：〈升〉、〈解〉、〈坎〉、〈蒙〉。

  三復三變：〈小過〉、〈萃〉、〈觀〉。

  四復二變：〈蹇〉、〈晉〉。

  五復一變：〈艮〉。

  凡卦四陽二陰者，皆自遯卦而來，〈遯〉五復五變而成十四卦：

  第一四變：〈訟〉、〈巽〉、〈鼎〉、〈大過〉。

  二復四變：〈无妄〉、〈家人〉、〈離〉、〈革〉。

  三復三變：〈中孚〉、〈大畜〉、〈大壯〉。

  四復二變：〈睽〉、〈需〉。

  五復一變：〈兌〉。

3. 〈否〉：〈乾〉三交而為〈否〉

  〈泰〉：〈坤〉三交而為〈泰〉

  凡卦三陰三陽者，皆自泰卦而來，〈泰〉三復三變而成九卦：

  第一三變：〈歸妹〉、〈節〉、〈損〉。

  二復三變：〈豐〉、〈既濟〉、〈賁〉。

  三復三變：〈恆〉、〈井〉、〈蠱〉。

  凡卦三陽三陰者，皆自否卦而來，〈否〉三復三變而成九卦：

  第一三變：〈漸〉、〈旅〉、〈咸〉。

  二復三變：〈渙〉、〈未濟〉、〈困〉。

  三復三變：〈益〉、〈噬嗑〉、〈隨〉。

　　按上列李挺之所傳之卦變，持義最精，針對實際現象，而將卦變分爲兩大類：曰「反對」，曰「相生」。在實際現象中，「相生」者，如父而子、子而孫是也；「反對」者，如暴虐統治之下，而有革命運動出現是也。窮極宇宙萬有，其現象之能不斷演進，無非由於相生與反對兩種途徑；故言卦變，應以此爲準。至於朱子亦有卦變圖傳世，具見《周易本義》；但析其內容，嫌與實際現象脫節，只在卦爻中求變而已，無補於觀察現象之變化，在此從略。

四、基於關係所生之卦別

㈠卦的本身，有內體三爻構成之內卦、外體三爻構成之外卦，以及陰爻爲主之陰卦、陽爻爲主之陽卦，這在前面另一則易例裡，已經分別交代過了。除此之外，由於卦的變化而產生卦的類別，還是很多，因爲卦是代表現象的；而在變的當中演進，既經是變，這一卦就會變成那一卦。我們對於這一卦，便稱之爲「本卦」，而對那一卦，便稱之爲「之卦」；「之」字用在此處，應解爲「往」，謂由這一卦而到了那一卦。如乾卦初爻一變就成爲姤卦，是爲「〈乾〉之〈姤〉」；在卦體形式上，〈乾〉已往而至於〈姤〉，故〈姤〉爲之卦，但本來是〈乾〉，故〈乾〉爲本卦。坤卦初爻一變就成爲復卦，是爲「〈坤〉之〈復〉」；在卦體形式上，〈坤〉已往而至於〈復〉，故〈復〉爲之卦，但本來是〈坤〉，故〈坤〉爲本卦。其他各卦，準此類推。又以〈乾〉變成〈姤〉，〈姤〉則一陰自下而上，陰來消陽，謂之「消卦」；〈坤〉變成〈復〉，〈復〉則一陽自下而上，陽息於陰，謂之「息卦」。這只就爻的變動所產生之卦別，略舉一二，以示其概耳。

㈡前述之「反對」，一稱「覆卦」；覆者，仰之反，所以形容反對卦體位置顛倒也，此與來知德稱之爲「綜卦」，可以互相參考。綜者，謂如織布梭子，一上一下，亦即一仰一覆之義。但覆卦中，尙有所謂「半覆卦」。半覆卦是將卦體之一半覆過來，即內體或外體易爲覆卦，如水雷〈屯〉，內體的震雷易爲艮山，則成

水山〈蹇〉，〈屯〉為「難」，〈蹇〉亦為「難」；又如風天〈小畜〉，外體的巽風易為兌澤，則成澤天〈夬〉，〈小畜〉曰「既雨」，〈夬〉亦曰「遇雨」，彼此卦氣有相同之處，足見半覆卦在彼此關係上的重要性。前述之「旁通」，一稱「對卦」；對者，以陰對陽、以陽對陰，所以形容旁通卦體陰陽對峙也。此與來知德稱之為「錯卦」，可以互相參考；錯者，謂如犬牙交錯，以上齒之尖鋒，對下齒之夾縫，虛實相對，亦即以陰對陽、以陽對陰之義。但「對卦」中，亦有所謂「半對卦」；半對卦是將卦體之一半，變成陰陽對峙的形式，即內體或外體易為對卦，如天澤〈履〉，內體兌澤易為艮山，則成天山〈遯〉，〈履〉曰「虎尾」，〈遯〉亦曰「遯尾」；又如雷澤〈歸妹〉，外體震雷易為巽風，則成風澤〈中孚〉，〈歸妹〉曰「月幾望」，〈中孚〉亦曰「月幾望」。是「半對卦」同樣可以溝通兩卦之關係，並不遜於「對半覆卦」。

(三)凡一卦內外體自相交易，可稱之為「內外兩易卦」，虞翻則謂之「兩象易」；如雷風〈恆〉與風雷〈益〉，內外兩體交相易位，故〈恆〉曰「立不易方」，而〈益〉曰「其益无方」，可見兩者之間，不無關係。又有內外體自相反易者：如〈頤〉與〈大過〉皆內外反易，〈頤〉內體震，反之而為外體艮，故〈頤〉象曰「道大悖也」；〈大過〉內體巽，反之而為外體兌，故〈大過〉取象為「枯楊生稊」與「枯楊生華」，其義亦係悖乎常情。至為取象之便利，而將互體引伸，自初至五或自初至四所演成之卦，與自二至上或自三至上所演成之卦，是為「約象」；但此非中爻，不得視作「互卦」。此外，如六畫的卦，其卦體遇有類似三畫的某一卦，謂之「像卦」；像卦為義，亦不過便於取象而已！〈頤〉與〈中孚〉，中皆陰虛，像三畫的離卦，故在必要時，取象同〈離〉；〈大過〉與〈小過〉，中皆陽實，像三畫的坎卦，故在必要時，取象同〈坎〉。觀文王序卦，以之列於〈坎〉〈離〉與〈既濟〉〈未濟〉之前，即可知矣。

易例五
河圖洛書

一、「圖」「書」之內容其同異

㈠ 在宋以前，所謂「河圖」、「洛書」，首即根據〈繫辭傳〉裡一則文字的記載，曰「河出圖，洛出書，聖人則之」是也；但其內容如何，並沒有看見過什麼圖形，無從究詰。至宋以後，才有〈河〉〈洛〉二圖刊之於《易經》卷首；據說二圖係邵康節得之於陳希夷所傳，而經朱子審訂，以五十五爲「圖」，四十五爲「書」。因此，論者頗疑其眞實性，爭議紛紜，莫衷一是。然記載圖、書，不僅〈繫辭傳〉而已，陸續散見於其他經傳，亦復不少；諸如《尚書》：「河圖在東序。」《論語》曰：「河不出圖。」《禮記》曰：「山出器車，河出馬圖。」而鄭康成《易》註引《春秋緯》則謂：「河以通乾出天苞，洛以流坤吐地符。河龍圖發，洛龜書成。河圖有九篇，洛書有六篇。」揚雄〈覈靈賦〉亦謂：「大易之始……，河出龍馬，洛貢龜書。」是則「河出圖，洛出書」，信而有徵，關係《易》之創作，不庸置疑。蓋因秦火之阨，「圖」「書」亦如其他典籍，一時散失，久而復出也。又按「圖」「書」以點明數，而八卦則以卦畫明數，點之數與卦畫之數，陰陽縱橫，契合無間，由點而畫，妙自天成（後有詳細說明），傳云「聖人則之」者以此，絕非後世論者所能誣毀於萬一。至於劉牧以四十五數之「書」爲「圖」，而以五十五數之「圖」爲「書」，毛西河則認爲「圖」「書」應改爲「天地生成圖」，是皆名謂之爭，初無損於「圖」「書」之本質，「圖」「書」之本質則在乎「數」。

㈡ 「河圖」之數，一六居北、二七居南、三八居東、四九居西、五十居中，恰與〈繫辭傳〉所載的「天一地二、天三地四、天五地六、天七地八、天九地十」之數相符，而包括五十有五天地數

之全，並分列內外兩層，一二三四五列之於內，是爲「生數」；六七八九十列之於外，是爲「成數」。所謂「生數」，尚屬先天境界，正當現象發生之初，而爲動態的氣化之數，故在內隱而難知；所謂「成數」，已屬後天境界的，接近現象形成之際，而爲靜態的形化之數，故在外顯而易見。其所以分布東、南、西、北，蓋以天地化育，有其必經之階層：先從壬癸時位（北），佈濕以潤之；再從丙丁時位（南），佈熱以燥之。有濕有熱，兩相交互，依次經由甲乙時位（東），佈溫以舒展；依次經由庚辛時位（西），佈寒以收縮。濕、熱、溫、寒，各得氣之一偏，必須有中和之者，故最後特於戊己時位（中），佈中和之氣以完成化育之功能。「洛書」之數，一與九相對而居南、北，三與七相對而居東、西，二與八相對而居西南與東北，四與六相對而居西北與東南，五則獨自居中，而不及於十。其數僅四十有五，以分布於四正、四隅之八方，一三七九佈之於四正，是即奇數居正；二四六八佈之於四隅，是即偶數居隅；另以居中之五，交互四正、四隅之奇偶。至於奇之何以居正？偶之何以居隅？這是在指示陽統陰而陰從陽。如人之精神意志，奇而屬於陽；身體行爲，偶而屬於陰。精神意志可以統率身體行爲，身體行爲則必聽從精神意志，故陽奇居正，而陰偶居隅。圖如圖5-1、圖5-2：（參看拙著《易經講話・原易》）

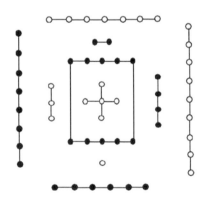

圖5-1　河圖

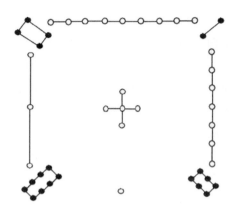

圖5-2　洛書

(三)「河圖」除居中之五與十以外，其屬於陽的奇數一、三、七、九
　　之排列，是由一至三、由七至九，順而左行；其屬於陰的偶數
　　四、二、八、六之排列，是由四至二、由八至六，逆而右行。奇
　　數之所以順，乃基於陽之性能向外擴張，故一則伸展而至於三，
　　七則伸至於九；偶數之所以逆，乃基於陰之性能向內收斂，故四
　　則回縮而至於二，八則回縮而至於六。「洛書」除居中之五以
　　外，其四正、四隅排列之數，皆首尾銜接。如正北之一與西北之
　　六，合而為七，居於正西之數亦即為七；正西之七與西南之二，
　　合而為九，居於正南之數亦即為九；正南之九與東南之四，合而
　　為十三，居於正東之數，亦即除去整數之十而為三；正東之三與
　　東北之八，合而為十一，居於正北之數，亦即除去整數之十而為
　　一。「河圖」之數，分陰陽順逆，在明對待之體；「洛書」之
　　數，依次序循環，在明流行之用。

(四)五十五之「河圖」，與四十五之「洛書」，兩數雖不同，合之則
　　為一百。如以一百之數，列為正方圖形，而畫斜線對角中分，一
　　得五十五，一得四十五（見後圖）；又以十位之點數，中函九層
　　之幕數，交織而成三角圖形，如計其點，適為五十五，而計其
　　幕，則為四十五（見後圖）。由是觀之，「河」「洛」之數，
　　在未分之前，原係一體，既分之後，其為數也，則自五十五與

四十五之推演，而變化無窮。是猶人之始胎，何嘗有耳、目、手、足，而耳、目、手、足固已蘊藏在一胎之中；鳥之始卵，何嘗有皮、骨、羽、毛，而皮、骨、羽、毛固已蘊藏在一卵之內。「河」「洛」數在未分之前，其意境大抵如此。《周易折中・啓蒙附論》曰：「非有十者以爲之經，則九之體無以立；非有九者以爲之緯，則十之用無以行；不知圖書之本爲一者，則亦不知其所以二矣。」故「河圖」與「洛書」，實爲一而二、二而一。江慎修對「河」、「洛」之數，頗多闡發，曾作二圖，附錄如次：

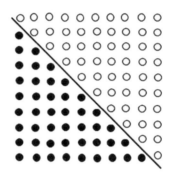

圖5-3　河洛未分之正方圖

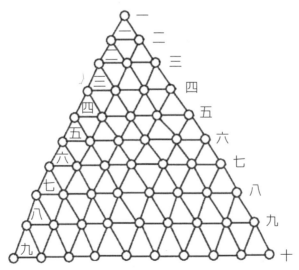

圖5-4　河洛未分之三角圖

㈤〈繫辭傳〉曰：「天數五，地數五，五位相得，而各有合；天數二十有五，地數三十。」這好像是專指「河圖」之數。按「河圖」：天一生之，地六成之；地二生之，天七成之；天三生之，地八成之；地四生之，天九成之；天五生之，地十成之。陽生則陰成，陰生則陽成。而一三五七九，合之則為二十五；二四六八十，合之則為三十。是即所謂「五位相得，而各有合」。乍視之，此固與「洛書」無關，實則不然！由於體用相連，「洛書」之數，原係脫胎於「河圖」。「圖」之橫列為九四三八，即「書」之左方九四三八；「圖」之縱列為二七六一，即「書」之右方二七六一。方位雖異，數卻無差；所不同者，「圖」數有十，而「書」止乎九。此蓋以「圖」為體，故得數之全；以「書」為用，故從數之變。九者，究也；九居數之究而變，至十則為數之全，又歸於一矣。

㈥先儒中如孔安國、劉歆，皆以禹治水時，神龜獻書，禹遂因之而畫九州。後人因見《尚書》與《論語》，只言「圖」而不言「書」，亦多採信此說。然據〈繫辭傳〉所載：「河出圖，洛出書，聖人則之。」，語意是「河圖」「洛書」，聖人則之以畫卦作《易》。足見在畫卦作《易》之時，即已有「圖」有「書」。禹因見「洛書」而劃九州，不過天啟其衷，運用八方九疇之法，非真至禹治水時，「洛」始出「書」。《尚書》《論語》言「圖」而不言「書」，舉重而已。尤其「洛書」佈局本諸「參天兩地而倚數」，其屬於「參天」之陽數，起於正北之一而左行，三其一得三，故次為正東之三；三其三得九，故次為正南之九；三其九得二十七，故次為正西除去整數之七；三其七得二十一，故次為正北除去整數之一。其屬於「兩地」之陰數，起於西南之二而右行，二其二得四，故次為東南之四；二其四得八，故次為東北之八；二其八得十六，故次為西北除去整數之六；二其六得十二，故次為西南除去整數之二。「參天」「兩地」乃陰陽之數源，其用極廣，不僅禹用之以劃九州，舉凡奇門、太乙各種術數，乃至陰陽家之羅盤，無一而不準之於「洛書」九數。

二、「圖」「書」與畫卦作《易》

㈠「圖」「書」由點而成，八卦由畫而成，兩者之間，原即有相通
之處，聖人稟天縱之資，改點為畫，於是「圖」「書」一變而為
八卦。按先天卦位，〈乾〉居一，〈兌〉居二，〈離〉居三，
〈震〉居四，〈巽〉居五，〈坎〉居六，〈艮〉居七，〈坤〉居
八；但按先天卦數，則〈乾〉得九，〈兌〉得四，〈離〉得三，
〈震〉得八，〈巽〉得二，〈坎〉得七，〈艮〉得六，〈坤〉得
一。據此以觀「河圖」，其橫列之九、四、三、八，於卦即是
〈乾〉〈兌〉〈離〉〈震〉，而合乎一、二、三、四卦位之次
序；其縱列之二、七、六、一，於卦即是〈巽〉〈坎〉〈艮〉
〈坤〉，而合乎五、六、七、八卦位之次序。又按「四象」的位
置，太陽第一，少陰第二，少陽第三，太陰第四。先就「河圖」
的橫列各數來看，中數十減九為一，中數五減四為一，一是太
陽，故〈乾〉〈兌〉同根於太陽；中數十減八為二，中數五減三
為二，二是少陰，故〈離〉〈震〉同根於少陰。再就「河圖」縱
列各數來看，中數十減七為三，中數五減二亦為三，三是少陽，
故〈巽〉、〈坎〉同根於少陽；中數十減六為四，中數五減一
為四，四是太陰，故〈艮〉〈坤〉同根於太陰。如由四象追溯
兩儀，則〈乾〉〈兌〉〈離〉〈震〉的初爻皆為陽儀，〈巽〉
〈坎〉〈艮〉〈坤〉的初爻皆為陰儀。圖如圖5-5、圖5-6：

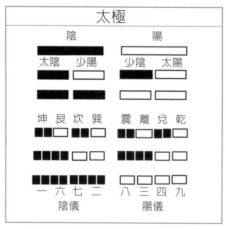

圖5-5　兩儀四象卦數圖

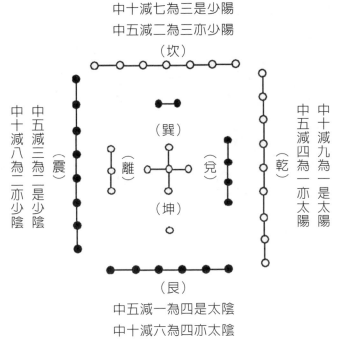

圖5-6　河圖成卦圖

㈡ 或以八卦居四正四隅，「河圖」僅佈縱橫兩列，彼此方位，不盡
相同，而謂卦出於「圖」，似覺近乎牽強。曰：是蓋不明「圖」
與「書」之體用關係。前已言之，「圖」為體而「書」為用，二
者相與表裡。用之數九，何所自來？來自體之數，其所以不及於
十者，用而不能盡其數也。故「圖」之縱橫兩列，即係「書」之
左右兩方。以「圖」之橫列九、四、三、八，置於「書」之左
方，則〈乾〉為九，〈兌〉為四，〈離〉為三，〈震〉為八，豈
不就是左方四卦之〈乾〉〈兌〉〈離〉〈震〉？以「圖」之縱列
二、七、六、一，置於「書」之右方，則〈巽〉為二，〈坎〉
為七，〈艮〉為六，〈坤〉為一，豈不就是右方四卦之〈巽〉
〈坎〉〈艮〉〈坤〉？合起來便為先天八卦。「圖」只揭示其大
體，在求卦數之符合，尚未計及於卦位；因為「書」對「圖」而
言，體固在「圖」，用則在「書」，必須由「圖」而「書」，分

布八方，然後八卦形態才能完全具備。圖如圖5-7：

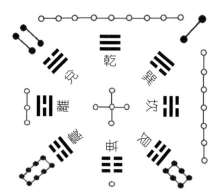

圖5-7　洛書佈先天八卦圖

㈢以上所述，僅屬於先天八卦。至於後天八卦，其卦數則爲〈乾〉
六、〈兌〉七、〈艮〉八、〈離〉九，〈坎〉一、〈坤〉二、
〈震〉三、〈巽〉四。蓋以〈乾〉在後天，〈離〉居其位，故
〈離〉數爲九；〈兌〉在後天，〈巽〉居其位，故〈巽〉數爲
四；〈離〉在後天，〈震〉居其位，故〈震〉數爲三；〈震〉在
後天，〈艮〉居其位，故〈艮〉數爲八；〈巽〉在後天，〈坤〉
居其位，故〈坤〉數爲二；〈坎〉在後天，〈兌〉居其位，故
〈兌〉數爲七；〈艮〉在後天，〈乾〉居其位，故〈乾〉數爲
六；〈坤〉在後天，〈坎〉居其位，故〈坎〉數爲一。「洛書」
之左，自北而東，本爲一、二、三、四；「洛書」之右，自南而
西，本爲九、八、七、六。由於二、八分居東北與西南之隅，遙
遙相對，論五行是爲丑、未會土，論卦性是爲〈震〉〈巽〉交
配，因之二、八必至互易位置。於是自北而東，便成一、八、
三、四，而爲〈坎〉〈艮〉〈震〉〈巽〉；自南而西，便成九、
二、七、六，而爲〈離〉〈坤〉〈兌〉〈乾〉。後天八卦，完全
顯示於「洛書」之數。又按後天爲流行之用，陰陽變化不居，純
陽之〈乾〉與純陰之〈坤〉，都已變成水火二氣以行化育。故
後天〈離〉居〈乾〉位，值數之九；後天〈坎〉居〈坤〉位，
值數之一。〈震〉於後天，正當春令，五行爲木，木則生火；

〈兌〉於後天，正當秋令，五行爲金，金則生水。故後天〈震〉
居〈離〉位，值數之三；後天〈兌〉居〈坎〉位，值數之七。
〈巽〉爲二陽一陰，〈兌〉亦二陽一陰，因先後天關係，而反其
位；〈艮〉爲一陽二陰，〈震〉亦一陽二陰，還是因爲先後天
關係，而反其位。故後天〈巽〉居〈兌〉位，值數之四；後天
〈艮〉居〈震〉位，值數之八。〈乾〉於後天，爲謀自身之存
養，退藏於西北之隅；〈坤〉於後天，爲謀自身之存養，退藏於
西南之隅。故爲後天〈乾〉居〈艮〉位，值數之六；後天〈坤〉
居〈巽〉位，值數之二。圖如圖5-8：

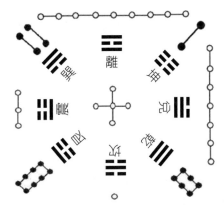

圖5-8　洛書佈後天八卦圖

㈣「河圖」固爲先天八卦之本，但水北、火南、木東、金西（五行
詳另節），已含後天之位，是「河圖」又爲後天八卦之本。至於
「圖」數有十而卦只八，兩者似不相侔，惟衡之五行，「圖」之
十就是卦之八，因爲水、火尙在氣化的邊緣，而以精氣爲用，故
只專於一；木、金、土已進入形化的領域，則以形質爲用，故各
分爲二。五行之數雖十，實即爲八。「河圖」以一、二、三、四
爲〈坎〉〈離〉〈震〉〈兌〉，分居四正。〈坎〉〈離〉專用，
故一爲〈坎〉而六併之，二爲〈離〉而七併之。六、七既併，則
東方之八進居東南隅，以當〈巽〉之陰木；西方之九退居西北
隅，以當〈乾〉之陽金。而東北、西南二隅猶虛，於是中央之五
與十入用。五隨三陽而位於東北，以當〈艮〉之陽土；十隨三陰

而位於西南，以當〈坤〉之陰土。蓋二土爲界，調節兩側之金水與木火，五行方能和暢。圖如圖5-9：

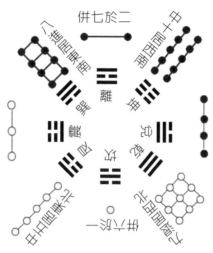

圖5-9　河圖變後天八卦圖

三、「圖」「書」與五行干支

㈠「河圖」佈一、六之水數於北，佈二、七之火數於南，佈三、八之木數於東，佈四、九之金數於西，佈五、十之土數於中。五行之說，由來已久，此爲肇端之始。所謂「五行」，重點在「行」，指的是氣化上五種運行之情態；如水潤下而下向運行，火炎上而上向運行，木外發而爲外向運行，金內斂而爲內向運行，土平實而爲平向運行。五行既是指氣化運行，稱之爲「水」者，並非後天實際之水，而是氣化中孕育之濕，乃水之源頭；稱之爲「火」者，並非後天實際之火，而是氣化中孕育之熱，乃火之源頭；稱之爲「木」者，並非後天實際之木，而是氣化中孕育之溫，乃木之源頭；稱之爲「金」者，並非後天實際之金，而是氣化中孕育之寒，乃金之源頭；稱之爲「土」者，並非後天實際之土，而是中和濕、熱、溫、寒之氣化，以促進其功能，乃土之源頭。

㈡ 水之所以爲一，火之所以爲二，木之所以爲三，金之所以爲四，土之所以爲五，這是就產生之層次而言。蓋陰陽二氣於其發展過程中，首則生濕，故水生於一；再則生熱，故火生於二。基於濕、熱兩種作用，以次生溫，故木生於三；以次生寒，故金生於四。濕、熱、溫、寒，各具一偏之性，最後必有中和之者，故土生於五，是即所謂「生數」。及其五種功能皆已產生之後，於是由氣化到形化，依次而成五種有形之氣化，亦可以說是最初的氣體，以數紀之，就是六、七、八、九、十，表示爲另一循環之程序，是即所謂「成數」；此在前節業已略略提到過。至於水居北、火居南、木居東、金居西、土居中，這是就生成之方位而言。蓋大氣散佈於空間，每因方位之不同，而性能亦隨之各異。北方之氣潤，故生濕以成水之氣化；南方之氣懊，故生熱以成火之氣化；東方之氣舒，故生溫以成木之氣化；西方之氣驟，故生寒以成金之氣化。四方之氣，各行其極，故必有中和之者以成土之氣化。（參看拙著《易經講話・原易》）

㈢ 本諸「河圖」之十數，五行又須分陰分陽：水則分爲壬、癸，火則分爲丙、丁，木則分爲甲、乙，金則分爲庚、辛，土則分爲戊、己，而十天干以成。所謂「十天干」，就是氣化的五種運行，因陰陽之分，演進而爲十種表現。氣化至此，儘管有十種表現，究竟還是氣化，如由氣化走向形化的過程中，則十天干便遁成子、丑、寅、卯、辰、巳、午、未、申、酉、戌、亥十二地支：子遁癸水；丑遁癸水、辛金、己土；寅遁甲木、丙火、戊土；卯遁乙木；辰遁乙木、戊土、癸水；巳遁丙火、戊土、庚金；午遁丁火、己土；未遁乙木、己土、丁火；申遁庚金、壬水、戊土；酉遁辛金；戌遁辛金、丁火、戊土；亥遁壬水、甲木。圖如圖5-10、圖5-11。

㈣ 先儒有謂「河圖」五與十居中，虛而不用，以象太極。此說於理未安，太極在兩儀中未判之前，混而爲一，如言數，只可以一當之，五與十雖居圖中，何得謂之太極？又有謂居中之五與十，其用則周於在外之四方，如九者是十減一，五加四；六者是十減

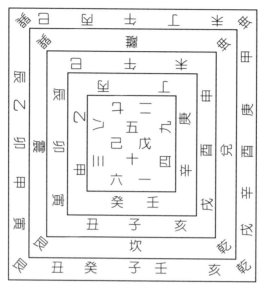

圖5-10　五行十天干十二地支方圖

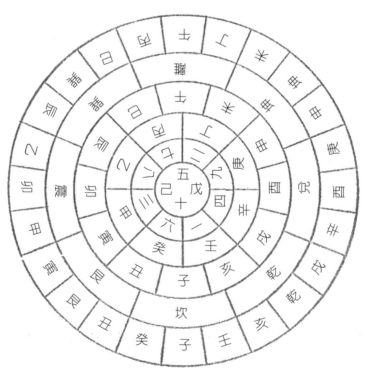

圖5-11　五行十天干十二地支圓圖

四，五加一；八者是十減二，五加三；七者是十減三，五加二。各以其餘相資，而合本方之數。此說於義嫌晦，其四方之數，皆須互換，則「河圖」之本身，便無定準。按「河圖」所佈為天地之數，實即二氣、五行之數，根據五行以分析，義即昭然若揭。北方一、六之水，南方二、七之火，東方三、八之木，西方四、九之金，皆係一偏之氣；五、十所以中和之者，土之象也，而使水、火不相害，金、木不相剋，故必居中，中則能和。茲製五行十天干佈氣圖以明之，圖如後。

(五) 由五行化成十天干，更由十天干遁藏而成十二地支。十二地支中，子遁癸得一，丑遁癸、辛、己得三，寅遁甲、丙、戊得三，卯遁乙得一，辰遁乙、戊、癸得三，巳遁丙、戊、庚得三，午遁丁、巳得二，未遁乙、己、丁得三，申遁庚、壬、戊得三，酉遁辛得一，戌遁辛、丁、戊得三，亥遁壬、申得二，合之恰為二十八，而符二十八宿之數。故十二地支，除通常用作時間之標誌外，其在地球運行之空間的天體，又可以代表二十八宿，而將二十八宿分列為寅、卯、辰之東蒼龍，申、酉、戌之西白虎，巳、午、未之南朱雀，亥、卯、未之北玄武。圖如圖5-12、圖5-13。

圖5-12　五行十干佈氣圖

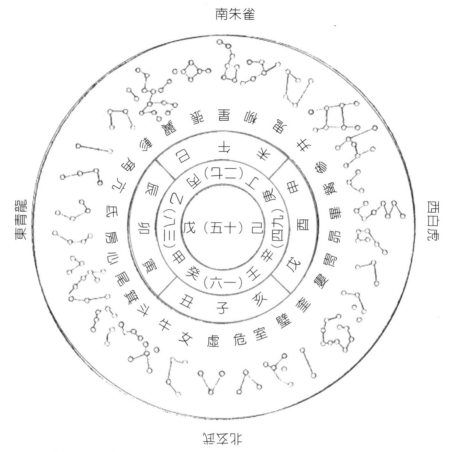

圖5-13　十干十二支二十八宿圖

四、數算、律呂、奇門、太乙皆導源於「圖」「書」

㈠中國九數，勾股其一，即本之於「圖」「書」，用以測知高深廣
　遠，說見《周髀算經》。短邊爲勾，長邊爲股，斜邊爲弦。勾股
　相減之差，曰「勾股較」；勾股相加之數，曰「勾股和」；股弦
　之差，曰「股弦較」；勾弦之差，曰「勾弦較」；併勾股與弦
　相減之差，曰「弦和較」；弦與勾股之差相減，其差曰「弦較
　較」；股弦相加，曰「股弦和」；勾弦相加，曰「勾弦和」；勾

股之差加弦，曰「弦較和」；勾股弦相加，曰「弦和和」。如勾三、股四、弦五，而從勾、股求弦，將勾之自乘九，加股之自乘十六，則得弦之自乘二十五，開平方即為弦五；次從勾、弦求股，將弦之自乘二十五，減勾之自乘九，則得股之自乘十六，開平方即為股四；再次從股、弦求勾，將弦之自乘二十五，減股之自乘十六，則得勾之自乘九，開平方即為勾三。圖如圖5-14、圖5-15：

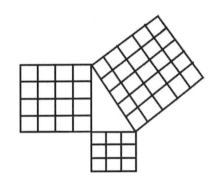

圖5-14　勾股圖

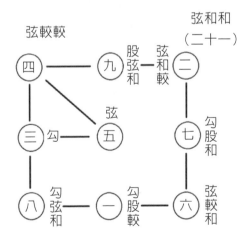

圖5-15　洛書勾股圖

其他如「連比」以及「乘方」各種數算上的名目，皆與勾股同樣的本諸「圖」「書」原理，在此從略。

㈡「河圖」爲數之源，律呂實肇於此，《禮記·月令》已明其梗
概：春爲木，其音角，其數八；夏爲火，其音徵，其數七；中央
土，其音宮，其數五；秋爲金，其音商，其數九；冬爲水，其音
羽，其數六。十似五，亦爲宮；四似九，亦爲商；三似八，亦爲
角；二似七，亦爲徵；一似六，亦爲羽。「河圖」五音有變動，
生於兩數之合。中五、中十合爲十五，仍屬五數，故惟土宮不
變；南方二、七合九，減五爲四，故二、七火徵變爲四、九金
商；西方四、九合十三，減十爲三，減五爲八，故四、九金商變
爲三、八木角；北方一、六合七，減五爲二，故一、六水羽變爲
二、七火徵；東方三、八合十一，減十爲一，減五爲六，故三、
八木角變爲一、六水羽。圖如圖5-16、圖5-17。

㈢十二律隔八相生：所謂「隔八」，實即隔七，而應「圖」
「書」、十干、十二支之數，由此律至彼律爲第八位。如按十干
數，由五順數至二爲隔八，支辰則由子至未，黃鍾生林鍾；由二
順數至九爲隔八，支辰則由未至寅，林鍾生太簇；由九順數至六
爲隔八，支辰則由寅至酉，太簇生南呂；由六順數至三爲隔八，
支辰則由酉至辰，南呂生姑洗；由三順數至十爲隔八，支辰則由
辰至亥，姑洗生應鍾；由十順數至七爲隔八，支辰則由亥至午，

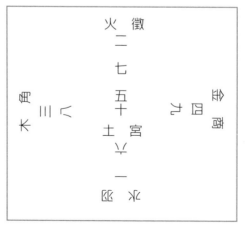

圖5-16　河圖五音本數圖

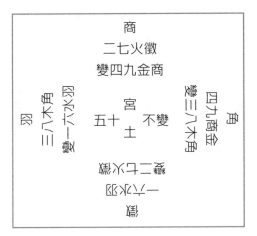

圖5-17　河圖五音變數圖

應鍾生蕤賓；由七順數至四為隔八，支辰則由午至丑，蕤賓生大
呂；由四順數至一為隔八，支辰則由丑至申，大呂生夷則；由一
順數至八為隔八，支辰則由申至卯，夷則生夾鍾；由八順數至五
為隔八，支辰則由卯至戌，夾鍾生無射；由五順數至二為隔八，
支辰則由戌至巳，無射生仲呂；由二順數至九為隔八，支辰則由
巳至子，仲呂生黃鍾，而十二律全。圖如圖5-18：

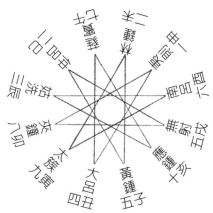

圖5-18　律呂隔八相生圖

㈣奇門遁甲，據傳爲黃帝征蚩尤時，命風后所作。其法分九宮、八門，而用九星，完全以「洛書」爲主，並輔之以後天八卦，按節氣、時日、干支，以起奇門。每五日六十時爲一局，分爲六甲，即甲子、甲戌、甲申、甲午、甲辰、甲寅；甲子統於戊，甲戌統於己，甲申統於庚，甲午統於辛，甲辰統於壬，甲寅統於癸，是謂「六儀」。甲最尊貴，藏於六儀之中，故名「遁甲」；乙、丙、丁爲三奇，乙奇應日，丙奇應月，丁奇應星；門有八：〈坎〉爲休門，〈艮〉爲生門，〈震〉爲傷門，〈巽〉爲杜門，〈離〉爲景門，〈坤〉爲死門，〈兌〉爲驚門，〈乾〉爲開門，各門皆依後天八卦次序排列，開、生、休爲三吉門。其九宮之九星，則依「洛書」之數，一天蓬，二天芮，三天衝，四天輔，五天禽（寄〈坤〉二），六天心，七天柱，八天任，九天英。五日爲一候，三候爲一氣，年計二十四氣、七十二候。冬至起一，立春起八，春分起三，立夏起四，夏至起九，立秋起二，秋分起七，立冬起六。自冬至到芒種爲陽遁，順佈六儀，逆佈三奇；自夏至到大雪爲陰遁，逆佈六儀，順佈三奇。此不過述其大概而已！茲將二十四氣陰陽佈局表解於表5-1：

表5-1　二十四氣陰陽佈局表

天死坤二芮	立秋二五八 處暑一四七 白露九三六	天驚兌七柱	秋分七一四 寒露九六三 霜降五八二	天開乾六心	立冬六九三 小雪五二八 大雪四七一
天景離九英	夏至九三六 小暑八二五 大暑七一四			天休坎一蓬	冬至一四七 小寒二八五 大寒三九六
天杜巽四輔	立夏四一七 小滿五二八 芒種六三九	天傷震三衝	春分三九六 清明四一七 穀雨五二八	天生艮八任	立春八五二 雨水九六三 驚蟄一七四

上表以甲子日、甲子時起局，如冬至則以一宮爲上局、七宮爲中局、四宮爲下局；夏至則以九宮爲上局、三宮爲中局、六宮爲下

局。陽遁順行，陰遁逆行。

㈤太乙數，據傳亦係風后所作，內容頗多與奇門遁甲相近，但涉及
　方面較雜，而且偏重於兵家之地形與兵法、兵陣；編內除說明地
　形與兵法外，並列有各種兵陣圖，如八陣圖、銳陣圖、圓陣圖、
　方陣圖、直陣圖、曲陣圖、騎兵滾陣圖、騎兵歸營圖等等。或謂
　太乙數為春秋以後之兵家所作，而託名於風后；此說頗可採信。
　其術雖亦根據「洛書」四正、四隅、九宮之數，然不如奇門遁甲
　之精。陰陽各分七十二局，茲舉一局，以示其端。圖如圖5-19：

圖5-19　太乙陽第一局圖

易例六

消息往來與卦氣

一、十二辟卦

㈠萬有現象，莫不自氣化而來，這在前面各篇易例中，都已提到過。《易》為探討整個之宇宙，故必追溯萬有現象之來源，而以氣化為主。先聖作《易》，所畫的這些卦，無一而不是氣化的指標，舉凡六十四卦卦體的排列，可以說是氣化的方程式，故綜合起來，簡稱為「卦氣」。但卦氣並非一成不變的，而是白雲蒼狗，不斷地在變，所謂「周流六虛，變動不居」是也，如寒暑推移，而有冷暖之別；如晝夜更迭，而有幽明之分。卦既是氣化的指標，當然也就隨著氣化的變動，而或消或息地往來，以顯示種種不同的卦氣。什麼叫做「消」？什麼叫做「息」呢？又怎樣的「往」？怎樣的「來」呢？這是說陰陽氣化的進退：陽如聚之於內而進，則陰必散之於外而退。其在實際現象的構成上，就顯得日益增強而成長，因陽性擴張，能令萬物壯大，既聚而進，不停地擴張，當然會促使現象成長，故稱之為「息」；息者，成長也，如冬至以後，到達春夏節序，陽氣乘旺，草長鶯飛，萬物茂發，是即「息」的意境。反之，陰如聚之於內而進，則陽必散之於外而退。其在實際現象的構成上，就顯得日益減弱而萎縮，因陰性收斂，能令萬物縮小，既聚而進，不停地收斂，當然會促使現象萎縮，故稱之為「消」；消者，萎縮也，如夏至以後，到達秋冬節序，陰氣乘旺，水枯木落，萬物凋零，是即「消」的意境。再從卦體上分析：陽聚而進，謂陽爻自內而向前進，就是陽「來」；陰散而退，謂陰爻至外而向後退，就是陰「往」。陰聚而進，謂陰爻自內而向前進，就是陰「來」；陽散而退，謂陽爻至外而向後退，就是陽「往」。「往」是表示在消，「來」是表示在息。消息往來的情形，可以從十二辟卦裡看得最清楚。

㈡十二辟卦的「辟」，義訓爲「君」，言其大也，是六十四卦的
十二個大卦，分別表示十二個月的節氣，故又稱爲「十二月
卦」。蓋一年四時，分爲十二節、二十四氣、七十二候。每五日
當一候，三候十五日當一氣，兩氣三十日當一節，十二辟卦就是
指示十二節的氣候狀況，最能顯出消息往來的軌跡，而「寒溫風
雨，總以應卦爲節」。干寶註乾卦六爻曰：「陽在初九，十一月
之時，自〈復〉來也，初九，甲子天正之位，而乾元所始也；陽
在九二，十二月之時，自〈臨〉來也；陽在九三，正月之時，
自〈泰〉來也；陽在九四，二月之時，自〈大壯〉來也；陽在
九五，三月之時，自〈夬〉來也；陽在上九，四月之時也，四月
於消息爲〈乾〉。」又註坤卦六爻曰：「陰氣在初，五月之時，
自〈姤〉來也；陰氣在二，六月之時，自〈遯〉來也；陰氣在
三，七月之時，自〈否〉來也；陰氣在四，八月之時，自〈觀〉
來也；陰氣在五，九月之時，自〈剝〉來也；陰在上六，十月之
時也，十月於消息爲〈坤〉。」干寶這一則註文，在明〈乾〉
〈坤〉陰陽於十二個月之間，相與消息往來。質言之，那就是
〈復〉爲十一月卦，〈臨〉爲十二月卦，〈泰〉爲正月卦，〈大
壯〉爲二月卦，〈夬〉爲三月卦，〈乾〉爲四月卦，自十一月至
四月，由初爻一陽逐漸息六爻純陽的〈乾〉體；接著，陽極陰
生，〈坤〉來代〈乾〉，而〈姤〉爲五月卦，〈遯〉爲六月卦，
〈否〉爲七月卦，〈觀〉爲八月卦，〈剝〉爲九月卦，〈坤〉爲
十月卦，自五月至十月，由初爻一陰逐漸消至六爻純陰的〈坤〉
體。至〈坤〉而陰已極，於是陰極陽生，〈坤〉下再生一陽，又
變爲十一月的復卦。陰陽二氣的〈乾〉〈坤〉，就這樣的在十二
個月內，往來推移，周而復始，以成節序，因之消息軌跡，也就
揭露無遺。

㈢〈乾〉〈坤〉之所以往來推移，構成節序，在於氣候流動；而
十二辟卦之能代表十二個月，亦即本之於此。如十一月由大雪至
冬至，一陽始生，天運初回，故卦爲〈復〉，〈復〉之卦象，陰
極陽生也；十二月由小寒而大寒，陽氣漸舒，生機振作，故卦爲
〈臨〉，〈臨〉之卦象，二陽浸長也；正月由立春而雨水，陰陽

協和，草木萌動，故卦爲〈泰〉，〈泰〉之卦象，三陽運化也；二月由驚蟄而春分，陽德普施，物皆壯實，故卦爲〈大壯〉，〈大壯〉之象，四陽茁壯也；三月由清明而穀雨，陽過於猛，精華盡洩，故卦爲〈夬〉，〈夬〉之卦象，五陽決陰也；四月由立夏而小滿，陽氣運行，至此已極，故卦爲〈乾〉，〈乾〉之卦象，純陽飛舞也；五月由芒種而夏至，一陰始生，物勢漸斂，故卦爲〈姤〉，〈姤〉之卦象，陽極陰生也；六月由小暑而大暑，陰續上長，活力消退，故卦爲〈遯〉，〈遯〉之卦象，二陰發縱也；七月由立秋而處暑，陰陽乖逆，萬物萎靡，故卦爲〈否〉，〈否〉之卦象，三陰閉塞也；八月由白露而秋分，陰進不已，徒具形骸，故卦爲〈觀〉，〈觀〉之卦象，四陰乘盛也；九月由寒露而霜降，陰過於盛，斲喪生機，故卦爲〈剝〉，〈剝〉之卦象，五陰剝陽也；十月由立冬而小雪，陰氣已極，萬物閉歇，故卦爲〈坤〉，〈坤〉之卦象，純陰靜寂也。據十二辟卦的卦象，即可知卦與節序上的氣候，密切相關，而有「依倚作用」。治《易》者必須先明卦氣，卦氣不明，則陰陽之消息、寒暑之推移、化遷之動靜、萬物之生成，乃至於社會現象之盛衰、理亂，無從而測知。歷來言卦氣，多祖述京房，視爲京房所創；其實，周公〈時訓〉與〈月令〉，皆專言節序上的氣候，由來頗早，可能三代以前，就有這種卦氣推演的方法，京氏不過爲之發揮而已。十二辟卦圖如圖6-1。

二、六日七分輔之以時訓

㈠十二辟卦，因主十二個月的節序，對於節序上的氣候，表現得最顯著，故特舉以爲例，在明其概耳！推而至於六十四卦，莫不各有其節氣之所屬，不獨十二辟卦爲然。京房根據孟氏卦氣圖說，以〈坎〉〈離〉〈震〉〈兌〉爲四監司卦，分管二分（春分、秋分）、二至（夏至、冬至）節氣，而將〈坎〉〈離〉〈震〉〈兌〉以外之六十卦，當三百六十周期之數，即每卦值六日，六十卦合爲三百六十日；但一年爲三百六十五日又四分之一日，除了三百六十日，還有五又四分之一日的零數，零數的五又四分

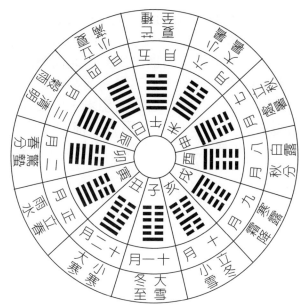

圖6-1　十二辟卦圖

之一日，須按六十卦平均分配。其分配方法，是將每日作八十分計算，五日計四百分，四分之一日計二十分，共計四百二十分，以六十卦分配，每卦應得七分，加之於六日的整數，是為六日七分。歷來所常講的六日七分術，就是指此而言。

(二)〈坎〉〈離〉〈震〉〈兌〉之所以立作四監司卦，是因為〈坎〉居後天八卦正北，〈離〉居後天八卦正南，〈震〉居後天八卦正東，〈兌〉居後天八卦正西，四正可以統率四隅，是則〈坎〉〈離〉〈震〉〈兌〉乃後天八卦之主宰。後天八卦，旨在表達陰陽二氣運行的後天宇宙，而一年二十四個節氣，就是陰陽二氣運行的實際現象。〈坎〉〈離〉〈震〉〈兌〉共合二十四爻，每爻管一氣，恰好分管二十四個節氣而周一年，故即以之立作監司，分管一年的節氣。在此須附帶說明的：京房所立的四監司，與邵子所立的四閏卦，不同其趣。邵子在探討先天數，而以先天八卦方位為依據，〈乾〉〈坤〉〈坎〉〈離〉居先天八卦的四正，故

即立爲四閏卦；京房則專論節氣的運行，故本諸後天八卦的四正，而立〈坎〉〈離〉〈震〉〈兌〉爲四監司卦。至於四監司卦之所以分司二分、二至，是因爲〈坎〉居北而屬水，佈支在子，子則執令於冬，遂司冬至；〈離〉居南而屬火，佈支在午，午則執令於夏，遂司夏至；〈震〉居東而屬木，佈支在卯，卯則執令於春，遂司春分；〈兌〉居西而屬金，佈支在酉，酉則執令於秋，遂司秋分。一年節氣，皆以四季之中氣爲主。茲表解於下：

表6-1　四監司表

| 〈坎〉爲水監 | 初爻冬至 | 二爻小寒 | 三爻大寒 |
| | 四爻立春 | 五爻雨水 | 上爻驚蟄 |

| 〈震〉爲木監 | 初爻春分 | 二爻清明 | 三爻穀雨 |
| | 四爻立夏 | 五爻小滿 | 上爻芒種 |

| 〈離〉爲火監 | 初爻夏至 | 二爻小暑 | 三爻大暑 |
| | 四爻立秋 | 五爻處暑 | 上爻白露 |

| 〈兌〉爲金監 | 初爻秋分 | 二爻寒露 | 三爻霜降 |
| | 四爻立冬 | 五爻小雪 | 上爻大雪 |

㈢在四監司卦主持之下，六十卦各值六日七分，並由十二辟卦按十二個月的節氣，居間爲之分配。其卦氣肇端於冬至，而起自〈中孚〉；輪至第七日，交進復卦，至第十二日而復卦畢；第十三、第十四、第十五日，則由〈屯〉之內卦當之，約兩卦半值一氣，而兩卦半中的十五爻，相當於十五日，微有差數；冬至過後的小寒，自〈屯〉之外卦第四爻起，經謙卦與睽卦，亦爲兩卦半；餘則準此類推。茲將六日七分術，表解於下：

表6-2　六日七分表
（三代前已有此表，係京房傳自孟喜）

坎	初六冬至（十一月中）〈復〉	六四	蚯蚓結	〈中孚〉	六日七分
		六五	麋角解		
		上六	水泉動	〈復〉	十二日十四分
	九二小寒（十二月節）〈臨〉	初九	雁北鄉	〈屯〉	十八日二十一分
		九二	鵲始巢	〈謙〉	二十四日二十八分
		六三	雉雊	〈睽〉	三十日三十五分
	六三大寒（十二月中）	六四	雞乳	〈升〉	三十六日四十二分
		六五	征鳥厲疾		
		上六	冰澤堅腹	〈臨〉	四十二日四十九分
	六四立春（正月節）〈泰〉	初九	東風解凍	〈小過〉	四十八日五十六分
		九二	蟄蟲始振	〈蒙〉	五十四日六十三分
		九三	魚上水	〈益〉	六十日七十分
	九五雨水（正月中）	六四	獺祭魚	〈漸〉	六十六日七十七分
		六五	鴻雁來		
		上六	草木萌動	〈泰〉	七十三日四分
	上六驚蟄（二月節）〈大壯〉	初九	桃始華	〈需〉	七十九日十一分
		九二	倉庚鳴	〈隨〉	八十五日十八分
		九三	鷹化為鳩	〈晉〉	九十一日二十五分
震	初九春分（二月中）	九四	玄鳥至	〈解〉	九十七日三十二分
		六五	雷乃發聲	〈大壯〉	一百三日三十九分
		上六	始雷		
	六二清明（三月節）〈夬〉	初九	桐始華	〈豫〉	一百九日四十六分
		九二	田鼠化為鴽	〈訟〉	一百十五日五十三分
		九三	虹始見	〈蠱〉	一百二十一日六十分
	六三穀雨（三月中）	九四	萍始生	〈革〉	一百二十七日六十七分
		九五	鳴鳩拂其羽	〈夬〉	一百三十三日七十四分
		上六	戴勝降於桑		

六四立夏（四月節）〈乾〉	初九　螻蟈鳴	〈旅〉	一百四十日一分
	九二　蚯蚓出	〈師〉	一百四十六日八分
	九三　王瓜生	〈比〉	一百五十二日十五分
六五小滿（四月中）	九四　苦菜秀	〈小畜〉	一百五十八日二十二分
	九五　靡草死		
	上九　麥秋至	〈乾〉	一百六十四日二十九
上六芒種（五月節）〈姤〉	初六　螳螂生	〈大有〉	一百七十日三十六分
	九二　鵙始鳴	〈家人〉	一百七十六日四十三分
	九三　反舌無聲	〈井〉	一百八十二日五十分
離　初九夏至（五月中）	九四　鹿角解		
	九五　蜩始鳴	〈咸〉	一百八十八日五十七分
	上九　半夏生	〈姤〉	一百九十四日六十四分
六二小暑（六月節）〈遯〉	初六　溫風至	〈鼎〉	二百日七十一分
	六二　蟋蟀居壁	〈豐〉	二百零六日七十八分
	九三　鷹學習	〈渙〉	二百一十三日五分
九三大暑（六月中）	九四　腐草化為螢	〈履〉	二百一十九日十二分
	九五　土潤溽暑		
	上九　大雨時行	〈遯〉	二百二十五日十九分
九四立秋（七月節）〈否〉	初六　涼風至	〈恒〉	二百三十一日二十六分
	六二　白露降	〈節〉	二百三十七日三十三分
	六三　寒蟬鳴	〈同人〉	二百四十三日四十分
六五處暑（七月中）	九四　鷹乃祭鳥	〈損〉	二百四十九日四十七分
	九五　天地始肅		
	上九　禾乃登	〈否〉	二百五十五日五十四分
上九白露（八月節）〈觀〉	初六　鴻雁來	〈巽〉	二百六十一日六十一分
	六二　玄鳥歸	〈萃〉	二百六十七日六十八分
	六三　羣鳥養羞	〈大畜〉	二百七十三日七十五分
兌　初九秋分（八月中）	六四　雷始收聲	〈賁〉	二百八十日二分
	九五　蟄蟲壞戶		
	上九　水始涸	〈觀〉	二百八十六日九分

九二寒露（九月節）〈剝〉	初六	鴻雁來賓	〈歸妹〉	二百九十二日十六分
	六二	雀入大水為蛤	〈无妄〉	二百九十八日二十三分
	六三	菊有黃華	〈明夷〉	三百零四日三十分
六三霜降（九月中）	六四	豺祭獸	〈困〉	三百一十日三十七分
	六五	草木黃落		
	上九	蟄蟲咸俯	〈剝〉	三百十六日四十四分
九四立冬（十月節）〈坤〉	初六	水始冰	〈艮〉	三百二十二日五十一分
	六二	地始凍	〈既濟〉	三百二十八日五十八分
	六三	雉入大水為蜃	〈噬嗑〉	三百三十四日六十五分
九五小雪（十月中）	六四	虹藏不見	〈大過〉	三百四十日七十二分
	六五	天氣騰地氣降		
	上六	閉塞而成冬	〈坤〉	三百四十六日七十九分
上六大雪（十一月節）〈復〉	初九	鶡鳥不鳴	〈未濟〉	三百五十三日六分
	六二	虎始交	〈蹇〉	三百五十九日十三分
	六三	荔挺出	〈頤〉	三百六十五日二十分

(四) 宇宙法則，有常有變，花固然到時即開，但亦有到時不開的花；禾苗固然到時即結實，但亦有到時不結實的禾苗。到時即開，是花的長態；到時不開，是花的變態。到時結實，是禾苗的常態；到時不結實，是禾苗的變態。推而至一切現象，其常與變，莫不如此。「六日七分表」所衍的卦氣，只言其常，未及其變。如十二月節屯卦值氣，只註明「雁北鄉」，而未論及「雁不北嚮」；正月節小過值氣，只註明「東風解凍」，而未論及「東風不解凍」……等等。可是消息往來，變動不居，任何現象，絕不能自始至終都保持常態，總有個變態的時候；尤其人事現象發生變態的機會特別多，而對變態的措置，亦較困難。假使像「六日七分表」只有常態的一面，要是臨到變態的處境，那就無從肆應了。周公蓋有見及此，因輔之以〈時訓〉，在屯卦值氣的十二月節裡，則曰：「雁不北嚮，民不懷主。」在〈小過〉值氣的正月節裡，則曰：「風不解凍，號令不行。」舉凡值氣的各卦，皆從

　　反面做變態的啓示，而將卦氣與生活結合在一起，以發揮實際作用。可以說：有了〈時訓〉，才顯出六日七分更高的意義。茲據所傳之周公〈時訓〉，分錄於次：

△十一月中氣冬至為〈中孚〉，「蚯蚓結」，「蚯蚓不結，君政不行」；次為〈復〉，「糜角解」，「糜角不解，兵甲不藏」；次為〈屯〉，「水泉動」，「水泉不動，陰不承陽」。

△十二月節氣小寒，仍為〈屯〉，「鴈北向」，「鴈不北向，民不懷主」；次為〈謙〉，「鵲始巢」，「鵲不始巢，國不安寧」；次為〈睽〉，「雉為鴝」，「雉不始雊，國有大水」；十二月中氣大寒為〈升〉，「雞始乳」，「雞不始乳，淫女亂男」；次為〈臨〉，「鷙鳥厲疾」，「鷙鳥不厲，國不除兵」；次為〈小過〉，「冰澤腹堅」，「冰不堅腹，言乃不從」。

△正月節氣立春，仍為〈小過〉，「東風解凍」，「風不解凍，號令不行」；次為〈蒙〉，「蟄蟲始振」，「蟄蟲不振，陰奸陽蒙」；次為〈益〉，「魚上水」，「魚不上水，甲胄私藏」；正月中氣雨水為〈漸〉，「獺祭魚」，「獺不祭魚，國多盜賊」；次為〈泰〉，「鴻鴈來」，「鴻鴈不來，遠人不服」；次為〈需〉，「草木萌動」，「草不萌動，果蔬不熟」。

△二月節氣驚蟄，仍為〈需〉，「桃始華」，「桃不始華，是謂陽否」；次為〈隨〉，「倉庚鳴」，「倉庚不鳴，臣不忠主」；次為〈晉〉，「鷹化為鳩」，「鷹不化鳩，寇戎數起」；二月中氣春分為〈解〉，「玄鳥至」，「玄鳥不至，婦人不娠」；次為〈大壯〉，「雷乃發聲」，「雷不發聲，諸侯畏民」；次為〈豫〉，「始電」，「不始電，君無威震」。

△三月節氣清明，仍為〈豫〉，「桐始華」，「桐不始華，歲有大寒」；次為〈訟〉，「田鼠化為鴽」，「田鼠不化鴽，國多貪殘」；次為〈蠱〉，「虹始見」，「虹不始見，婦人苞亂」；三月中氣穀雨為〈革〉，「萍始生」，「萍不始生，陰氣憤盈」；次為〈夬〉，「鳴鳩拂其羽」，「鳴鳩不拂其羽，國不治兵」；次為〈旅〉，「戴勝降于桑」，「戴勝不降于桑，政教不申」。

△四月節氣立夏，仍為〈旅〉，「螻蟈鳴」，「螻蟈不鳴，水潦淫漫」；次為〈師〉，「蚯蚓出」，「蚯蚓不出，嬖奪后」；次為〈比〉，「王瓜生」，「王瓜不生，困於百姓」；四月中氣小滿為〈小畜〉，「苦菜秀」，「苦菜不秀，賢人潛伏」；次為〈乾〉，「靡草死」，「靡草不死，國縱盜賊」；次為〈大有〉，「麥秋至」，「秋麥不至，是謂陰慝」。

△五月節氣芒種，仍為〈大有〉，「螳螂生」，「螳螂不生，是謂陰息」；次為〈家人〉，「鵙始鳴」，「鵙不始鳴，令姦雍偪」；次為〈井〉，「反舌無聲」，「反舌有聲，佞臣在側」；五月中氣夏至為〈咸〉，「鹿角解」，「鹿角不解，兵革不息」；次為「姤」，「蜩始鳴」，「蜩不鳴，貴臣放逸」；次為〈鼎〉，「半夏生」，「半夏不生，民多厲疾」。

△六月節氣小暑，仍為〈鼎〉，「溫風至」，「溫風不至，國無寬教」；次為〈豐〉，「蟋蟀居壁」，「蟋蟀不居壁，急恒之暴」；次為〈渙〉，「鷹乃學習」，「鷹不學習，不備戎盜」；六月中氣大暑為〈履〉，「腐草化為螢」，「腐草不化為螢，穀實鮮落」；次為〈遯〉，「土潤溽暑」，「土潤不溽暑，物不應罰」；次為〈恒〉，「大雨時行」，「大雨不時行，國無恩澤」。

△七月節氣立秋，仍為〈恒〉，「涼風至」，「涼風不至，國無嚴政」；次為〈節〉，「白露降」，「白露不降，民多邪病」；次為〈同人〉，「寒蟬鳴」，「寒蟬不鳴，人皆力爭」；七月中氣處暑為〈損〉，「鷹乃祭鳥」，「鷹不祭鳥，師旅無功」；次為〈否〉，「天地始肅」，「天地不始肅，君臣乃懈」；次為〈巽〉，「禾乃登」，「農不登穀，煖氣為災」。

△八月節氣白露，仍為〈巽〉，「鴻鴈來」，「鴻鴈不來，遠人背叛」；次為〈萃〉，「玄鳥歸」，「玄鳥不歸，室家離散」；次為〈大畜〉，「羣鳥養羞」，「羣鳥不養羞，臣下驕慢」；八月中氣秋分為〈賁〉，「雷始收聲」，「雷不收聲，諸侯淫佚」；次為〈觀〉，「蟄蟲壞戶」，「蟄蟲不壞戶，民靡有賴」；次為〈歸妹〉，「水始涸」，「水不始涸，甲蟲為害」。

△九月節氣寒露，仍為〈歸妹〉，「鴻鴈來賓」，「鴻鴈不來，小民

不服」；次為〈无妄〉，「雀入大水化為蛤」，「雀不入大水，失時
之極」；次為〈明夷〉，「菊有黃華」，「菊無黃華，土不稼穡」；
九月中氣霜降為〈困〉，「豺乃祭獸」，「豺不祭獸，爪牙不良」；
次為〈剝〉，「草木黃落」，「草木不黃落，是為愆陽」；次為
〈艮〉，「蟄蟲咸俯」，「蟄蟲不咸俯，民多流亡」。

△十月節氣立冬，仍為〈艮〉，「水始冰」，「水不始冰，是為陰
負」；次為〈既濟〉，「地始凍」，「地不始凍，咎徵之咎」；次為
〈噬嗑〉，「雉入大水為蜃」，「雉不入大水，國多淫婦」；十月中
氣小雪為〈大過〉，「虹藏不見」，「虹不藏，婦不專一」；次為
〈坤〉，「天氣上騰，地氣下降」，「天氣不上騰，地氣不下降，君
臣相嫉」；次為〈未濟〉，「閉塞而成冬」，「不閉塞而成冬，母后
淫佚」。

△十一月節氣大雪，仍為〈未濟〉，「鶡鳥不鳴」，「鶡鳥猶鳴，國有
訛言」；次為〈蹇〉，「虎始交」，「虎不始交，將帥不和」；次為
〈頤〉，「荔挺生」，「荔挺不生，卿士專權」。

三、八卦周天與人身氣脈相配合

㈠《易》所言者，以氣化為主。卦之值氣，不僅六十四卦為然，
六十四卦前身的八卦，即已具有氣化的性能。我們經常所感覺到
的風，計有四正方位的東風、西風、南風、北風，以及四隅方位
的東南風、東北風、西南風、西北風，共合八種，這與八卦方位
完全符合。風本來就是氣化所形成的，氣化鼓動，於以成風，而
八卦最重要的涵意，也就是代表這八種方位的氣化。換言之，八
卦周天，而通八方之風。在八卦後天運行方位裡，〈乾〉居西北
之隅，位十月而漸九月，上值奎壁諸宿，西北為不周風（《淮南
子・墜形訓》：西北日「麗風」）；〈坎〉居北方，位十一月，
上值虛危諸宿，北方為廣莫風（《淮南子・墜形訓》：北方日
「寒風」）；〈艮〉居東北之隅，位十二月而漸正月，上值牛斗
諸宿，東北為條風（《淮南子・墜形訓》：東北日「炎風」）；
〈震〉居東方，位二月，上值房氐諸宿，東方為明庶風（《淮南
子・墜形訓》：東方日「條風」）；〈巽〉居東南之隅，位四

月而漸三月，上值角軫諸宿，東南爲清明風（《淮南子・墜形
訓》：東南曰「景風」）；〈離〉居南方，位五月，上值張星諸
宿，南方爲景風（《淮南子・墜形訓》：南風曰「巨風」）；
〈坤〉居西南之隅，位七月而漸六月，上值井參諸宿，西南爲涼
風（《淮南子・墜形訓》：西南曰「涼風」）；〈兌〉居西方，
位八月，上值畢昴諸宿，西方爲閶闔風（《淮南子・墜形訓》：
西方曰「飂風」）。〈乾坤鑿度〉謂：「（風）通天地之元
氣。」又謂：「（風）能入萬物，成萬物。」這裡所講的八風，
就是氣化在太空中因受方位之影響，而發揮各自化生的功用。圖
如圖6-2：

圖6-2　八卦八風圖

㈡人身一小天地，八卦既應周天之氣，自與人身氣脈息息相關。
　〈乾〉〈坤〉乃一身氣脈之綱領，總管任督二脈。督脈屬陽而爲
　〈乾〉，〈乾〉主一身之陽；任脈屬陰而爲〈坤〉，〈坤〉主
　一身之陰。〈乾〉〈坤〉所生之六子，則分居左右之寸、關、
　尺，而司六氣。左尺爲〈坎〉，〈坎〉曰「水」而爲寒氣，主足
　少陰腎與足太陽膀胱，腎與膀胱相表裡，故同隸一卦；左關爲

〈巽〉，〈巽〉曰「木」而爲風氣，主足厥陰肝與足少陽膽，肝與膽相表裡，故同隸一卦；左寸爲〈離〉，〈離〉曰「君火」而爲火氣，主手少陰心與手太陽小腸，心與小腸相表裡，故同隸一卦；右尺爲〈震〉，〈震〉曰「相火」而爲暑氣，主手少陽命門（三焦）與手厥陰心包絡，命門與心包絡相表裡，故同隸一卦；右關爲〈艮〉，〈艮〉曰「土」而爲濕氣，主足太陰脾與足陽明胃，脾與胃相表裡，故同隸一卦；右寸爲〈兌〉，〈兌〉曰「金」而爲燥氣，主手太陰肺與手陽明大腸，肺與大腸相表裡，故同隸一卦。圖如圖6-3。

㈢前面所說的寸、關、尺六氣，原係產自人之本身，通常皆較有定準，是寒就是寒，是火就是火，故稱之爲「主氣」；但人在地面上生活，地球不停地在運轉，每年所佔的空間既不相同，而時間的遷移亦有差異，因遂發生節序上的流動氣候，這種流動氣候，本即變化不定，對人而言，又是外來感染之氣，故稱之爲「客氣」。客氣與主氣，是同樣的分爲暑、濕、風、寒、燥、火六氣，彼此之間，具有正相應或逆相應的關係。如「主氣」症狀在寒，「客氣」亦爲寒，寒上加寒，而有助長之勢，病將轉劇，是爲「逆相應」；如「主氣」症狀在寒，「客氣」卻爲火，寒得火溫，而有調和之情，病可減輕，是爲「正相應」。蓋主客的氣化，不僅在疾病時需要彼此調和，即在平時，身體上亦有此種需要的感覺；凡寒體人多愛暖，火體人多愛涼，便爲明證。至於「主氣」所應之「客氣」，在廿四個節氣中，各有最忌之節氣，茲分別表解於表6-3。

表6-3　主氣最忌節氣表

主氣	節氣
太陽寒氣 ——	小雪、大雪、冬至、小寒。
厥陰風氣 ——	大寒、立春、雨水、驚蟄。
少陰火氣 ——	春分、清明、穀雨、立夏。
少陽暑氣 ——	小滿、芒種、夏至、小暑。
太陰濕氣 ——	大暑、立秋、處暑、白露。
陽明燥氣 ——	秋分、寒露、霜降、立冬。

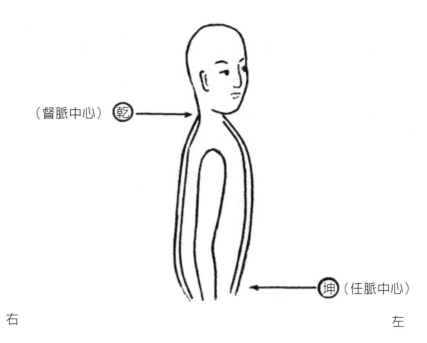

（督脈中心）乾

坤（任脈中心）

右　　　　　　　　　　　　　　　　左

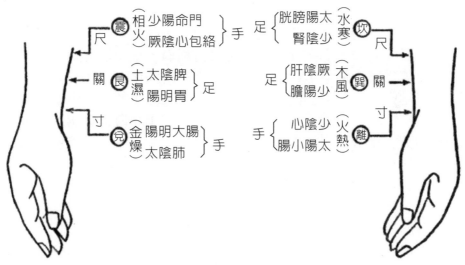

震（相火／厥陰心包絡）尺　少陽命門　}手　足{胱膀陽太／腎陰少（水寒）坎　尺

艮（土濕）關　太陰脾／陽明胃　}足　足{肝陰厥／膽陽少（木風）巽　關

兌（金燥）寸　陽明大腸／太陰肺　}手　手{心陰少／腸小陽太（火熱）離　寸

圖6-3　人身氣脈圖

　　上表是說：如左尺有寒，是主氣爲寒，臨到小雪、大雪、冬至、
小寒四個節氣，其寒症加劇；如左關有風，是主氣爲風，臨到大

寒、立春、雨水、驚蟄四個節氣，其風症加劇；如左寸有火，是主氣為火，臨到春分、清明、穀雨、立夏四個節氣，其火症加劇；如右尺有暑，是主氣為暑，臨到小滿、芒種、夏至、小暑四個節氣，其暑症加劇；如右關有濕，是主氣為濕，臨到大暑、立秋、處暑、白露四個節氣，其濕症加劇；如右寸有燥，是主氣為燥，臨到秋分、寒露、霜降、立冬四個節氣，其燥症加劇。

(四) 客氣變化不定，較為複雜，若欲了解客氣，須經兩個步驟：先將五運看清楚，然後再分析六氣，五運與六氣，貴能相和。所謂「五運」，就是要辨明五行，而以年上天干為主，年上天干如為甲、為己，則甲、己合土，謂之「土運」；年上天干如為乙、為庚，則乙、庚合為金，謂之「金運」；年上天干如為丙、為辛，則丙、辛合水，謂之「水運」；年上天干如為丁、為壬，則丁、壬合木，謂之「木運」；年上天干如為戊、為癸，則戊、癸合火，謂之「火運」。這裡所講的「六氣」，是指客氣中的六氣，逐年分成段落，順序流動，而以年下地支為主。年下地支如為子、為午，則按子、午年之段落輪值，少陰火氣司天；年下地支如為丑、為未，則按丑、未年之段落輪值，太陰濕氣司天；年下地支如為寅、為申，則按寅、申年之段落輪值，少陽暑氣司天；年下地支如為卯、為酉，則按卯、酉年之段落輪值，陽明燥氣司天；年下地支如為辰、為戌，則按辰、戌年之段落輪值，太陽寒氣司天；年下地支如為巳、為亥，則按巳、亥年之段落輪值，厥陰風氣司天。觀察五運較易，觀察六氣卻難，如甲子年，年上之甲，一望而知其為甲己土運，但年下之子，則必須詳查子午年的段落，始能獲悉六氣在甲子年之輪值情形。茲將六氣逐年輪值，表解於表6-4。

凡初氣起大寒，迄驚蟄，由十二月到二月中；二氣起春分，迄立夏，由二月中到四月中；三氣起小滿，迄小暑，由四月中到六月中；四氣起大暑，迄白露，由六月中到八月中；五氣起秋分，迄立冬，由八月中到十月中；六氣起小雪，迄小寒，由十月中到十二月中。如厥陰風氣司天，則毛蟲不利，而羽蟲蕃育；少陽暑氣司天，則草木欣欣，提早茂發；少陰火氣司天，則品物流形，

表6-4　六氣逐年輪值表

子午年

{ 初氣－太陽坎之寒氣　二氣－厥陰巽之風氣　三氣－少陰離之火氣（司天）

{ 四氣－太陰艮之濕氣　五氣－少陽震之暑氣　六氣－陽明兌之燥氣（在泉）

丑未年

{ 初氣－厥陰巽之風氣　二氣－少陰離之火氣　三氣－太陰艮之濕氣（司天）

{ 四氣－少陽震之暑氣　五氣－陽明兌之燥氣　六氣－太陽坎之寒氣（在泉）

寅申年

{ 初氣－少陰離之火氣　二氣－太陰艮之濕氣　三氣－少陽震之暑氣（司天）

{ 四氣－陽明兌之燥氣　五氣－太陽坎之寒氣　六氣－厥陰巽之風氣（在泉）

卯酉年

{ 初氣－太陰艮之濕氣　二氣－少陽震之暑氣　三氣－陽明兌之燥氣（司天）

{ 四氣－太陽坎之寒氣　五氣－厥陰巽之風氣　六氣－少陰離之火氣（在泉）

辰戌年

{ 初氣－少陽震之暑氣　二氣－陽明兌之燥氣　三氣－太陽坎之寒氣（司天）

{ 四氣－厥陰巽之風氣　五氣－少陰離之火氣　六氣－少陰離之濕氣（在泉）

巳亥年

{ 初氣－陽明兌之燥氣　二氣－太陽坎之寒氣　三氣－厥陰巽之風氣（司天）

{ 四氣－少陰離之火氣　五氣－太陰艮之濕氣　六氣－少陽震之暑氣（在泉）

萬有暢遂；太陽寒氣司天，則寒凝太虛，陽氣不令；陽明燥氣司天，則陽專其政，炎暑大行；太陰濕氣司天，則陰專其政，陽氣退避。

易例七

納甲納音與爻辰

一、納甲對於卦爻之功用

㈠兩宋以來，治《易》者率多側重義理，摒棄象數，有謂五行、干支與《易》無關，納甲只是術家所用，而非聖門之學。持此觀點，何異耳食？按《易經》裡面，以干支解釋卦爻，屢見不鮮，如蠱卦卦辭曰：「先甲三日，後甲三日。」革卦卦辭曰：「己日乃孚。」巽卦九五爻辭曰：「先庚三日，後庚三日。」是則《易》固未嘗諱言干支，干支且為《易》之所本有，而與卦爻結成不可分之關係。尤其在文王演《易》之前，夏、商兩代帝王，即已沿用干支為名，夏之孔甲、履癸，商之盤庚、武丁，其例之多，舉不勝舉！幾乎所有夏、商帝王的名字，十之八九，都離不開干支，足見當時對於干支，非常重視。然而為什麼這樣的重視呢？蓋《易》在古代，乃唯一的立國寶典。治曆明時，準之於《易》；制器尚象，準之於《易》；凡有興革大計，無一而不準之於《易》。而夏之《連山》、商之《歸藏》，其文字內容更較《周易》為簡約，有關卦爻性能及其變化，不得不藉干支以為之說明。因八卦中〈乾〉〈兌〉屬金，〈坤〉〈艮〉屬土，〈震〉〈巽〉屬木，〈坎〉屬水，〈離〉屬火，八卦就是五行，干支也是從五行而來，彼此都以五行為依據，故兩者之間，脈絡相通；而干支遂成為卦爻的主要標誌，「納甲」之說，於是應運而起。

㈡干支是怎樣的從五行而來？這就由於五行分陽分陰，木分為甲、乙，火分為丙、丁，土分為戊、己，金分為庚、辛，水分為壬、癸，以成十天干。十天干既成，再經遁成地支，癸遁子，癸、辛、己遁丑，甲、丙、戊遁寅，乙遁卯，乙、戊、癸遁辰，丙、戊、庚遁巳，丁、己遁午，丁、己、乙遁未，庚、壬、戊遁甲，辛遁酉，辛、丁、戊遁戌，壬、甲遁亥，而十二地支以成。根據以上

分析，所謂「干支」，無非指的是太空氣化。十天干遘成十二地支，是在表示太空氣化經過五行的演變，做更進一層的發展，由天干的氣化，走向地支的形化，而已具有作育萬物的功用了。至於《易經》裡面所有的卦爻，不論是如何複雜，要皆由於陰爻和陽爻組合而成卦體，陰爻和陽爻，就是陰、陽兩種氣化的代表，先聖作爻畫卦，無異乎是演氣化方程式，而將卦爻體例代表太空氣化各種組合的形態。總而言之，干支指的是太空氣化，卦爻也是代表太空氣化，彼此所講的對象，完全相同，當然其間的脈絡是相通的。不過卦爻組合，只是陰陽氣化在位置上往來升降的不同，如僅憑此以認識卦爻的性能，似覺較爲困難，必須多費思考。而干支標誌，從五行到天干，從天干到地支，其間每一類型之氣化的特質，以及演變的情形，均能一一點出。如將干支運用在卦爻之上，則對卦爻的性能，自可獲得較爲清楚的認識；甚至對卦爻的變化，亦可藉干支加以體察。這就是納甲在理論上的基礎。

(三) 不明納甲者，以爲納甲很複雜，其實只需遵循一定的規則，分註干支於卦爻之上，於是這一卦的性能，以及各爻相互間的往來變化，都在干支中顯示出來。干雖有十，支雖十二，但甲居其首，故即以甲該之，而名「納甲」。其法，卦納干、爻納支。爻在卦中往來，不外乎〈乾〉〈坤〉十二爻，恰與地支十二之數相符，爻納支，當然可以完全納盡。至於卦納干則不然，以內外兩體皆三畫之卦爲準，卦數爲八，干卻有十，以卦納干，尚有餘數。故〈乾〉〈坤〉居父母之位而兩納，〈乾〉在內體納甲，而在外體又納壬；〈坤〉在內體納乙，而在外體又納癸。因〈乾〉〈坤〉爲父母卦，需兼納十天干之首尾。〈乾〉父所統率之三男，長男〈震〉繼壬而納庚，中男〈坎〉繼庚而納戊，少男〈艮〉繼戊而納丙，於是甲、丙、戊、庚、壬五陽干，納之於〈乾〉、〈震〉、〈坎〉、〈艮〉四陽卦；〈坤〉母所統率之三女，長女〈巽〉繼癸而納辛，中女〈離〉繼辛而納己，少女〈兌〉繼己而納丁，於是乙、丁、己、辛、癸五陰干，納之於〈坤〉、〈巽〉、〈離〉、〈兌〉四陰卦。爻納支亦按八卦次序，〈乾〉內三爻納子、寅、辰，外三爻納午、申、戌；〈震〉納與〈乾〉

同；〈坎〉內三爻納寅、辰、午，外三爻納申、戌、子；〈艮〉內三爻納辰、午、申，外三爻納戌、子、寅；〈坤〉內三爻納未、己、卯，外三爻納丑、亥、酉；〈巽〉納與〈坤〉同，但內外顛倒，即內三爻納丑、亥、酉，外三爻納未、巳、卯；〈離〉內三爻納卯、丑、亥，外三爻納酉、未、巳；〈兌〉內三爻納巳、卯、丑，外三爻納亥、酉、未。表解於表7-1：

表7-1　納甲表

乾		震		坎		艮	
壬戌 ———	上九	庚戌 — —	上六	戊子 — —	上六	丙寅 ———	上九
壬申 ———	九五	庚申 — —	六五	戊戌 ———	九五	丙子 — —	六五
壬午 ———	九四	庚午 ———	九四	戊申 — —	六四	丙戌 — —	六四
甲辰 ———	九三	庚辰 — —	六三	戊午 — —	六三	丙申 ———	九三
甲寅 ———	九二	庚寅 — —	六二	戊辰 ———	九二	丙午 — —	六二
甲子 ———	初九	庚子 ———	初九	戊寅 — —	初六	丙辰 — —	初六
坤		巽		離		兌	
癸酉 — —	上六	辛卯 ———	上九	己巳 ———	上九	丁未 — —	上六
癸亥 — —	六五	辛巳 ———	九五	己未 — —	六五	丁酉 ———	九五
癸丑 — —	六四	辛未 — —	六四	己酉 ———	九四	丁亥 ———	九四
乙卯 — —	六三	辛酉 ———	九三	己亥 ———	九三	丁丑 — —	六三
乙巳 — —	六二	辛亥 ———	九二	己丑 ———	九二	丁卯 ———	九二
乙未 — —	初六	辛丑 — —	初六	己卯 ———	初九	丁巳 ———	初九

㈣ 以上係京房所傳之納甲法，而爲通常所習用者，可以說是納甲的
正宗。但就納甲而論，尚不止此，魏伯陽《參同契》則謂：「三
日出爲爽，〈震〉庚受西方。八日〈兌〉受丁，上弦平如繩。
十五〈乾〉體就，盛滿甲東方。……。十六轉就統，〈巽〉辛見
平明。〈艮〉直于丙南，下弦二十三。〈坤〉乙三十日，東北喪
其朋。節盡相禪與，繼體復生龍。壬癸配甲乙，〈乾〉〈坤〉括
始終。」這一則的辭意，是將月之升降盈虧，解釋納甲。如初三
而曰「哉生明」，月出於〈震〉而爲庚；初八而曰「上弦」，月
生於〈兌〉而爲丁；十五而曰「望」，月滿於〈乾〉而爲甲；
十八而曰「哉生魄」，月退于〈巽〉而爲辛；二十三而曰「下
弦」，月降於〈艮〉而爲丙；三十而曰「晦」，月沒於〈坤〉而
爲乙。可是「〈乾〉、〈坤〉括始終」，以〈乾〉、〈坤〉兩納
十天干首尾，〈乾〉納甲而又納壬，〈坤〉納乙而又納癸，並以
〈坎〉、〈離〉爲日、月，故戊、己虛而不納（〈坎〉本納戊，
〈離〉本納己），正符合「圖」、「書」五與十虛中不用之原
理，但未涉及十二地支，不若前述納甲法之精細也。圖如圖7-1：

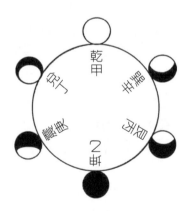

〈震〉庚哉生明時在初三
〈兌〉丁上弦時在初七八
〈乾〉甲爲月望時在十五
〈巽〉辛哉生魄時在十八
〈艮〉丙下弦時在二十三
〈坤〉乙月晦時在三十

圖7-1　參同契納甲圖

㈤另有一說，謂戊、己居十天干之中，戊、己之前為甲、乙、丙、丁，戊、己之後為庚、辛、壬、癸，因即以戊、己為準，而數之以七。如四陽卦，自戊數至七為甲，八卦陽始於〈乾〉，故首由〈乾〉納甲；自甲數至七是庚，〈乾〉統三男，〈震〉為長男，故次由〈震〉納庚；自庚數至七是丙，〈乾〉統三男，次男應為坎，但〈坎〉乃〈乾〉〈坤〉中爻相交，具有戊土居中之象，故不由〈坎〉而由少男〈艮〉越級納丙；自丙數至七是壬，復由壬數至七是戊，故〈坎〉不納壬，而越級納戊，壬則由〈乾〉兼納。如四陰卦，自己數至七是乙，八卦陰始於〈坤〉，故首由〈坤〉納乙；自乙數至七是辛，〈坤〉統三女，〈巽〉為長女，故次由〈巽〉納辛；自辛數至七是丁，〈坤〉統三女，次女應為〈離〉，但〈離〉乃〈乾〉〈坤〉中爻相交，具有己土居中之象，故不由〈離〉而由少女〈兌〉越級納丁；自丁數至七是癸，復由癸數至七是己，故〈離〉不納癸，而越級納己，癸則由〈坤〉兼納。有以〈乾〉在後天為〈離〉，遂由〈離〉代〈乾〉而納壬；〈坤〉在後天為〈坎〉，遂由〈坎〉代〈坤〉而納癸。至於十天干之序，一至三為我所生者，一至五為我所剋者，一至七為我所受剋者，一至九為我所受生者，迭而數之，皆能循環。納甲須數至七，蓋基於我所受剋，既受其剋，則操之在彼，故從而納之。

二、納甲又須輔之以納音

㈠納甲不外乎干支，而干支各皆紀之有數，其數之來源，則由於納音，故納甲又須輔之以納音。據揚子《太玄經》所載：干則甲、己之數九，乙、庚之數八，丙、辛之數七，丁、壬之數六，戊、癸之數五；支則子、午之數九，丑、未之數八，寅、申之數七，卯、酉之數六，辰、戌之數五，巳、亥之數四。干取其合，計得五數，是即天數之五；支取其衝，計得六數，是即地數之六。蓋納音亦係本諸天地之數，而用則為大衍；大衍之數五十，其用四十有九，因即以四十九減去干支之數，便知納音之所在。如甲子、乙丑納音何以知其為金？甲與子，其數各九，乙與丑，其數

各八，合爲三十四，以四十九減去三十四，尚有一十五，再以
「圖」「書」之中數五或十較之，所餘者爲五，五屬土，土生
金，故知甲子、乙丑納音爲金；又如丙寅、丁卯納音何以知其爲
火？丙與寅，其數各七，丁與卯，其數各六，合爲二十六，以
四十九減去二十六，尚有二十三，再以「圖」「書」之中數五或
十較之，所餘者爲三，三屬木，木生火，故知丙寅、丁卯納音
爲火。但如戊辰、己巳納音爲木，計算稍異。戊與辰，固然其
數各五，而己與巳，其數則不相同；己數九，巳數僅四，共合
二十三，仍從四十九數內減去，計得二十六，再較之以「圖」
「書」之中數五或十，餘數爲一，一屬水，水生木，故知納音爲
木。其他準此類推。茲表解於次：

表7-2　納音表

甲子、乙丑三十四→金	甲申、乙酉三十　→水	甲辰、乙巳二十六→火
丙寅、丁卯二十六→火	丙戌、丁亥二十二→土	丙午、丁未三十　→水
戊辰、己巳二十三→木	戊子、己丑三十一→火	戊申、己酉二十七→土
庚午、辛未三十二→土	庚寅、辛卯二十八→木	庚戌、辛亥二十四→金
壬申、癸酉二十四→金	壬辰、癸巳二十　→水	壬子、癸丑二十八→木
甲戌、乙亥二十六→火	甲午、乙未三十四→金	甲寅、乙卯三十　→水
丙子、丁丑三十　→水	丙申、丁酉二十六→火	丙辰、丁巳二十二→土
戊寅、己卯二十七→土	戊戌、己亥二十三→木	戊午、己未三十一→火
庚辰、辛巳二十四→金	庚子、辛丑二十二→土	庚申、辛酉二十八→木
壬午、癸未二十八→木	壬寅、癸卯二十四→金	壬戌、癸亥二十　→水

㈡《內經》以納音起於西方，而爲甲子、乙丑金，金傳火，傳木，
　傳水，傳土。蓋〈乾〉納甲，〈坤〉納癸，乃十天干之始終，而
　〈乾〉爲金、〈坤〉爲土，故納音始於〈乾〉金而終於〈坤〉
　土。然而金何以傳火？火何以傳木？木何以傳水？水何以傳土？
　這豈不是違背五行相生的層次？曰「不然」，這不是五行相生，
　而是五音相傳。五音相傳的條件，一爲「同位娶妻」，二爲「隔
　八生子」。如甲子、乙丑金，甲子是陽，乙丑是陰，因同位而婚

配：自甲子、乙丑數至第八位，便生出壬申、癸酉金，壬申是陽，癸酉是陰，因同位而婚配；自壬申、癸酉數至第八位，又生出庚辰、辛巳金。「金音屬商」，甲子、乙丑爲上商，壬申、癸酉爲中商，庚辰、辛巳爲下商。金商經過三度遞生以後，於是由庚辰陽與辛巳陰同位婚配，數至第八位，轉變而生戊子、己丑火，故曰「金傳火」；同樣的，戊子、己丑火依隔八生子之順序，而生丙申、丁酉火；丙申、丁酉火依隔八生子之順序，而生甲辰、乙巳火。「火音屬徵」，戊子、己丑爲上徵，丙申、丁酉爲中徵，甲辰、乙巳爲下徵。徵火經過三度遞生以後，於是由甲辰陽與乙巳陰同位婚配，數至第八位，轉變而生壬子、癸丑木，故曰「火傳木」。餘仿此。茲表解於次：

表7-3　六十納音隔八相生表

甲子乙丑海中金（上商）	壬申癸酉劍峰金（中商）	庚辰辛巳白鑞金（下商）
戊子己丑霹靂火（上徵）	丙申丁酉山下火（中徵）	甲辰乙巳覆燈火（下徵）
壬子癸丑桑拓木（上角）	庚申辛酉石榴木（中角）	戊辰己巳大林木（下角）
丙子丁丑澗下水（上羽）	甲申乙酉井泉水（中羽）	壬辰癸巳長流水（下羽）
庚子辛丑壁上土（上宮）	戊申己酉大驛土（中宮）	丙辰丁巳沙中土（下宮）
甲午乙未沙中金（上商）	壬寅癸卯金箔金（中商）	庚戌辛亥釵釧金（下商）
戊午己未天上火（上徵）	丙寅丁卯爐中火（中徵）	甲戌乙亥山頭火（下徵）
壬午癸未楊柳木（上角）	庚寅辛卯松柏木（中角）	戊戌巳亥平地木（下角）
丙午丁未天河水（上羽）	甲寅乙卯大溪水（中羽）	壬戌癸亥大海水（下羽）
庚午辛未路旁土（上宮）	戊寅己卯城頭土（中宮）	丙戌丁亥屋上土（下宮）

㈢《抱朴子》對於納音，另有體系，但仍本乎納甲。其意若謂依納甲，則〈震〉初爻在內納庚子、在外納庚午，故子、午屬庚；〈巽〉初爻在內納辛丑、在外納辛未，故丑、未屬辛；〈坎〉初爻在內納戊寅、在外納戊申，故寅、申屬戊；〈離〉初爻在內納己卯、在外納己酉，故卯、酉屬己；〈艮〉初爻在內納丙辰、在外納丙戌，故辰、戌屬丙；〈兌〉初爻在內納丁巳、在外納丁亥，故巳、亥屬丁。「一言得之者宮與土」，因子、午屬庚，〈震〉庚長子，其位居一，而庚子、庚午屬土；「三言得之者徵

與火」，因〈坎〉爲次子，戊距庚，相間三位，而戊子、戊午屬火；「五言得之者羽與水」，因〈艮〉爲少子，丙距庚，相間五位，而丙子、丙午屬水；「七言得之者商與金」，因〈乾〉內納甲，甲距庚，相間七位，而甲子、甲午屬金；「九言得之者角與木」，因〈乾〉外納壬，壬距庚，相間九位，而壬子、壬午屬木。凡此，雖僅以五陽爲言，五陰自在其內。茲表解於表7-4：

表7-4　《抱朴子》納音表

一言宮屬土	庚子庚午　辛丑辛未　戊寅戊申 己卯己酉　丙辰丙戌　丁巳丁亥		
三言徵屬火	戊子戊午　己丑己未　丙寅丙申 丁卯丁酉　甲辰甲戌　乙巳乙亥		
五言羽屬水	丙子丙午　丁丑丁未　甲寅甲申 乙卯乙酉　壬辰壬戌　癸巳癸亥		
七言商屬金	甲子甲午　乙丑乙未　壬寅壬申 癸卯癸酉　庚辰庚戌　辛巳辛亥		
九言角屬木	壬子壬午　癸丑癸未　庚寅庚申 辛卯辛酉　戊辰戊戌　己巳己亥		

(四) 黃黎洲論納音，謂揚子雲以「甲子、乙丑金者，甲九、子九，乙八、丑八，積三十四，以五除之，餘四，故爲金；丙寅、丁卯火者，丙七、寅七，丁六、卯六，積二十六，以五除之，餘一，故爲火。」按五行本數，肇自「河圖」，水一、火二、木三、金四、土五，乃宇宙化生之程序所以使之而然，非可隨意變更者。其謂甲子、乙丑三十四，以五除之，餘四爲金，於理尚合，因金之本數即爲四；至謂丙寅、丁卯二十六，以五除之，餘一爲火，於理則欠安！火本爲二，何得命之爲一？持此說者，不僅黃氏一人，更有以母子數爲解，而將兩干、兩支之積數，除五或十，視其零數，以定五行；零一屬火，零二屬土，零三屬木，零四屬金，零五屬水。如甲子、乙丑積數三十四，除五或十，零數爲四，故納金；丙寅、丁卯積數二十六，除五或十，零數爲一，故

納火。並作母子數圖，以實其說。子火者母爲木，子土者母爲火，子木者母爲水，子金者母爲土，子水者母爲金。其所列之母數，固合於「河圖」，而所列之子數，多與五行本數不符，或係變數，亦未可知；姑存之，以備一例。圖如圖7-2：

母數八屬木　木生火
◎◎◎◎◎◎◎◎◎◎　子數一屬火
母數七屬火　火生土
◎◎◎◎◎◎◎◎◎◎　子數二屬土
母數六屬水　水生木
◎◎◎◎◎◎◎◎◎◎　子數三屬木
母數五屬土　土生金
◎◎◎◎◎◎◎◎◎◎　子數四屬金
母數四屬金　金生水
◎◎◎◎◎◎◎◎◎◎　子數五屬水

圖7-2　母子數圖

㈤所謂納音的「音」，最基本的就是「河圖」五音；「河圖」五十居中而爲宮，四九居西而爲商，三八居東而爲角，二七居南而爲徵，一六居北而爲羽。但在另一方面之五行，水則生成於北方之一六，火則生成於南方之二七，木則生成於東方之三八，金則生成於西方之四九，土則生成於中央之五十。是知五音與五行，彼此同源，而數亦互相契合。五行是指氣化運行的情態，固然有長短、快慢等等差別之數存乎其間；同樣的，五音是區分聲音發生的標準，也有高低、遲速等差別之數存乎其間。故由五行分陰、分陽以成十二地支，由五音分陰、分陽以成十二聲律。這是因爲任何聲音的發生，皆導源於氣化運行的激盪，氣化的能量大，則所激盪的聲音亦大；氣化的能量小，則所激盪的聲音亦小。可以說，聲音是「氣數」的指標。一個人身體健康與事業前途，從聲音中至少就能判斷大概；推而至於一個國家、社會，當然也是如此。所以「納音」之理最精，而用處最廣，歷來術家，皆奉之爲重要典範。

三、爻辰涵義不僅是納支

㈠先儒中有見〈乾〉納甲壬、〈坤〉納乙癸，而〈乾〉之六爻則納子、寅、辰、午、申、戌，坤之六爻則納未、巳、卯、丑、亥、酉。於是認爲卦只「納干」，干以甲爲首，故名「納甲」；爻則納支，支所以代表時辰，納之於爻，故名「爻辰」。此種說法，固然不無見地，但爻辰所涉及之範圍頗廣，爻辰的名稱，或許起源於「納支」，爻辰的內容，絕不是納支所能盡其義。據鄭氏「爻辰」，謂由〈乾〉〈坤〉十二爻生出十二律，而十二律與十二支彼此相通，子即黃鍾，丑即大呂，寅即太簇，卯即夾鍾，辰即姑洗，巳即中呂，午即蕤賓，未即林鍾，申即夷則，酉即南呂，戌即無射，亥即應鍾。是則爻辰之義，在於律呂。其次，十二支在時間上爲春、夏、秋、冬四季，分佈東、南、西、北四方，恰與二十八宿之東蒼龍、西白虎、南朱雀、北玄武之位置對照；而十二支基於十干之遁藏，變爲二十八，又與二十八宿之數相符，故爻辰雖起源於納支，而與星宿之關係最切。

㈡〈乾〉〈坤〉十二爻，經過納支，是怎樣地生出十二律？按《周禮・太師》注云：「黃鍾，初九也，下生林鍾之初六，林鍾又上生大簇之九二，大簇又下生南呂之六二，南呂又上生姑洗之九三，姑洗又下生應鍾之六三，應鐘又上生蕤賓之九四，蕤賓又上生大呂之六四，大呂又下生夷則之九五，夷則又上生夾鍾之六五，夾鍾又下生無射之上九，無射又上生中呂之上六。」又按十一月建子黃鍾，在爻爲〈乾〉之初九；十二月建丑大呂，在爻爲〈坤〉之六四；正月建寅太簇，在爻爲〈乾〉之九二；二月建卯夾鍾，在爻爲〈坤〉之六五；三月建辰姑洗，在爻爲〈乾〉之九三；四月建巳中呂，在爻爲〈坤〉之上六；五月建午蕤賓，在爻爲〈乾〉之九四；六月建未林鍾，在爻爲〈坤〉之初六；七月建申夷則，在爻爲〈乾〉之九五；八月建酉南呂，在爻爲〈坤〉之六二；九月建戌無射，在爻爲〈乾〉之上九；十月建亥應鍾，在爻爲〈坤〉之六三。由此可見十二律產生之情形。如圖7-3：

圖7-3　鄭氏爻辰圖

(三) 以上係根據鄭氏爻辰圖例，不分陰陽，兩皆順行。如〈乾〉六爻，由子而及於寅，由寅而及於辰，由辰而及於午，由午而及於申，由申而及於戌；〈坤〉六爻，由未而及於酉，由酉而及於亥，由亥而及於丑，由丑而及於卯，由卯而及於巳。揆之於陽順陰逆的法則，乾陽的爻辰，固應順行，坤陰的爻辰，卻亦順行，似與陽順陰逆之法則不符；惟〈乾〉初九起於子，〈坤〉初六不起於丑而起於未，亦含有坤陰逆行之意味在內。至於京氏爻辰，則與此異，分陰分陽，一順一逆：〈乾〉六爻雖亦依子、寅、辰、午、申、戌之次序而順行，〈坤〉六爻則由未而逆數至巳，由巳而逆數至卯，由卯而逆數至丑，由丑而逆數至亥，由亥而逆數至酉，其次序不順而逆。兩者相較，術家多以京氏為準。本來《易》道陰陽，以對待為依歸，萬有現象，莫不有順有逆，互相對待。人之雙手，要不是順逆對待，則不能發生老子所謂的「抱一」作用；人之雙目，要不是順逆對待，則不能發生視覺上的交叉點。京氏爻辰，蓋為貞歲之法，而便於占驗，故為術家所樂從。茲就〈乾〉〈坤〉十二爻，作表以名之如表7-3：

表7-3　京氏陽順陰逆爻辰表

〈乾〉	〈坤〉
戌 ▬ 上九	酉 ▬▬ 上六
申 ▬ 九五	亥 ▬▬ 六五
午 ▬ 九四	丑 ▬▬ 六四
辰 ▬ 九三	卯 ▬▬ 六三
寅 ▬ 九二	巳 ▬▬ 六二
子 ▬ 初九	未 ▬▬ 初六

(四) 十二地支排列，六陽起於子，六陰起於丑，鄭氏之於〈乾〉六
　　爻，以子納初九，而於〈坤〉六爻，則以未納初六，反而至於
　　六四納丑，是對坤陰亦表示有逆轉之義，在大體上，初無虧於陽
　　順陰逆之法則。尤其鄭氏爻辰，溯源〈月令〉，最後則以星宿爲
　　依歸，其注《禮記·月令》云：「正月宿直尾、箕。」「六月宿
　　直鬼。」又云：「六月宿直東井（按井鬼靠近）。」「八月宿直
　　昴、畢。」「九月宿直奎。」「十月宿直營室。」又云：「卯
　　（二月）宿直房、心。」「申（七月）宿直參、伐。」蓋康成常
　　以爻辰說《易》，惜書已亡，僅在後人考證中，得其一鱗半爪！
　　注〈比〉初六云：「爻辰在未，上值東井。」注〈困〉九二云：
　　「辰在未……。未上值天廚。」按未上值柳，柳在東井旁，有天
　　廚象。注〈坎〉上六云：「爻辰在巳，巳爲虵。」注〈坎〉六四
　　云：「爻辰在丑，丑上值斗，……斗上有建星。」按建星在南斗
　　北，計十星，建星上有弁星。注〈離〉九三云：「〈艮〉爻也，
　　位近丑，丑上值弁星。」注〈泰〉六五云：「爻辰在卯。」按卯
　　爲二月，宿值房心，宜於嫁娶，〈泰〉六五爲「帝乙歸妹」，有
　　「嫁娶」之象，故即以之解釋泰卦六五。綜其所言，是將爻辰與
　　星宿結合在一起，由卦爻以明天象。圖如圖7-4：（按次圖係歷來
　　所傳鄭氏值宿圖，方位疑有誤）

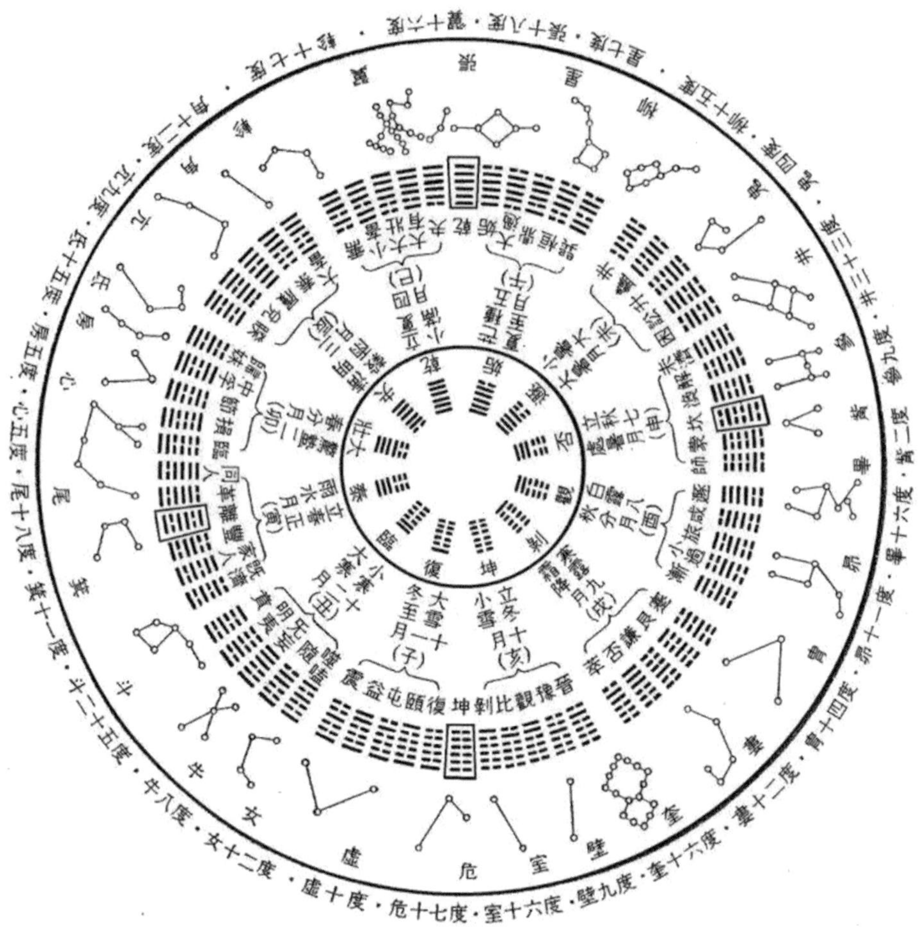

圖7-4　爻辰分卦直宿圖

㈤二十八宿與十二地支，彼此之間，脈絡相通；十二地支經十天干
遁藏，其數亦為二十八，前面已略略提到。按二十八宿，就是環
繞地球黃道面的十二星座，而這十二星座排列的部位與層次，恰
好與十二地支的分野完全一致，故統稱之為「黃道十二宮」。
十二宮的涵義，不僅指的是十二地支，同時也是指十二星座。如
玄枵宮亦即子宮，俗名「寶瓶星座」；星紀宮亦即丑宮，俗名
「摩羯星座」；析木宮亦即寅宮，俗名「人馬星座」；大火宮亦
即卯宮，俗名「天蝎星座」；壽星宮亦即辰宮，俗名「天秤星

座」；鶉尾宮亦即巳宮，俗名「室女星座」；鶉火宮亦即午宮，俗名「獅子星座」；鶉首宮亦即未宮，俗名「巨蟹星座」；實沉宮亦即申宮，俗名「雙子星座」；大梁宮亦即酉宮，俗名「金牛星座」；降婁宮亦即戌宮，俗名「白羊星座」；諏訾宮亦即亥宮，俗名「雙魚星座」。圖如圖7-5：

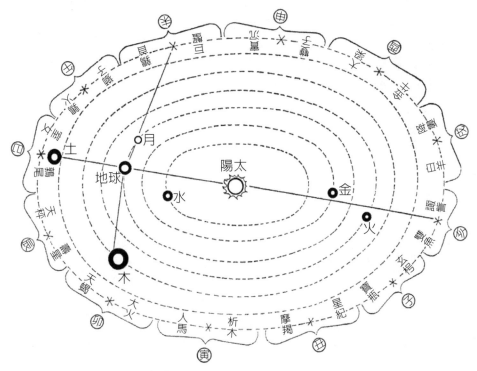

圖7-5　日月五星十二宮圖

吾人以在地球上的觀點，常謂某星在某宮次，或謂在某星座，是指背景而言，實則與某宮次或某星座距離尚遠！如上圖，日在諏訾宮雙魚座，月在鶉首宮巨蟹座，木星在大火宮天蠍座，土星在鶉尾宮室女座等皆是。又凡地球與其他行星在太陽之兩側，而成一直線，謂之「合」，如上圖，地球與火星是合；若地球在其他行星與太陽之中，而成一直線，謂之「衝」，如上圖，地球與土星是衝、合皆能影響地面生物。

㈥黃道十二宮，各有其性情，約之可分爲四類：一爲寅午戌，二爲
巳酉丑，三爲申子辰，四爲亥卯未。每宮相去各間一百二十度，
如寅去午一百二十度，午去戌一百二十度，距離均等，而互相感
應；他如巳酉丑、申子辰、亥卯未，亦皆準此。故中國古來五行
三合之說，實有天道以爲依據，並非徒託空言。其法爲析木宮之
寅與鶉火宮之午，以及降婁宮之戌，合成火局，性熱而乾；鶉尾
宮之巳與大梁宮之酉，以及星紀宮之丑，合成金局，性乾而冷；
實沉宮之申與玄枵宮之子，以及壽星宮之辰，合成水局，性冷而
濕；諏訾宮之亥與大火宮之卯，以及鶉首宮之未，合成木局，性
溫而乾。除十二宮星座性情以外，日月、五星亦各有其性情，試
略言之。太陽性熱，月球性冷，火星性燥，木星性溫，金星性濕
而微熱，土星性寒而微乾，水星則隨他星會合而異其性，可濕可
熱，可寒可溫，間或亦燥。

㈦二十八宿以躔度爲準，分隸於十二宮，惟躔度或多或少，各家說
法，略有出入。據鄭氏爻辰圖例，自軫十二度至氐四度爲壽星
宮，爻辰在辰；自氐五度至尾九度爲大火宮，爻辰在卯；自尾十
度至斗十一度爲析木宮，爻辰在寅；自斗十二度至女七度爲星紀
宮，爻辰在丑；自女八度至危十五度爲玄枵宮，爻辰在子；自危
十六度至奎四度爲諏訾宮，爻辰在亥；自奎五度至胃六度爲降婁
宮，爻辰在戌；自胃七度至畢十一度爲大梁宮，爻辰在酉；自畢
十二度至井十五度爲實沉宮，爻辰在申；自井十六度至柳八度爲
鶉首宮，爻辰在未；自柳九度至張十六度爲鶉火宮，爻辰在午；
自張十七度至軫十二度爲鶉尾宮，爻辰在巳。按費直《周易分
野》、蔡邕《月令章句》，以及《明史・天文志》，所列之躔
度，與此不盡相同；如費直以壽星起軫七度，蔡邕起軫八度，而
《明史・天文志》則起軫十二度，其餘依次皆有差數。

四、爻辰星宿可驗天氣

㈠凡太空星體，各有本來光色，如發現星光變色，即與風雨寒熱之
氣候有關，但這裡講的星光變色，和通常所稱的變光星不同，變

光星是由於星體自身光度之變化，此則由於地面空氣造成；質言之，就是由於氣候的影響。茲擇其中較易測驗者，分別說明於次：

1. 軒轅十六星，光常白色，變青，大風即起。是星中天時刻爲清明節日戌時。

2. 北河三星，光常橙色，變白，江水泛濫。是星中天時刻爲雨水後七日戌時。

3. 畢宿八星，光常赤色，變白，有大水。是星中天時刻爲小寒後三日戌時。

4. 河鼓三星，光常藍色，變赤，天氣大熱。是星中天時刻爲處暑後八日戌時。

5. 參宿七星，光常白色，變青，日內酷冷，並主人病。是星中天時刻爲大寒節日戌時。

6. 大角一星，光常橙黃色，變黑，天氣變化反常。是星中天時刻爲芒種後二日戌時。

7. 角宿二星，光常白色，變赤或變青，主明日天氣變壞。是星中天時刻爲春分後七日戌時。

8. 天津九星，光常白色，若久蔽不見，沿海各地有風災水災。是星中天時刻爲白露後八日戌時。

9. 織女三星，光常青白色，變赤或變黑，夏大熱，冬大寒。是星中天時刻爲立秋後四日戌時。

10. 五車二星，光常黃色，變赤或變青，雷雨即至。是星中天時刻爲小寒後十二日戌時。

11. 心宿三星，光常赤色，若青黑氣蔽之不明，天氣將由熱轉寒。是星中天時刻爲小暑後三日戌時。

12. 天狼一星，光常青白色，變赤或變黑，雨水不調，夏季並主酷熱。是星中天時刻爲立春後六日戌時。

13. 老人一星，光常青白色，變黑或變赤，烈風暴雨爲災。是星中天時刻爲立春節日戌時。

14. 南河三星，光常白色，若他處無雲，獨此星爲雲蒙蔽不見，天氣反常。是星中天時刻爲雨水後五日戌時。

㈡ 在二十八宿範圍以外，從北斗七星之變化，亦能測驗風雨。每逢太陽西下地平線後，至夜半子正初刻以前，即可從事觀測。如蒼白氣貫入斗內，日內必起大風；斗在天球上面，白雲遮之，不過兩日必雨；斗在天球下面，白雲遮之，不過五日必雨；白雲罩樞、璣、璇、權四星，明日有大雷雨；黑雲掩樞、璣、璇、權四星，當夜有雨；黃雲掩開陽、搖光，明日雨；烏雲全蔽北斗，三日內必雨；青雲全蔽北斗，五日內必雨；斗中雲如亂絮，主起暴風；赤雲掩斗，在天球上面，明日極熱。按北斗共七星，一樞、二璇、三璣、四權，此四星爲斗魁；五衡、六開陽、七搖光，此三星爲斗杓。

㈢ 從事二十八宿與北斗的觀測，而尙有不足時，可以繼之觀測太陽：如日初升，東方色濃赤，沿海將有颶風；日出時，西方密佈濃雲，當日有雨；日出時天晴，旋蔽於雲，雲開復晴，主當夜有雨；日周圍現出一抹黃霧，將有暴風；日透於雲間，而光照異常強烈，午後必有風雷；日將出，而雲氣如煙霧，色呈紫赤，滿佈天空，主有大雨；夕陽色濃黃，將有風起，如轉灰黃色，必主變天；青霞繞日，大風將作；晴天見日有暈，天將雨；日下烏雲如鼠如雉，主水災；日黑暈重重，冬有霪雨，夏有烈霜；清明後日暈，多暴風雨，損禾稼；立秋後日暈，有濃霜；立冬後日暈，有大水；日白暈兩重，多暴風雨，五穀不熟；日暈兩半相向，即有大風；日暈終日，行人無晷者，其年有大水，民多疫死；日蝕在箕宿，主有疾風，折木毀屋；日暈而有白虹貫之，氣候不和，民有災癘。

表7-4　附二十八宿及其所轄星名數目表

屬於角宿者	角宿三　平道星二　天田星二　進賢星一　周鼎形星三
	天門星二　平星二　庫樓星十　柱星十五　衡星四　南門星二
屬於亢宿者	亢宿四　大角星一　左攝提星三　右攝提星三　折威星七
	陽門星二　頓頑星二

屬於氐宿者	氐宿四　天乳星一　天輻星二　陣車星三　騎官星二十七 車騎星三　騎陣將軍星一　招搖星一　梗河星三　帝席星三 亢池星六
屬於房宿者	房宿四　鍵閉星一　鉤鈐星一　罰星三　東咸星四　西咸星四 日星一　從官星二
屬於心宿者	心宿三　積卒星十二
屬於尾宿者	尾宿九　龜星五　天江星四　傅說星一　魚星一　神宮星一
屬於箕宿者	箕宿四　糠粃星一　杵星三
屬於斗宿者	斗宿六　建星六　天弁星九　鱉星十四　天雞星二　狗國星四 天淵星十　狗星二　天龠星八　農丈人星一
屬於牛宿者	牛宿六　羅堰星三　天桴星二　河鼓星三　左旗星九 右旗星九　輦道星五　漸臺星四　織女星三　九坎星九
屬於女宿者	女宿四　十二諸國星十五　敗瓜星五　瓠瓜星五　天津星九 奚仲星五　扶筐星七　離珠星五
屬於虛宿者	虛宿二　司命星二　司祿星二　司危星二　司非星二 哭星三　泣星二　天壘城星十三　敗臼星四　離瑜星三
屬於危宿者	危宿三　人星五　臼星三　內杵星三　內臼星四　車府星七 天鉤星九　造父星五　墳墓星四　虛梁星四　天錢星十　蓋屋 星二
屬於室宿者	室宿九　離宮星六　雷電星六　壘壁陣星十二　土公吏星一 騰蛇星二十二　羽林星四十五　鈇鉞星三　北落師門星一 天綱星一八魁星九
屬於璧宿者	璧宿二　霹靂星五　雲雨星四　天廄星十　土公星二
屬於奎宿者	奎宿十六　外屏星七　天溷星七　土司空星一　軍南門星一 閣道星六　附路星一　王良星五　策星一
屬於婁宿者	婁宿三　左更星五　右更星五　天倉星六　天庾星三　天大將 軍星十一
屬於胃宿者	胃宿三　天廩星四　天囷星十三　大陵星八　天船星九　積尸 星一　積水星一

屬於昴宿者	昴宿七　天阿星一　月星一　天陰星五　芻藁星六　天苑星十六　卷舌星六　天讒星一　礪石星四
屬於畢宿者	畢宿八　附耳星一　天街星二　天節星八　諸王星六　天高星四　九洲殊域星九　五車星五　三柱星九　天潢星五　天關星一　參旗星九　九遊星九　天園星十三　咸池星三
屬於觜宿者	觜宿三　座旗星九　司怪星四
屬於參宿者	參宿七　伐星三　玉井星四　屏星二　軍井星四　天廁星四　屎星一
屬於井宿者	井宿八　鉞星一　南河星三　北河星三　天樽星三　諸侯星五　積水星一　積薪星一　水府星四　水位星四　四瀆星四　軍市星六　野雞星一　孫星一　子星一　丈人星二　闕丘星二　天狼星一　孤矢星九　老人星一
屬於鬼宿者	鬼宿四　積尸星一　爟星四　天狗星七　外廚星六　天社星六　天記星一
屬於柳宿者	柳宿八　酒旗星三
屬於星宿者	星宿七　軒轅星十六　天稷星五　內平星四　御女星一　天相星五
屬於張宿者	張宿六　天廟星十四
屬於翼宿者	翼宿二十二　東甌星五
屬於軫宿者	軫宿四　長沙星一　左轄星二　右轄星二　青丘星七　軍門星二　土司空星一　器府星三十二

易例八
八宮世應六親飛伏

一、八宮

㈠六十四卦中，其卦體的結構，內體和外體相一致者，計凡有八，通稱之為「八純卦」。如〈乾〉，內體是〈乾〉，外體還是〈乾〉；如〈坤〉，內體是〈坤〉，外體還是〈坤〉；如〈震〉，內體是〈震〉，外體還是〈震〉；如〈巽〉，內體是〈巽〉，外體還是〈巽〉；如〈坎〉，內體是〈坎〉，外體還是〈坎〉；如〈離〉，內體是〈離〉，外體還是〈離〉；如〈艮〉，內體是〈艮〉，外體還是〈艮〉；如〈兌〉，內體是〈兌〉，外體還是〈兌〉。這八個卦其所以稱之為「純」者，即因兩體不雜，內外一致也。而伏羲氏先天圖例，便以八純卦為方圓圖佈卦之綱領，並循先天數順序運行。蓋八純卦實係脫胎於〈乾〉〈坤〉六子，即〈乾〉父、〈坤〉母、〈震〉長男、〈巽〉長女、〈坎〉中男、〈離〉中女、〈艮〉少男、〈兌〉少女，陰陽兩者，各自複合，相互旁通，而為化育萬物之本；故於六十四卦中，分居統率之地位，各皆領導其變化而成之卦。〈乾〉所領導者計有〈姤〉〈遯〉〈否〉〈觀〉〈剝〉〈晉〉〈大有〉七卦，合〈乾〉為八；〈震〉所領導者，計有〈豫〉〈解〉〈恆〉〈升〉〈井〉〈大過〉〈隨〉七卦，合〈震〉為八；〈坎〉所領導者，計有〈節〉〈屯〉〈既濟〉〈革〉〈豐〉〈明夷〉〈師〉七卦，合〈坎〉為八；〈艮〉所領導者，計有〈賁〉〈大畜〉〈損〉〈睽〉〈履〉〈中孚〉〈漸〉七卦，合〈艮〉為八；〈坤〉所領導者，計有〈復〉〈臨〉〈泰〉〈大壯〉〈夬〉〈需〉〈比〉七卦，合〈坤〉為八；〈巽〉所領導者，計有〈小畜〉〈家人〉〈益〉〈无妄〉〈噬嗑〉〈頤〉〈蠱〉七卦，合〈巽〉為八；〈離〉所領導者，計有〈旅〉

〈鼎〉〈未濟〉〈蒙〉〈渙〉〈訟〉〈同人〉七卦，合〈離〉爲八；〈兌〉所領導者，計有〈困〉〈萃〉〈咸〉〈蹇〉〈謙〉〈小過〉〈歸妹〉七卦，合〈兌〉爲八。以上是將六十四卦各因其卦氣上之自然秩序，分別繫於八純卦之下，是即所謂「八宮」。

㈡八宮之說，詳見《京房易傳》，旨在示人以觀察現象之途徑，並爲占筮上確立推斷之基礎。析而言之：〈乾〉本純陽，但〈乾〉宮所領導者，率皆陰消之卦，而且陰消之勢，逐級增強；初消成〈姤〉，二消成〈遯〉，三消成〈否〉，四消成〈觀〉，五消成〈剝〉，〈剝〉盡即入於純陰之〈坤〉矣。〈坤〉本純陰，但〈坤〉宮所領導者，率皆陽息之卦，而且陽息之勢，逐級增強；初息成〈復〉，二息成〈臨〉，三息成〈泰〉，四息成〈大壯〉，五息成〈夬〉，〈夬〉盡即入於純陽之〈乾〉矣。〈乾〉〈坤〉而外，六子亦然。〈震〉本陽卦，但至五變爲〈井〉之後，已近乎陰體之〈巽〉，上變則成〈巽〉矣；〈巽〉本爲陰卦，但至五變〈噬嗑〉之後，已近乎陽體之〈震〉，上變則成〈震〉矣；〈坎〉本爲陽卦，但至五變爲〈豐〉之後，已近乎陰體之〈離〉，上變則成〈離〉矣；〈離〉本陰卦，但至五變爲〈渙〉之後，已近乎陽體之〈坎〉，上變則成〈坎〉矣；〈艮〉本陽卦，但至五變爲〈履〉之後，已近乎陰體之〈兌〉，上變則成〈兌〉矣；〈兌〉本陰卦，但至五變爲〈謙〉之後，已近乎陽體之〈艮〉，上變則成〈艮〉矣。由此可見，任何一個現象，如果開始敗壞，就會繼續敗壞下去，不到敗壞的極限不止；同樣的，如果是興盛的話，也會繼續興盛下去，不到興盛的極限不止。例如，中國自從滿清咸豐初年起，即已開使敗壞，一直敗壞到現在，再沒有得敗壞了，只剩下滿目荒蕪的土地，和奄奄一息的飢民而已！又如漢承戰國暴秦之後，削平海宇，撥亂反治，旋經文、景數十年之昇平，與民休養生息，既庶且富，國步康強；迨至武帝展其雄才大略，開疆拓土，四夷儷服，聲威遠播於海宇之外，自春秋以降，至此可謂盛極一時。不過這只是遵循〈乾〉〈坤〉演變的途徑來看，〈乾〉〈坤〉是純陽純陰，專一不雜，

壞則一直壞到底，好則一直好到底，中途並無什麼轉折或穿插的情形；可是實際現象，有些時候，並不完全如此。壞的過程中，反而穩定住，不至於壞；好的過程中，反而顯得壞，不見其好。這便是遵循六子演變的途徑，而與〈乾〉〈坤〉演變的途徑不同，在中途穿插著轉折的情形，壞並不是一直壞到底，好也不是一直好到底。如〈震〉陽變為〈巽〉陰，是由好變壞，在演變的過程中，而有穩定之〈恆〉；〈巽〉陰變為〈震〉陽，是由壞變好，在演變的過程中，而有〈無妄〉之災。所以對於一個現象之觀察或推斷，首須辨別這個現象，是經由純陰純陽〈乾〉〈坤〉演變的途徑？還是經由陰陽交合六子演變的途徑？演變的途徑弄清楚了，才可以獲得正確的結論。

二、世應

㈠六十四卦，分為八宮，各宮所配備的卦，皆具有一定的秩序，不能稍作移動，更不能有所增減，前面已略略提到過。各宮之卦，完全由於位居統帥的各宮主卦遞變而來，各宮主卦遵循卦氣運行，自下而上，逐爻遞變，於是產生所謂「世」。初爻變，斯稱之為「一世」；二爻變，斯稱之為「二世」；三爻變，斯稱之為「三世」；四爻變，斯稱之為「四世」；五爻變，斯稱之為「五世」。五世而後，不再向上變，再向上變，主卦即為之消滅矣！故降而向下，變第四爻，斯稱之為「游魂」；復由四爻降而向下，變第三爻，三爻變，內體即隨之全變，斯稱之為「歸魂」。如〈乾〉宮各卦，即由乾卦各爻所變：乾卦初爻變〈姤〉，〈姤〉即為〈乾〉宮一世卦；二爻變〈遯〉，〈遯〉即為〈乾〉宮二世卦；三爻變〈否〉，〈否〉即為〈乾〉宮三世卦；四爻變〈觀〉，〈觀〉即為〈乾〉宮四世卦；五爻變〈剝〉，〈剝〉即為〈乾〉宮五世卦；五降而四爻變〈晉〉，〈晉〉即為〈乾〉宮游魂卦；四復降而三爻連帶內體變為〈大有〉，〈大有〉即為〈乾〉宮歸魂卦。其餘各宮，準此類推。茲表解於表8-1：

表8-1

八宮	八純卦	一世	二世	三世	四世	五世	游魂	歸魂
乾宮	䷀乾	姤	遯	否	觀	剝	晉	大有
震宮	䷲震	豫	解	恒	升	井	大過	隨
坎宮	䷜坎	節	屯	既濟	革	豐	明夷	師
艮宮	䷳艮	賁	大畜	損	睽	履	中孚	漸
坤宮	䷁坤	復	臨	泰	大壯	夬	需	比
巽宮	䷸巽	小畜	家人	益	无妄	噬嗑	頤	蠱
離宮	䷝離	旅	鼎	未濟	蒙	渙	訟	同人
兌宮	䷹兌	困	萃	咸	蹇	謙	小過	歸妹

㈡八宮不僅設置五世、游魂、歸魂而已，於五世游歸之外，更有所謂「應」，而與五世游歸產生世應關係。什麼是「世應」關係呢？就是在六爻之中，依五世游歸的區別，而規定何者為世爻，何者為應爻。如屬一世的卦，即以初爻為世爻，四爻為應爻；二世的卦，即以二爻為世爻，五爻為應爻；三世的卦，即以三爻為世爻，上爻為應爻；四世的卦，即以四爻為世爻，初爻為應爻；五世的卦，即以五爻為世爻，二爻為應爻；五世以後的歸魂卦，則降至三爻為世爻，上爻為應爻；至於位居統帥的各宮主卦，亦即八純卦，因所居的地位最高，而以上爻為世爻，三爻為應爻。一卦六爻之所以要規定世、應，旨在打開觀察現象的途徑，而作推斷上必要的依據。本來，六畫的卦，兼三才而兩之，卦分內外兩體，內體各爻與外體各爻，姑無論其陰陽配合是否得正（得正

則應，不得正則不應），但內外兩體之爻位，總是相應；內體初
爻的位置與外體四爻的位置相應，內體二爻的位置與外體五爻的
位置相應，內體三爻的位置與外體上爻的位置相應。揆之於實際
現象，卦的內體，好比是內在的基礎，卦的外體，好比是外在的
發展，內在的基礎如果堅強，外在的發展必然壯大，內外兩體呼
應，非常緊湊，八宮的世應關係，就是脫胎於此。蓋凡宇宙一切
現象，都是本著「對待」作用而演進，既云「對待」，當然包含
彼此兩方；即以眼前的《易經》講座爲例，有講的，有聽的，兩
相對待，講得好壞，可以影響聽者的情緒。故此一方的因素是如
何，彼一方的發展便如何，世爻就是代表此一方的因素，居於主
位；應爻就是代表彼一方的發展，居於客位。一經看到世爻的好
壞，便能夠推斷應爻的好壞，而吉凶見矣。

㈢吉凶推斷，固以世應爲依據，但猶有賴於納甲爲之輔助。所謂
　「納甲」，前面已有交代，爲便於讀者覺解，茲再進一步說明：
　納甲就是將天干、地支分別納之於卦爻。以言天干，〈乾〉內卦
　納甲、外卦納壬，〈坤〉內卦納乙、外卦納癸，〈震〉納庚，
　〈巽〉納辛，〈坎〉納戊，〈離〉納己，〈艮〉納丙，〈兌〉納
　丁；所納的十天干，分陰分陽，其陰陽則視卦爲準。以言地支，
　乾卦初爻納子，二爻納寅，三爻納辰，四爻納午，五爻納申，上
　爻納戌；坤卦初爻納未，二爻納巳，三爻納卯，四爻納丑，五爻
　納亥，上爻納酉；震卦各爻所納與〈乾〉同，巽卦各爻所納，大
　體上亦與〈坤〉同，惟內外互換，〈坤〉從未起，而〈巽〉從丑
　起；坎卦初爻納寅，二爻納辰，三爻納午，四爻納申，五爻納
　戌，上爻納子；離卦初爻納卯，二爻納丑，三爻納亥，四爻納
　酉，五爻納未，上爻納巳；艮卦初爻納辰，二爻納午，三爻納
　申，四爻納戌，五爻納子，上爻納寅；兌卦初爻納巳，二爻納
　卯，三爻納丑，四爻納亥，五爻納酉，上爻納未。所納的十二地
　支，也是分陰分陽，其陰陽則視爻爲準。如將所納的干支綜合起
　來看，那就是〈乾〉卦初爻爲甲子，二爻爲甲寅，三爻爲甲辰，
　四爻爲壬午，五爻爲壬申，上爻爲壬戌；〈坤〉卦初爻爲乙未，
　二爻爲乙巳，三爻爲乙卯，四爻爲癸丑，五爻爲癸亥，上爻爲癸

酉；〈震〉卦初爻爲庚子，二爻爲庚寅，三爻爲庚辰，四爻爲庚午，五爻爲庚申，上爻爲庚戌；〈巽〉卦初爻爲辛丑，二爻爲辛亥，三爻爲辛酉，四爻爲辛未，五爻爲辛巳，上爻爲辛卯；〈坎〉卦初爻爲戊寅，二爻爲戊辰，三爻爲戊午，四爻爲戊申，五爻爲戊戌，上爻爲戊子；〈離〉卦初爻爲己卯，二爻爲己丑，三爻爲己亥，四爻爲己酉，五爻爲己未，上爻爲己巳；〈艮〉卦初爻爲丙辰，二爻爲丙午，三爻爲丙申，四爻爲丙戌，五爻爲丙子，上爻爲丙寅；〈兌〉卦初爻爲丁巳，二爻爲丁卯，三爻爲丁丑，四爻爲丁亥，五爻爲丁酉，上爻爲丁未。這在前面易例第七另有表解，可以參閱。

(四) 納甲在使天干、地支納之於卦爻之上，天干、地支是代表五行的符號；卦爻既納有天干、地支，於是卦爻與卦爻，遂產生五行生剋制化的作用，而便於推斷矣。所謂「生剋制化」，分而言之：木生火，火生土，土生金，金生水，水生木，是爲「五行相生」；木剋土，土剋水，水剋火，火剋金，金剋木，是爲「五行相剋」。木遇旺火而受制於火，火遇旺土而受制於土，土遇旺金而受制於金，金遇旺水而受制於水，水遇旺木而受制於木，是爲「五行相制」；甲從己而化土，乙從庚而化金，壬從丁而化木，癸從戊而化火，丙辛相從而化水，是爲「五行相化」。假如世爻爲木而旺，應爻爲土，其勢較弱，那便表示主觀條件可以掌握客觀環境；假如世爻爲木而弱，應爻爲金，其勢特旺，那便表示主觀條件不能肆應客觀環境；假如世爻爲木而弱，應爻爲火，其勢特旺，那便表示主觀條件遭受客觀環境的控制；假如世爻爲甲木而特弱，應爻爲己土而特旺，那便表示主觀條件不充足，隨著客觀環境爲轉移。當然，五行生剋制化，義不止此，但即此已足顯示其在推斷上的重要性。至於五行旺弱的看法，一以節氣爲準：木旺於春，而弱於秋；火旺於夏，而弱於冬；金旺於秋，而弱於夏；水旺於冬，而弱於長夏四季；土旺於長夏四季，而弱於春。即凡筮得之卦，世爻如爲木，而時在春令，便以旺論；時在秋令，便以弱論。但世爻之木，節氣上雖非春令，而占筮之日爲甲寅、乙卯，斯名「日值」，亦可輔助節氣上之不足。上述各點，

容有未詳之處，再將卦爻五行，表解於表8-2：

表8-2

乾 宮 金	震 宮 木	坎 宮 水	艮 宮 土
上爻（壬戌土）	上爻（庚戌土）	上爻（戊子水）	上爻（丙寅木）
五爻（壬申金）	五爻（庚申金）	五爻（戊戌土）	五爻（丙子水）
四爻（壬午火）	四爻（庚午火）	四爻（戊申金）	四爻（丙戌土）
三爻（甲辰土）	三爻（庚辰土）	三爻（戊午火）	三爻（丙申金）
二爻（甲寅木）	二爻（庚寅木）	二爻（戊辰土）	二爻（丙午火）
初爻（甲子水）	初爻（庚子水）	初爻（戊寅木）	初爻（丙辰土）
坤 宮 土	巽 宮 木	離 宮 火	兌 宮 金
上爻（癸酉金）	上爻（辛卯木）	上爻（己巳火）	上爻（丁未土）
五爻（癸亥水）	五爻（辛巳火）	五爻（己未土）	五爻（丁酉金）
四爻（癸丑土）	四爻（辛未土）	四爻（己酉金）	四爻（丁亥水）
三爻（乙卯木）	三爻（辛酉金）	三爻（己亥水）	三爻（丁丑土）
二爻（乙巳火）	二爻（辛亥水）	二爻（己丑土）	二爻（丁卯木）
初爻（乙未土）	初爻（辛丑土）	初爻（己卯木）	初爻（丁巳火）

三、六親

㈠ 據《京房易傳》記載：「八卦鬼爲繫爻，財爲制爻，天地爲義爻，福德爲寶爻，同氣爲專爻。」這裡所講的八卦，是指八宮所統率的八卦，而非三畫的八卦。前面說過，五行具有生剋制化的作用，京氏除納甲以外，更本諸五行生剋制化的作用，分別指出卦中各爻之性質：凡屬剋我者爲官鬼，凡屬我剋者爲妻財，凡屬生我者爲父母，凡屬我生者爲子孫，凡屬同我者爲兄弟。其法先行確定筮得之卦，在八宮中屬於何宮，然後就所屬之宮，納之於五行，以鑑別卦中各爻之性質。例如筮得節卦，節卦屬於〈坎〉宮一世而納水，即以水爲主，凡在卦中各爻，納甲爲土（見節卦三爻、五爻），土剋水，係剋我者，是謂「繫爻之鬼」，通稱之爲「官鬼」；凡在卦中各爻，納甲爲火（見節卦初爻），水剋

火，係我剋者，是謂「制爻之財」，通稱之為「妻財」；凡在卦中各爻，納甲為金（見節卦四爻），金生水，係生我者，是謂「義爻之天地」，通稱之為「父母」；凡在卦中各爻，納甲為木（見節卦二爻），水生木，係我生者，是謂「寶爻之福德」，通稱之為「子孫」；凡在卦中各爻，納甲為水（見節卦上爻），水與水相比和，係同我者，是謂「專爻之同氣」，通稱之為「兄弟」。諸如所稱之父母、妻子、兄弟，故統名「六親」。茲表解於表8-3：

表8-3

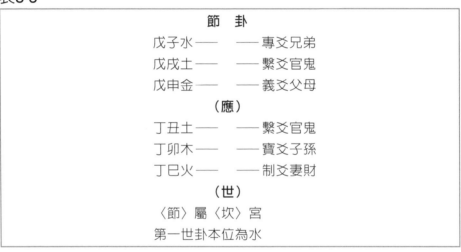

（二）有了父母、妻子、兄弟六親的名目，而推斷家庭人事上的問題，便有所依據。如占父母或長輩，則以義爻之父母為用，從義爻以推斷其吉凶；如占妻室或財產，則以制爻之妻財為用，從制爻以推斷其吉凶；如占子息或晚輩，則以寶爻之子孫為用，從寶爻以推斷其吉凶；如占昆仲或朋友，則以專爻之兄弟為用，從專爻以推斷其吉凶。至於繫爻之官鬼，好像與家庭六親無關，其實不然，繫爻固主仕宦功名，但也代表祖宗德蔭，如占祖宗德蔭或仕宦功名，當然以繫爻推斷其吉凶。不過《易》有「本象」，更有從本象擴展而為「廣象」，這裡所講的六親，同樣的不僅限於家

庭之一環，而有廣義的說法：如繫爻除代表祖宗與仕宦以外，還代表官非或牢獄等等；義爻除代表父母與長輩以外，還代表誥命與權位等等；制爻除代表妻室與財產以外，還代表女色或風情等等；寶爻除代表子息與晚輩以外，還代表文彩或聲譽等等；專爻除代表昆仲與朋友以外，還代表競爭或協助等等。故六親之為用，可以普及人事社會之全面。尤其卦德之偏全，亦以六親為準，卦中如六親齊備，表示卦得其全；卦中如六親殘缺，表示卦失之偏。

四、飛伏

㈠ 舉凡一切現象，自其發展的過程中來看，有些時候揚之於外，表現得很明顯；有些時候卻又斂之於內，表現得很隱晦。例如一株花，當在花正怒放的時候，一瓣一瓣地展示出來，鮮豔奪目，令人眷注不已；可是一經到了秋冬，如非秋冬值令的花，不僅鮮豔奪目的花看不見了，就連枝葉都凋落得乾乾淨淨，剩下來的，不過枯幹而已！假使在枝葉凋落而成枯幹的時候，便以為這只是凋零的枯幹，而與鮮豔奪目之花無關，那不能算是有系統的正確認識；假使在花正怒放，令人眷注的時候，便以為這只是鮮豔奪目之花，而與凋落的枯幹無關，那也不能算是有系統的正確認識。就基於這種道理，京氏在推斷上更創立所謂「飛伏」。本來，現象發展，有時明顯，有時隱晦。飛則揚之於外，所以明顯，明顯就是飛；伏則斂之於內，所以隱晦，隱晦就是伏。觀察現象，如僅注意到飛的一面，而忽略了伏的一面，或僅注意到伏的一面，而忽略了飛的一面，都無從獲得合理的推斷。蓋宇宙由來，肇自太極，而太極圖在白的一面裡，就暗藏一個黑點；在黑的一面裡，就暗藏著一個白點。有這一面，就暗藏著有那一面，飛而有伏，伏而有飛，宇宙法則，原即如此。

㈡ 《京房易傳》之於飛伏，特別重視，而交代的也就特別詳盡，依八宮次序，將各宮所統率之卦，逐一說明，有如次列：

〈乾〉宮八卦—

〈乾〉與〈坤〉為飛伏　　〈姤〉與〈巽〉為飛伏　　〈遯〉與〈艮〉為飛伏
〈否〉與〈坤〉為飛伏　　〈觀〉與〈巽〉為飛伏　　〈剝〉與〈艮〉為飛伏
〈晉〉與〈艮〉為飛伏　　〈大有〉與〈坤〉為飛伏

〈震〉宮八卦—

〈震〉與〈巽〉為飛伏　　〈豫〉與〈坤〉為飛伏　　〈解〉與〈坎〉為飛伏
〈恒〉與〈巽〉為飛伏　　〈升〉與〈坤〉為飛伏　　〈井〉與〈坎〉為飛伏
〈大過〉與〈坎〉為飛伏　〈隨〉與〈巽〉為飛伏

〈坎〉宮八卦—

〈坎〉與〈離〉為飛伏　　〈節〉與〈兌〉為飛伏　　〈屯〉與〈震〉為飛伏
〈既濟〉與〈離〉為飛伏　〈革〉與〈兌〉為飛伏　　〈豐〉與〈震〉為飛伏
〈明夷〉與〈震〉為飛伏　〈師〉與〈離〉為飛伏

〈艮〉宮八卦—

〈艮〉與〈兌〉為飛伏　　〈賁〉與〈離〉為飛伏　　〈大畜〉與〈乾〉為飛伏
〈損〉與〈兌〉為飛伏　　〈睽〉與〈離〉為飛伏　　〈履〉與〈乾〉為飛伏
〈中孚〉與〈乾〉為飛伏　〈漸〉與〈兌〉為飛伏

〈坤〉宮八卦—

〈坤〉與〈乾〉為飛伏　　〈復〉與〈震〉為飛伏　　〈臨〉與〈兌〉為飛伏
〈泰〉與〈乾〉為飛伏　　〈大壯〉與〈震〉為飛伏　〈夬〉與〈兌〉為飛伏
〈需〉與〈兌〉為飛伏　　〈比〉與〈乾〉為飛伏

〈巽〉宮八卦—

〈巽〉與〈震〉為飛伏　　〈小畜〉與〈乾〉為飛伏　〈家人〉與〈離〉為飛伏
〈益〉與〈震〉為飛伏　　〈无妄〉與〈乾〉為飛伏　〈噬嗑〉與〈離〉為飛伏
〈頤〉與〈離〉為飛伏　　〈蠱〉與〈震〉為飛伏

〈離〉宮八卦—

〈離〉與〈坎〉為飛伏　　〈旅〉與〈艮〉為飛伏　　〈鼎〉與〈巽〉為飛伏
〈未濟〉與〈坎〉為飛伏　〈蒙〉與〈艮〉為飛伏　　〈渙〉與〈巽〉為飛伏
〈訟〉與〈巽〉為飛伏　　〈同人〉與〈坎〉為飛伏

〈兌〉宮八卦—
〈兌〉與〈艮〉為飛伏　〈困〉與〈坎〉為飛伏　〈萃〉與〈坤〉為飛伏
〈咸〉與〈艮〉為飛伏　〈蹇〉與〈坎〉為飛伏　〈謙〉與〈坤〉為飛伏
〈小過〉與〈坤〉為飛伏〈歸妹〉與〈艮〉為飛伏

㈢各宮飛伏，雖經前節分別列舉，但卦與卦之間，其所以構成飛伏，根據為何？尚須做進一步的交代，茲就〈乾〉宮為例以說明之：基於對待原理，主卦卦體是〈乾〉，其對待方面，即有暗藏之〈坤〉；〈乾〉是明顯的而為飛，〈坤〉是暗藏的而為伏，故〈乾〉與〈坤〉為飛伏。乾卦初爻遇陰而成〈姤〉，〈姤〉為〈乾〉宮一世卦，其內體暗藏有〈巽〉；〈姤〉是明顯的而為飛，〈巽〉是暗藏的而為伏，故〈姤〉與〈巽〉為飛伏。乾卦初二兩爻變陰而成〈遯〉，〈遯〉為〈乾〉宮二世卦，其內體暗藏有〈艮〉；〈遯〉是明顯的而為飛，〈艮〉是暗藏的而為伏，故〈遯〉與〈艮〉為飛伏。乾卦內三爻變陰而成〈否〉，〈否〉為〈乾〉宮三世卦，其內體暗藏有〈坤〉；〈否〉是明顯的而為飛，〈坤〉是暗藏的而為伏，故〈否〉與〈坤〉為飛伏。乾卦內體三陰乘盛，上升於外而成〈觀〉，〈觀〉為〈乾〉宮四世卦，其外體暗藏有〈巽〉；〈觀〉是明顯的而為飛，〈巽〉是暗藏的而為伏，故〈觀〉與〈巽〉為飛伏。〈乾〉經五陰消陽，消至九五而成〈剝〉，〈剝〉為〈乾〉宮五世卦，其外體暗藏有〈艮〉；〈剝〉是明顯的而為飛，〈艮〉是暗藏的而為伏，故〈剝〉與〈艮〉為飛伏。〈乾〉已陰消至五，不能再向上消陽矣，於是由〈艮〉息四而成〈晉〉，〈晉〉為〈乾〉宮游魂卦，其外體暗藏有〈艮〉；〈晉〉是明顯的而為飛，〈艮〉是暗藏的而為伏，故〈晉〉與〈艮〉為飛伏。〈乾〉至游魂以後，陰陽相反而相資，內體〈坤〉變為〈乾〉，復歸於本位而成〈大有〉，〈大有〉為〈乾〉宮歸魂卦，其內體暗藏有〈坤〉；〈大有〉是明顯的而為飛，〈坤〉是暗藏的而為伏，故〈大有〉與〈坤〉為飛伏。凡此所舉，僅為〈乾〉宮八個卦例，其餘各宮，準此類推。

㈣京氏飛伏，完全根據陰陽之往來，蓋祖述孟喜卦氣之說，而與
《易緯‧稽覽圖》頗多符合之處。按卦氣運行，本諸對待原理，
有此就有彼，有明顯的一面，就有暗藏的一面，故〈乾〉伏有
〈坤〉，〈震〉伏有〈巽〉，〈坎〉伏有〈離〉，〈艮〉伏有
〈兌〉；反過來，則〈坤〉伏有〈乾〉，〈巽〉伏有〈震〉，
〈離〉伏有〈坎〉，〈兌〉伏有〈艮〉。其與《火珠林》所習用
的「飛伏」，迥然不同；《火珠林》的飛伏，一以六親為準，
六親在卦中如不齊備，便借本宮八純卦以為之補足。例如天風
〈姤〉，六爻之中，不見妻財，因〈姤〉係〈乾〉宮一世卦，納
甲缺木，故無妻財，而乾卦納甲，二爻為寅，遂借乾卦二爻寅
木，作為姤卦妻財，伏於姤卦二爻之下；姤卦二爻，本為亥水，
亥水是姤卦之寶爻，而為子孫，在卦中顯露出來，所以稱之為
「飛」，而寅木妻財，則暗藏於二爻之下，所以稱之為「伏」。
這是就六親不全而言，至若六親齊備，則《火珠林》即無所謂
「飛伏」。要之，《火珠林》的飛伏，另有其設置的規則，切不
可與京氏飛伏混為一談。

易例九
六十四卦方圓圖例

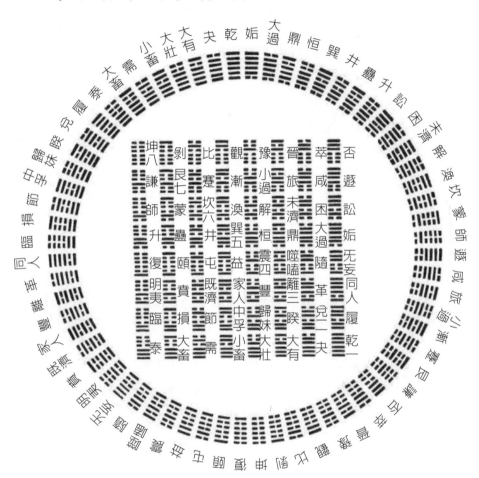

圖9-1　六十四卦方圓圖例

　　六十四卦的圓圖與方圖，概括地說，就是《易經》的宇宙觀。圓圖是表示時間的，而為古往今來的宙；方圖是表示空間的，而為上下八方的宇。時間乃不斷地往來，而屬於動，圓者動也，故以圓圖象之；空間則為實際的存在，屬於靜，方者靜也，故以方圖象之。其所以圓圖佈之於外、方圖佈之於內，蓋因圓之數奇而為陽，方之數偶而

為陰。陰陽兩者之間的關係，陽則統陰而為主，陰則承陽而為從，所謂「大哉乾元……乃統天」、「至哉坤元……乃順承天」是也。至於數之奇偶，也配合陰陽，而有先後、主從的關係；奇則統率於先，偶則順承於後，有一而後才有二，有三而後才有四，有五而後才有六，有七而後才有八，有九而後才有十。圓者陽而奇，所以佈之於外而統之；方者陰而偶，所以佈之於內以承之。圖之內外，在明主從之關係耳。茲分別說明如次：

一、圓圖佈卦之意義

㈠按先天橫圖，一分為二，由太極生兩儀；二分為四，由兩儀生四象；四分為八，由四象生八卦；至八卦，則三才已備，而構成〈乾〉一〈兌〉二〈離〉三〈震〉四〈巽〉五〈坎〉六〈艮〉七〈坤〉八之次序。於是庖犧氏八卦圓圖即依此次序，而將一二三四之〈乾〉〈兌〉〈離〉〈震〉佈之於左方，另將五六七八之〈巽〉〈坎〉〈艮〉〈坤〉佈之於右方。蓋〈兌〉與〈乾〉，在四象的源頭上，同屬於太陽；〈離〉與〈乾〉乃先後天的關係，後天的〈離〉位就是先天的〈乾〉位；〈震〉與〈乾〉，乾元初出即為〈震〉，而〈震〉係長子代父。是則〈兌〉〈離〉〈震〉三卦，皆與乾陽具有不可分性，應屬於乾陽統率，故佈之於左，左者陽也。〈巽〉與〈坤〉，坤元初入即為〈巽〉，而〈巽〉係長女代母；〈坎〉與〈坤〉乃先後天的關係，後天的〈坎〉位，就是先天的〈坤〉位；〈艮〉與〈坤〉，在四象的源頭上，同屬於太陰。是則〈巽〉〈坎〉〈艮〉三卦，皆與坤陰具有不可分性，應屬於坤陰統率，故佈之於右，右者陰也。庖犧氏八卦圓圖，就是六十四卦圓圖的基礎。在六十四卦圓圖的左方三十二卦，由上而下，分成四組：第一組八卦內體皆是〈乾〉，第二組八卦內體皆是〈兌〉，第三組八卦內體皆是〈離〉，第四組八卦內體皆是〈震〉；而分布於外體的各皆〈乾〉〈兌〉〈離〉〈震〉〈巽〉〈坎〉〈艮〉〈坤〉。在六十四卦圓圖的右方三十二卦，還是由上而下，分成四組：第一組八卦內體皆是〈巽〉，第二組八卦內體皆是〈坎〉，第三組八

卦內體都是〈艮〉，第四組八卦內體皆是〈坤〉；而分布於外體的各皆〈乾〉〈兌〉〈離〉〈震〉〈巽〉〈坎〉〈艮〉〈坤〉。左方起之於〈乾〉，右方迄之於〈坤〉，起迄兩端，一如先天橫圖之例，所謂「乾知大始，坤代有終」或即其義也。

㈡圖之左右兩方分布，雖是平衡，各皆三十二卦，但往來順逆的情形，大不相同。左方三十二卦的內體，是由〈乾〉至〈震〉；右方三十二卦的內體，卻不是由〈坤〉至〈巽〉，而是由〈巽〉至〈坤〉。由〈乾〉至〈震〉，是在表示〈乾〉出於震，本諸乾陽發揮的性能，向外進展，於數則自少而多，所謂「陽順」是也；由〈巽〉至〈坤〉，是在表示〈巽〉入於〈坤〉，本諸坤陰收斂的性能，向內凝聚，於數則自多而少，所謂「陰逆」是也。如作更進一步的分析，不僅左右兩方之卦，相與順逆往來，即就每一方所佈之卦，亦自相順逆往來。先看左方各卦，由上而下，間四運行，計有〈乾〉〈夬〉〈大有〉〈大壯〉，〈履〉〈兌〉〈睽〉〈歸妹〉，〈同人〉〈革〉〈離〉〈豐〉，〈无妄〉〈隨〉〈噬嗑〉〈震〉，其內體是〈乾〉〈兌〉〈離〉〈震〉，外體也是〈乾〉〈兌〉〈離〉〈震〉，而爲〈乾〉〈兌〉〈離〉〈震〉自行相交；但由下而上，間四運行，則爲〈復〉〈頤〉〈屯〉〈益〉，〈明夷〉〈賁〉〈既濟〉〈家人〉，〈臨〉〈損〉〈節〉〈中孚〉，〈泰〉〈大畜〉〈需〉〈小畜〉，其內體反過來是〈震〉〈離〉〈兌〉〈乾〉，外體也不是〈巽〉〈坎〉〈艮〉〈坤〉，而是〈坤〉〈艮〉〈坎〉〈巽〉，內外體是〈震〉〈離〉〈兌〉〈乾〉與〈坤〉〈艮〉〈坎〉〈巽〉相交，往來之間，自相順逆。再看右方各卦，由上而下，間四運行，計有〈姤〉〈大過〉〈鼎〉〈恆〉，〈訟〉〈困〉〈未濟〉〈解〉，〈遯〉〈咸〉〈履〉〈小過〉，〈否〉〈萃〉〈晉〉〈豫〉，其內體是〈巽〉〈坎〉〈艮〉〈坤〉，外體是〈乾〉〈兌〉〈離〉〈震〉，而爲〈巽〉〈坎〉〈艮〉〈坤〉與〈乾〉〈兌〉〈離〉〈震〉相交；但由下而上，間四運行，則爲〈坤〉〈剝〉〈比〉〈觀〉，〈謙〉〈艮〉〈蹇〉〈漸〉，〈師〉〈蒙〉〈坎〉〈渙〉，〈升〉〈蠱〉〈井〉〈巽〉，其

內體反過來是〈坤〉〈艮〉〈坎〉〈巽〉，外體也不是〈巽〉〈坎〉〈艮〉〈坤〉，而是〈坤〉〈艮〉〈坎〉〈巽〉，內外體是〈坤〉〈艮〉〈坎〉〈巽〉自行相交。其往來的情形，右方和左右，大致相同，也是自相順逆；左右兩方佈卦，其所以順逆往來，爲的是說明時間的特性。前面講過，圓圖是表示時間的，而時間的構成，最主要的因素，就是不斷地往來，如日往月來，便構成一天的時間；寒往暑來，便構成一年的時間。我們人類對於時間的感覺，完全起於地球繞日運行，地球自轉一周，斯爲一天；地球公轉一周，斯爲一年。但自轉是右行，公轉是左行，自轉和公轉，相反地運行，於是在時間上也就形成相反的表現。一天裡日往月來，而有晝有夜；一年裡寒往暑來，而有生長榮華的春夏與凋零寒瑟的秋冬。故圓圖佈卦，除左右兩方一順一逆地互爲往來而外，其每一方亦自行順逆往來。

㈢或許有人提出疑問：時間爲什麼以圓圖來表示？這就因爲圓者是動的象徵，與時間往來的軌跡，極相類似。時間往來，周而復始，其動的軌跡，是圓的循環，故能永恆不息。一天的晝夜，日往則月來，月往而日又來，於是乎一天連續一天；一年的寒暑，寒往則暑來，暑往而寒又來，於是乎一年連續一年。似此一往一來，不斷運行，聖人遂將六十四卦佈成圓圖以象之。時間往來，既是圓的循環，那麼，已往的和未來的，就會發生不可分的關係；假使已往是在圓的循環線上某一點，如繼續依照循環線向前運行，未來總有一個時期，仍然到達某一點的方位。似此，大概地來說，已往的有些情形，可能就是未來的；未來的有些情形，可能就是已往的。例如，已往每年一經到了春天季節，總是花香鳥語，未來的每年，如果到了春天季節，毫無疑問的還是花香鳥語；又如一個國家，已往的史實，有盛的時期，有衰的時期，有治的時期，有亂的時期，未來的演進，毫無疑問的還是有盛的時期，有衰的時期，有治的時期，有亂的時期。不過圓者爲奇，而屬於陽，陽的性能，是向外擴張的；陽所表現的圓，就像以石投水，激起水面上的波紋圈一樣，波紋圈逐漸向外擴張，一圈比一圈大。所以已往在圓的循環線上的某一點，運行到了未來，只是

循環線上接近某一點，而不是仍舊的原來那一點，因爲圓的循環線，已經擴張成爲另一個循環了！前後兩點，方向雖是相同，但所居的位置，卻在兩個循環線上；猶之未來的春天，固然還是花香鳥語，如同已往的春天，可是幾多花、幾多鳥？哪些花、哪些鳥？並不能完全一致。而在一個國家裡，未來的盛衰治亂，與已往的盛衰治亂，固然同樣的是盛衰治亂的表現，但如究其內容，也不能完全一致，有的衰而亂，是起於內亂；有的衰而亂，是起於外患；有的盛而治，是起於政通人和；有的盛而治，是起於足食足兵。這從圓圖左右佈卦於終點之所在，就能夠看得更清楚。圓圖左方，由上而下，居於終點之卦是〈復〉；圓圖右方，由上而下，居於終點之卦是〈坤〉。左右兩方，一往一來，其終點〈復〉〈坤〉兩卦，會合於〈坎〉北，不僅方向相同，而且〈復〉本〈坤〉體，兩卦之間，又具連帶關係；然而〈復〉究竟是〈復〉、〈坤〉究竟是〈坤〉，各自成卦，而各居其位。可見未來的某一點與已往的某一點，雖是會合在一起，但彼此之間，多少還有些獨立性的存在。

㈣圓圖左方屬陽，右方屬陰，左右兩方佈卦，一順一逆地往來，那是基於陽順陰逆的原則。至於左右兩方每一方的佈卦，亦各自行順逆往來，則另有意義在焉。陽的性能爲向前進展，陽之所以向前進展，是爲了鼓舞以開化坤陰，到達坤陰已經鼓舞成功，陽就不再向前進展，而開始向後退縮，即老子所說的「功成，名遂，身退，天之道」。因此，左方佈卦，由上而下地順佈，意思是在表示向前進展；由下而上地逆佈，意思是在表示向後退縮。陰的性能，則爲向內凝聚，陰之所以向內凝聚，是爲了固結以成形體，待至形體已經固結成功，陰就不再向內凝聚，而逐漸向外消散；良以一切形體，皆由很多的質素凝聚而成，可是凝聚的能力，有一定的時效，時效一過，這些構成形體的質素便凝聚不住，而向外消散了。因此，右方佈卦，由上而下地逆佈，意思是在表示向內凝聚；由下而上地順佈，意思是在表示向外消散。要之，萬有現象，無一而不是對待的演進。以自然現象而言，有大就有小，有長就有短；以社會現象而言，有是就有非，有善就有

惡。這是由於兩儀分立，相對運行，以奠定宇宙總括性的法則，代表這種法則的主幹，便為時間與空間。所以時間在陽的方面，指出有時而進，有時而退；在陰的方面，指出有時而聚，有時而散。從另一個角度來看，陽之進退，陰之聚散，也就是時間上兩種對待的標誌。

㈤時間是周而復始，往來推移，一如圓圖之卦氣運行，故《皇極經世》即以圓圖所佈之卦為依據，以衍元會運世之數，並以日月星辰為標誌。日即元，元之數為十二萬九千六百年；月即會，會之數為一萬零八百年；星即運，運之數為三百六十年；辰即世，世之數為三十年。自圓圖正北之復卦開始，經〈復〉而〈頤〉而〈屯〉而〈益〉而〈震〉，左行一周至〈坤〉為一元。除居四正〈離〉〈乾〉〈坎〉〈坤〉為四閏卦外，其他六十卦，每五卦為一會，計有十二會，相當於時間上的十二地支。第一是「子會」，管〈復〉〈頤〉〈屯〉〈益〉〈震〉五卦；第二是「丑會」，管〈噬嗑〉〈隨〉〈无妄〉〈明夷〉〈賁〉五卦；第三是「寅會」，管〈既濟〉〈家人〉〈豐〉〈革〉〈同人〉五卦；第四是「卯會」，管〈臨〉〈損〉〈節〉〈中孚〉〈歸妹〉五卦；第五是「辰會」，管〈睽〉〈兌〉〈履〉〈泰〉〈大畜〉五卦；第六是「巳會」，管〈需〉〈小畜〉〈大壯〉〈大有〉〈夬〉五卦；第七是「午會」，管〈姤〉〈大過〉〈鼎〉〈恆〉〈巽〉五卦；第八是「未會」，管〈井〉〈蠱〉〈升〉〈訟〉〈困〉五卦；第九是「申會」，管〈未濟〉〈解〉〈渙〉〈蒙〉〈師〉五卦；第十是「酉會」，管〈遯〉〈咸〉〈旅〉〈小過〉〈漸〉五卦；第十一是「戌會」，管〈蹇〉〈艮〉〈謙〉〈否〉〈萃〉五卦；第十二是「亥會」，管〈晉〉〈豫〉〈觀〉〈比〉〈剝〉五卦。綜上所述，每會皆轄五卦，合三十爻，是為三十運。每爻變一卦，當一運，如「子會」〈復〉初變〈坤〉，二變〈臨〉，三變〈明夷〉，四變〈震〉，五變〈屯〉，上變〈頤〉；餘則準此類推。子會凡三十爻變三十卦，稱之為「運卦」，十二會共三百六十運。每一運卦之六爻，又變為六卦，其所變之卦，稱之為「世卦」，每卦轄二世，是為十二世，前三爻當前世，後三爻

當後世。如第一會第一運卦是〈坤〉，〈坤〉初變〈復〉，二變〈師〉，三變〈謙〉，四變〈豫〉，五變〈比〉，上變〈剝〉；凡六爻，變六卦，每卦二世，十二會共四千三百二十世。《皇極經世》以圓圖佈卦為計算時間之標準，而衍元、會、運、世，大致如此。

二、方圖佈卦之意義

㈠先儒對方圖頗少解釋，甚或有謂「方圖義無可取，置之不用可也」。持此說者，其本身學力未弘，不知方圖義之所在，並非眞的方圖無可取之意義。易例：「陽主動，陰主靜」。宇宙萬有的能，都基於陽氣化而來，能是動態的表現；宇宙萬有的體，都基於陰氣化而來，體是靜態的存在。動則向外發揮，因而成能；靜則向內凝聚，因而成體。既然體是靜態的存在，而方屬陰，於數為偶，其內在結構，兩兩均衡，有四平八穩之象，故能常保安定，以維持其靜態的存在；若是像圓的不斷在動，如何安定得了，更談不上靜態的存在。蓋方者陰之體也，體之所以成，成於數之偶，其生數為二為四，其成數為六為八為十。不過陰數逆行，生數是由四到二，成數是由十到八、由八到六，這就因為宇宙萬有之體，都是由很多的質素凝聚在一起，才能夠成為一個體的形態；在數就是由多到少，逐漸收縮。所以方圖佈在圓圖之內，以示其小於圓圖；所佈之卦，皆比併在一起，而向內收縮也。再就字義來講，《說文》：「方，併船也。」《史記·酈食其傳》：「方船而下。」方船就是兩船相併也；《淮南子·天文訓》：「地道曰方。」「地道」謂所有實際形體構成之道，又如通常口語，亦常有「比方」的說法。綜合以上的解釋，所謂「方」，不僅是陰之偶數，且含有比併成體的意思；但這些只不過從方圖的普通概念加以說明而已，其重要意義尚不止乎此。

㈡前面說過，圓圖佈卦是按照橫圖先天卦位順序而佈；同樣的，方圖佈卦也是按照〈乾〉一〈兌〉二〈離〉三〈震〉四〈巽〉五〈坎〉六〈艮〉七〈坤〉八先天卦位之次序。不過圓圖是左右往

來，卦則分行，所以示其爲陽之流動也；方圖是上下縱橫，卦則密聚，所以示其爲陰之固結也。試先就方圖縱的排列來看，自上而下，其第一排，內卦都是〈乾〉；第二排，內卦都是〈兌〉；第三排，內卦都是〈離〉；第四排，內卦都是〈震〉；第五排，內卦都是〈巽〉；第六排，內卦都是〈坎〉；第七排，內卦都是〈艮〉；第八排，內卦都是〈坤〉。再從方圖橫的行列來看，自右而左其第一行外卦都是〈乾〉，第二行外卦都是〈兌〉，第三行外卦都是〈離〉，第四行外卦都是〈震〉，第五行外卦都是〈巽〉，第六行外卦都是〈坎〉，第七行外卦都是〈艮〉，第八行外卦都是〈坤〉。無論是縱的排列，或是橫的行列，其佈卦的次序，都本著先天卦位。但縱的排列，先天卦位標準表現於內卦，而橫的行列，先天卦位標準則表現於外卦。蓋以縱的發展，是內在的的骨幹，故佈卦之重點在內；橫的發展，是外在的設施，故佈卦之重點在外；猶之樹木根幹成長於內、枝葉茂發於外也。此外，從另一各角度來看方圖，自西北角到東南角，這一條斜行的佈卦路線，恰好也合乎先天卦位標準，而呈現著〈乾〉一〈兌〉二〈離〉三〈震〉四〈巽〉五〈坎〉六〈艮〉七〈坤〉八的次序，與縱的排列、橫的行列，構成縱、橫、斜三線交叉的狀態。方圖本來是代表空間的，而又有凝聚成體之象，因爲空間與實際物體的存在，具備連帶關係。空間是空空洞洞的，而一無著落，在《易》稱之爲「六虛」，經過實際的物體佔據了空間，於是空間才能顯示得出來。凡屬宇宙間所有存在之物體，在縱的方面，必然有長有短；在橫的方面，必然有寬有狹；在整體方面，更有大有小。這些長短、寬狹和大小，就是所謂長、寬、廣三度空間。方圖縱的八排，其內卦循〈乾〉〈兌〉〈離〉〈震〉〈巽〉〈坎〉〈艮〉〈坤〉次序，自下至上，是表示其長；橫的八行，其外卦循〈乾〉〈兌〉〈離〉〈震〉〈巽〉〈坎〉〈艮〉〈坤〉次序，自右至左，是表示其寬；斜的八級，其內外整個卦體，循〈乾〉〈兌〉〈離〉〈震〉〈巽〉〈坎〉〈艮〉〈坤〉次序，自西北角至東南角，是表示整體之廣。所以方圖的意義，首在指陳一切物體是如何的構成，以及與空間所發生的關係。

㈢方圖更重要的一義，在爲說明地球及地面上所有生物的體形。
〈說卦〉曰：「立地之道，曰柔與剛。」地道剛柔，是由天道陰
陽之氣化，演變而爲形化。所謂「剛」，其本質是堅強的，而具
主宰的功能；所謂「柔」，其本質是和順的，而具承順的德性。
凡屬成形之體，據方圖所佈之卦，其在下的一排，卦體的結構，
都是陽剛居內；其在上的一排，卦體的結構，卻是陰柔居內。易
例：「卦氣運行，自下向上。」以物體而言，在下的卦畫，表示
其爲根本，在結構上，當然需要堅強，根本不堅強，便不足以主
宰整體之成長；在上的卦畫，表示其爲外形，在結構上，當然需
要和順，外形不和順，便不足以承受生機之擴張。這就意味著，
體所以成，縱的方面，其根本部分，必然比較堅強；其外形部
分，必然是比較和順。凡屬地面上所有生物的體形，如樹木，固
然是根荄堅強、枝葉和順；如人類，其根本在頭部（人在成胎時
先長成頭部，然後由頭部引伸而成肢體），也是頭部比較堅強，
肢體各部分都承受頭部之主宰，比較和順。推而至於其他的動植
物體，莫不皆然。就是地球本身，同樣的有較大的北極之一端，
有較小的南極之一端。北極相當於樹木之根荄的位置，比較堅
強；南極相當於樹木之枝葉的位置，比較和順。所以地球北部之
土質較爲結實，地球南部之土質較爲鬆弛；而地面上所有之生
物，亦大致北部生物較強，南部生物較弱。方圖除上下卦體分布
剛柔而外，再自左右佈卦之情形來看，由右到左，其在上之外
體，都是按照〈乾〉〈兌〉〈離〉〈震〉〈巽〉〈坎〉〈艮〉
〈坤〉的順序；極右方外體都是剛，極左方外體都是柔，左居
前，右居後。極左方是在表示形體構成之前部，如人體之前胸是
也；極右方是在表示形體構成之後部，如人體之後背是也。人體
後背，其肌肉與骨骼，固然長得比前胸要結實，可是內蘊的生
機，並不充沛。所以代表後背的極右方，陽剛都佈在卦之外體，
這就意味著只有外形表現堅強而已，恰與人體後背的性能相符。
不僅人體如此，舉凡蟲魚鳥獸一切地面上動物，其形體的構造，
莫不具備後背與前胸，而且後背只有外形的堅強，一如極右方的
卦體，陽剛都是在外。推而至於地面上的植物和礦物，體形上雖
無後背與前胸，但有表面皮殼與裡面質素的不同；其表面皮殼，

相當於動物的後背，長得固然是比較結實，亦不過外形堅強罷了。如從地球本身分析，那就顯得更明白，跨在亞洲與歐洲分野之處，有最高的山脈及最突起的高原，地理學家稱之爲「世界屋脊」。沿世界屋脊向東伸展，便是中國大陸；沿世界屋脊向西伸展，便是歐洲大陸。中國大陸西部靠近世界屋脊的地帶，其土質比較硬，愈向東，其土質愈比較頓；同樣的，歐洲大陸東部靠近世界屋脊的地帶，其土質比較硬，愈向西，其土質愈比較頓。可是靠近世界屋脊的地帶，不論是中國大陸西部，或是歐洲大陸東部，地面生物的成長率，都比較低。蓋世界屋脊的地帶，就是方圖極右方代表後背的卦體，陽剛居外，不過顯示外形的堅強，其內在生機，倒反低落。由此可見，方圖佈卦完全是在說明地球及一切生物形體的構造；因爲方圖是表示空間的，有了形體，才能顯得出空間來，故側重於形體之說明。

六十四卦

第一卦
乾卦

乾
乾　乾
上　下

—— 此係八純卦，消息四月，旁通坤，不反對。

〈乾〉爲六十四卦之首，關係《易》之綱領，在未說明乾卦之前，諸如〈乾〉之重要概念，先須分別交代。

第一，什麼叫做「乾」？〈說卦傳〉云：「乾，健也。」又云：「乾爲天。」程頤曰：〈乾〉以形體言，謂之天；以性情言，謂之健。就因爲〈乾〉有天象，而秉健德，所以孔子在〈大象〉上贊之曰：「天行健。」至於文王爲何用乾字名卦呢？這是由於乾字的涵義與純陽的卦情，完全相符；陽本好動，六爻皆陽的純陽卦，當然動而又動，不停地在動。根據《釋名》，專就乾字的涵義，訓爲「乾，健也；健行不息也」，合之是說不停地前進，不停地前進，豈不就是動而又動的純陽卦情？所以只有乾字才能恰如其分地用做卦名。

第二，〈乾〉爲八純卦。所謂「八純卦」，指的是〈乾〉〈兌〉〈離〉〈震〉〈巽〉〈坎〉〈艮〉〈坤〉八個卦，這八個卦在六十四卦中，居於統率地位，每一純卦，連同自身共統率八個卦，除純卦自身外，並分爲五世及游魂、歸魂。乾卦第一世爲天風〈姤〉，第二世爲天山〈遯〉，第三世爲天地〈否〉，第四世爲風地〈觀〉，第五世爲山地〈剝〉，五世之後，到了第六階段便成爲游魂卦，是爲火地〈晉〉；第七階段便成爲歸魂卦，是爲火天〈大有〉，〈大有〉的內體，又回到乾陽，但這不是先天的乾陽，乃是後天離火的乾陽，說見易例。五世之爲義，是指一個現象依次變化，只能延續到第

五代，再到第六代，這一個現象就維持不住，而變成游魂了；所謂「游魂」，就是這一個現象的本質，已經消逝殆盡，僅剩下一些餘氣，在空中遊蕩而已！到了第七代，這種剩下來的餘氣，卻又返本歸原，而恢復舊有的性質，如〈大有〉內體又回到乾陽，故稱之爲「歸魂」。孟子說過：「君子之澤，五世而斬。」蓋謂一個書香門第或是富貴人家的後裔，最多只能傳到五代，五代後就漸漸沖淡而斬斷了！以周朝那樣的厚德，也只享有文、武、成、康四代極盛的國運，經過康王而輪至第五代，就沒有文、武、成、康的規模了！到了第六代，便走向衰退的路線，卦衍五世，義蓋如此。

　　第三，乾卦消息是在四月。消息在易例裡，已作詳盡說明，概括言之，舉凡卦氣往來，無不有消有息。按十二辟卦，十月純陰當令，乾陽退避不見，直到十一月冬至，一陽復生，而成復卦；十二月二陽浸長，而成臨卦；正月三陽開泰，而成泰卦；二月四陽茁壯，而成大壯卦；三月五陽決陰，而成夬卦；四月純陽體備，而成乾卦；自十一月順延及於四月，而〈復〉而〈臨〉而〈泰〉而〈大壯〉而〈夬〉而〈乾〉，陽爻逐級上升，升至四月，陰消而息成純陽之〈乾〉，所以說乾卦消息在四月。

　　第四，〈乾〉與〈坤〉旁通，但不反對。乾卦六爻皆陽，坤卦六爻皆陰，外型固然相反，內情則彼此相通，何以故？蓋宇宙法則，陽愛陰，陰愛陽，發展於實際現象裡，就顯得同性相斥，而異性相吸，如男之與女，正面體型上雖有不同，而心情卻從側面相通，因爲是側面通情，故稱之爲「旁通」。〈繫辭傳〉曰：「旁通情也。」旁通指的是內在心情，無關乎外在體型，此〈乾〉〈坤〉之所以旁通。但乾卦雖有旁通卦，而無反對卦。所謂「反對卦」，是謂一卦掉轉頭來，則另成其他的一卦；而乾卦掉轉頭來，還是乾卦，根本就談不到反對。

　　以上只是交代乾卦的幾種概念，以下依次分爲總說、卦辭、爻辭、〈象傳〉、大小〈象傳〉五部門解釋；而總說又分爲佈卦的次序、成卦的體例、立卦的意義。

壹、總說

佈卦的次序

　　為什麼〈乾〉居六十四卦之首？這在易例裡已經講過，宇宙萬有化生，無一而不導源於乾坤陰陽二氣，自太極判分乾坤陰陽二氣，於是這乾坤陰陽二氣，便由於各種不同的結合，而變成各樣不同的現象。但乾坤陰陽二氣，其所以化生萬有，如果認真的分析，還有個先後的程序，那就是乾陽在先、坤陰在後。孔子在〈象傳〉裡贊曰：「大哉乾元，萬物資始。」「至哉坤元，萬物資生。」一則曰「始」，一則曰「生」，先後之情，至為明顯，因為宇宙萬有化生，都是首先由乾陽開化，然後坤陰作育成形；這可以拿數目字來說，一、三、五、七、九，五個奇數是陽，二、四、六、八、十，五個偶數是陰，一、三、五、七、九總是在二、四、六、八、十之先，有一才有二，有三才有四，有五才有六，有七才有八，有九才有十，奇數之陽總是在先，偶數之陰總是在後。不僅如此，乾坤陰陽二氣除了先後次序，更有個主從的關係存在於其間。孔子在〈象傳〉裡對乾元贊之曰「乃統天」，對坤元贊之曰「乃順承天」，一則曰「統」，一則曰「承」，統者統帥也，故取象為君；承者承受也，故取象為臣。此以乾陽為主、坤陰為從，已經明白指出，何況周公在坤卦爻辭內有「或從王事」之句，而於坤陰對乾陽之關係，直接示之為「從」。如求證於實例：每年當春雷發動的時候，所有花草樹木皆隨之勃然而生，春雷發動是陽，花草樹木是陰，陽動則陰生，足見陰之從陽，乃宇宙之法則。就由於乾陽在先、坤陰在後，而又以乾陽為主、坤陰為從，所以文王序卦，〈乾〉在〈坤〉前，而列為六十四卦之首。

　　按易例：初、二、三三爻為內卦，亦稱「內體」；四、五、上三爻為外卦，亦稱「外體」。乾卦內體是〈乾〉，外體還是〈乾〉，表示內也動、外也動，動上加動，所以健行不息。本來，乾陽性能是周流六虛、變動不居的，除非找到著落的一點，從這一點上去發揮開化作用，便可以暫時安定，如果這一點不存在，乾陽也就消逝而另有去處；這可以從人類自身來看，精神意志的靈能是依附於身體，以發揮其開化作用，一旦死亡而身體不存在了，精神意志的靈能也就不知去向。中國過去對人之死亡稱之為「捐舍」，捐者棄也，舍是房

子，身體好像是靈能的房子，人死以後，這房子就捐棄了！人類真正的「我」並不是這個五官百骸的身體，身體只是儲藏靈能的軀體而已，如同房子一樣，還有個真正的「我」存在於其間，那就是精神意志的靈能，靈能才是真正的「我」；但靈能沒有五官百骸的身體，便沒有安頓之所，而且失去開化的對象，因為靈能是導源於乾陽，身體是導源於坤陰，陽無陰即無從開化，精神意志的靈能要是沒有身體，即無從表現其精神意志，所以乾陽離不開坤陰。而《易經》裡面的六十四卦，無非是佈卦時按〈乾〉〈坤〉十二爻相互地演進。蓋乾陽在氣化上顯示為左旋，左旋是向外擴展的，而構成宇宙萬有的動能；坤陰在氣化上顯示為右旋，右旋是向內收斂的，而構成宇宙萬有的靜質。如圖乾-1：

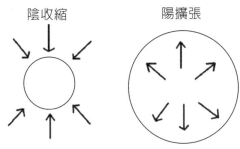

圖乾-1　陰陽態勢圖

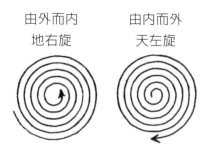

圖乾-2　左右運行圖

　　宇宙萬有，約而言之，不外乎能與質，而能與質則發端於乾坤的陰陽二氣，由是可知乾坤陰陽二氣乃宇宙萬有的總源頭，而為宇宙萬有化生的兩大支柱。故在《易經》裡面，〈乾〉〈坤〉十二爻，可以

貫通所有的六十四卦；不過單就乾陽坤陰兩者而論，還是乾陽居於主宰的地位，這在前面已經交代過。我們可以再從坤卦卦辭來看，坤卦卦辭有謂「先迷後得主」，意思是〈坤〉若在〈乾〉之先，便陷於迷惑，〈坤〉若居〈乾〉之後，便得有主宰；如人之身體在沒有精神意志指使之先，便不知所爲，身體在得有精神意志指使之後，便行動自如。坤卦「先迷後得主」這一句卦辭，對〈乾〉〈坤〉二者之間，孰先孰後、孰主孰從，說得很透闢；文王序卦，以乾卦列爲第一卦，其理由即坐於此。

成卦的體例

　　〈乾〉爲純陽卦，所謂「純陽」，是說陽氣化的自身，尚在發展時期，並無坤陰摻雜其間，而保持純陽不散的狀態。乾陽的性能，本來就是善動，既在純陽發展期中，還沒有坤陰來消耗，動的程度，當然比較大；兒童即由於純陽不散，而特別好動。所以在卦體上內體是乾，外體也是乾，表示動而又動；孔子在〈大象〉上贊之曰「天行健」，《釋名》亦云：「乾，健也；健行不息也。」蓋以〈乾〉德剛健善動，而取象於天，天體運行，從不停止，地球環繞太陽，由太陽率領在太空中作相反的旋轉，太陽向左旋轉，地球向右旋轉，所謂「天左」、「地右」，相反而相成。因爲太陽向左，有一股力量，帶動了地球向右，太陽之所以能夠帶動地球，因爲地球的最內層是地光體（地球分五層：第一層是地殼，第二層是地漿，第三層是地液，第四層是地氣，第五層是地光）；所謂「地光體」，就是地心的熱力，其本質和太陽一樣，而由太陽分出來的一團火，太陽熱力在外面帶著動，地心熱力在裡面迎著動，而與乾卦內也動、外也動的體象頗相吻合，此其一。

　　在〈太極圖〉裡，白的是代表陽，黑的是代表陰；白的那一環，有個小黑點，黑的那一環，有個小白點，而且白點居於黑的最多之部位，黑點居於白的最多之部位，這就意味陽極則陰生、陰極則陽生。乾卦固然是純陽，但陽極陰生，純陽發展到了最旺盛的時候，便伏著有陰在內，因爲乾陽與坤陰，是互相旁通的；所謂「旁通」，是說兩者之間，其型雖異，其情相通。例如，男孩子到了成年之後，陽體已經長得成熟了，便對女孩子發生愛慕之情，而需要女孩子相與共

同生活；同樣的，女孩子到了成年以後，陰體已經長得成熟了，也對男孩子發生愛慕之情，而需要男孩子相與共同生活。這種陰陽相通之情，我們從日常生活中也可以體會得出來，如寒體人喜歡吃熱的，火體人喜歡吃涼的；著了涼便愛暖，中了暑便愛涼，這些寒、火、涼、熱都是陰陽二氣發揮作用的表徵。所以乾卦本身雖爲純陽，但在發展過程中，由於吸取坤陰，而隱伏有坤陰在內，此其二。

我們通常所謂的「天」，是指玄色天空而言，天空的玄色，俗稱爲天藍色，或天青色。天空之所以呈現出玄色，並非眞的有這種玄色存在，乃是由於很遠很遠而看不見的關係，以致在人類視覺上發生這種玄色的觀感；譬之如山，本來是青綠色，可是很遠的山便呈現出與天空一樣的玄色。所以，天之爲天，雖然具有主宰萬有的能力，但一片空曠，遠之又遠，而無具體的形跡可見，所可見者只是玄色的天空而已。至於乾卦六爻皆陽，在氣化上還是空空洞洞的純陽，〈象傳〉贊之曰「時乘六龍以御天」，而爲宇宙動能的總源頭，可以主宰萬有；但純陽無陰，看不見任何實質上的形跡，如人之精神意志即屬於陽，並無實質上的形跡可見，卻能指使屬於坤陰的五官百骸。根據以上的一些說明，我們可以了解，所謂的「天」，無非就是純陽氣化的〈乾〉，整個的天空，充滿了都是空空洞洞的一片乾陽，因遂呈現出看不見的玄色。乾陽遇著坤陰，便凝聚成爲各種星體，故乾卦在〈大象〉上取象爲天。又按凡八純卦，即古篆文；楊止菴謂古篆始自伏羲畫卦，倉頡以作六書。天字古象形作 ☰，後演爲 天。是則〈乾〉之卦畫，即「天」字也，此其三。

三畫卦的乾陽，猶屬於先天境界，只是單獨的存在，而表示爲純陽的發端而已；由兩個三畫卦的複合而爲六畫卦的乾陽，則爲由先天交遞到後天的關鍵所在，已經不是單獨的存在，而是複合的演進，表示爲純陽的發用了。凡氣化單獨存在的時候，還是孤立的型態，無從發用；氣化到了發用的階段，必然是複合的型態。有人懷疑：氣化複合，豈不是陰陽錯綜的卦體，而爲〈乾〉〈坤〉以外的六十二卦？這又不然，三畫卦的乾陽，好像孩提幼童，雖然純陽內斂，不過是陽之發端，仍不能發揮男人的作用；到了十七、八歲將近成年的時候，嗓音變粗了，雙乳生核了，陽精也來潮了，這時候才能算得上一個男人，而具有男人的作用，在卦就是乾陽複合成爲六畫的卦體了。乾

陽經過三畫卦的複合，固然可以發揮陽的作用，但依然是純陽的乾卦；男人到了成年，已經有了男人的作用，可是沒有和女人結婚，依然是個男人罷了！等到男人和女人結婚了，才是陰陽錯綜的卦體。在此所舉的實例，目的為了增進讀者的了解，姑且備以形容乾陽卦體的意境，而也是乾陽卦體一種不可或少的說明。

立卦的意義

揆諸《太極圖說》：「動而生陽，……靜而生陰。」陰陽發展，由於動靜，乾陽乃宇宙動能的源頭，本來就以善動成性，既然是善動，又「動而生陽」，那必然會由善動而再生陽。陽善動，動生陽，似此反覆相因，愈動而陽愈旺，愈旺而動愈強，於是乾陽氣化才能充塞乎天地之間，以造成萬物的活潑生機，且使之綿延不絕。人於六畫的三才卦體，適居天地之中，而稟乾坤陰陽均衡之氣，並以乾陽為生存的主力。蓋陽可以統陰，陰不能統陽，精神意志的陽能，可以指使五官百骸的陰體，五官百骸的陰體，不能指使精神意志的陽能；惟其人以乾陽為生存主力，那就應該遵循乾陽的法則。乾陽由於動而又生陽，所以運行不息，永遠保持剛健之德；當然，人也得要不斷地動，生命活力才能夠保持得了。天賦與人的乾陽氣化，原即有限，就靠日常生活「動而生陽」來補充；有些富豪們不懂這個道理，整天的養尊處優，無所事事，日常生活上一切操作，都是差奴使婢，由人家代勞，久而久之，不但精神萎靡不振，而身體更羸弱不堪，這就是不肯勞動的關係，而違背了乾陽的法則。

乾陽固然以善動成性，但不是漫無準據地亂動，而有個動的著落，以施展其動，並且對於動的強弱緩急，也有一定的規律，否則動而沒有實在的著落，只是乾陽在空自鼓舞，做不規律的亂動，那如何克盡化生功能，以形成當前之宇宙萬有。可是乾陽動的著落在哪裡？動的規律又是什麼？這可以從〈乾〉〈坤〉六子來觀察。乾陽初動入於坤陰之下以成〈震〉，再動陷於坤陰之中以成〈坎〉，最後則止於坤陰之上以成〈艮〉。是則乾陽完全依據坤陰而動，末了且止於其所，而穩定於坤陰之上，足見乾陽動的著落在於坤陰。不僅如此，乾陽初爻動而居於坤陰之初，二爻動而居於坤陰之二，三爻動而居於坤陰之三，自身之能量如何？動而居於坤陰之位置亦如何？足見

乾陽動而有其一定的規律。要之，乾陽原係空洞之能，坤陰才是實在之體，乾陽有了坤陰而做規律之動，其動方不至於落空，而可以發揮化生作用，並因為具有動的規律，而可以永遠持續下去。以人而論，人秉乾坤陰陽二氣而生，不用說，是應該不斷地動，以保持生命活力；然不只是動就算了事，必須有個著落而動。乾陽動的著落是在坤陰，人呢？當亦有其奮發自強的具體目標，具體目標之所在，便是動的著落，大之如立德、立功、立言，小之如百工、庶技。具體目標選擇，需視自身之能力而定，但一經選定後，即應「擇善固執」，如同乾陽，有規律地朝向坤陰而動，這樣才談得上人生的成就。有些人終日徬徨，莫知所之，那就是缺乏動的著落；又有些人在開始的時候，很能奮發自強，到後來卻頹廢不振，那就是缺乏動的規律。所以，不分人、天，其動，一要有著落，二要有規律。

以上僅說到乾陽善動，以及動的著落和規律，但乾陽作用，不止乎此！〈繫辭傳〉曰：「乾知大始。」又曰：「乾以易知。」是則乾陽除上面所說的種種特性外，還富於知覺感能，而且知覺感能對於創造萬物的生機，是最重要的條件。萬物之中，知覺感能較高者，其生機必較優；知覺感能較低者，其生機必較劣。試看蟲魚鳥獸，所具之知覺感能較花草竹木為高，其生機亦較花草竹木為優；花草竹木所具之知覺感能，又較砂石土壤為高，其生機亦較砂石土壤為優；人在萬物之中，所具知覺感能最高，而生機亦最優，故人為萬物之靈，可以御用萬物。再專就人類來看，無論哪一階層的人，同樣的皆具有五官百骸，為什麼有的轟轟烈烈，名垂千古；有的蠅營狗苟，憔悴以終？這就由於知覺感能彼此不同。人生有沒有較高的成就，不關乎五官百骸的外形，完全要看內在的知覺感能，知覺感能高者，其人生成就亦高，而顯得轟轟烈烈；知覺感能低者，其人生成就亦低，而淪為蠅營狗苟。是則知覺感能之於人生，何等重要！當然應加以愛護和培養；然而怎樣地愛護？又怎樣地培養？這得又要回頭講到乾陽；因為知覺感能是來自乾陽，可是乾陽到了上九，發揮太過了，即已「亢龍有悔」，而不能繼續自持下去。故人對於知覺感能，不能使用太過，使用太過，便有損傷，甚或形成神經分裂！又以陽無陰則無著落，並無從發揮其化育功能，且孤陽必亢，難以自持；而陽之所以需要陰的著落，因陽主動而陰主靜，動則必須養之以靜，否則其動的能

量，將告衰竭，而陷於不能動。陽動以化陰，陰靜以養陽，動靜之間，本來就是相依而成；知覺感能是屬於陽的動，所以使用知覺感能到了相當的程度，即應加以靜養的功夫，這就是對於知覺感能愛護、培養之道。

乾卦的卦義，極其廣泛，這裡所講的，只是舉其犖犖大者而已！讀者如欲作進一層的探討，可以細玩十翼中的乾卦〈文言〉；孔子在〈文言〉裡，顯微鈎隱，反覆啟示，果能持之以「韋編三絕」之精神，不難尋出其全面旨趣。

貳、彖辭（即卦辭）

乾，元、亨、利、貞。

卦名下所繫之辭，是為「卦辭」，歷來皆稱為「彖辭」，乃文王手筆，是一卦的德性總說明。乾卦卦辭，只有「元亨利貞」四個字，看起來很簡單，其意義可就涉及得很深遠！按《子夏易傳》及各家的解釋：「元者，始也、大也」「亨者，通也、暢也」「利者，宜也、和也」「貞者，固也、正也」。

元之所以訓為「始」，是因為基於太極動而生陽，成為乾元，以創造宇宙最初的生機，於是萬物才能由開化而成長，由成長而蕃衍，乃至形成當前林林總總的現象；這些林林總總的現象，雖然複雜得不可指數，可是在最初，無一而不是來自乾元。以人而言，一切社會現象，不論屬於那一類的性質，其最初發生的源頭，都是起於人的一念之動，這一念之動，就是乾元，故曰「元者，始也」。元之所以訓為「大」，是因為宇宙萬物，其最初的生機，固然由於乾元鼓舞的能力，才能開化；開化以後，還是由於乾元鼓舞的能力，才得成長；成長以後，更是由於乾元鼓舞的能力，才得蕃衍。窮極宇宙每一個角落，其現象能夠生生不已，推陳出新，無一而不由於乾元鼓舞的能力；以人而言，所有社會文明的發端，試問：那一件不是出自人的構想？這種人的構想，便是乾元的作用，故曰「元者，大也」。

亨之所以訓為「通」，是因為萬物感受了乾元的鼓舞，而皆欣欣向榮；如每當春令，乾元的鼓舞便表現為春雷發動，於是潛者躍、蟄者起，枯槁生枝，繁花怒放，整個的宇宙，到處都顯得活活潑潑，

所謂「雷出地奮，豫」。乾元鼓舞的雷，既經發動而突出地面，一切現象，皆振奮而豫樂；人在感受乾元鼓舞的時候，如反身內照，同樣的可以察覺到氣脈流通，心情愉快，而精力特別充沛，好像周遭的環境，到處都是康莊大道，故曰「亨者，通也」。亨之所以訓為「暢」，是因為通則必暢、暢則必通，乃宇宙的法則，物理固然如此，人情亦莫不然；如溝洫淤塞不通，其溝洫內之流水，當然不暢；但溝洫一經通了，其流必暢，流既暢了，當然溝洫是通的。至於人與人之間，假使彼此聲氣是相通的話，那麼，辦起事來一定是很暢快的；凡事弄得不暢快，大半是導源於聲氣不通。經常將「通暢」二字連在一起來說，就因為通之與暢，相須而成。由是可知，亨即是通，通即是暢，故曰「亨者，暢也」。

利之所以訓為「宜」，是因為一切現象，要想發展得很順利，必須現象本身先要弄得很適宜。所謂「利者，宜也」的「宜」，先儒釋之為「事之宜也」，按照經常的解釋，就是適宜；怎樣才能叫做適宜呢？例如一個國家制訂政策，要是裡裡外外、前前後後都能夠考慮得很周到，沒有絲毫的缺陷，面對社會每一個階層的利益，不論是士、農、工、商，都能夠照顧得很圓滿，沒有顧此失彼的偏差，像這樣制訂政策，可以算得是適宜了，推行起來，自必會順利，故曰「利者，宜也」。利之所以訓為「和」，因為「適宜」與「諧和」具有連帶的關係，凡是現象很適宜，就必然很諧和。所謂「利者，和也」的「和」，先儒釋之為「義之和也」，按照經常的解釋，就是諧和；怎樣才叫做諧和呢？例如一間房子，所有陳設裝潢，佈置得很「適宜」，那任何人走進這間房子裡面，都會感覺到心曠神怡，而有一種「諧和」的氣氛。前面說過，利之涵義為「適宜」，「適宜」便「諧和」；例如天之創造萬物，游者與之鱗，飛者與之翅，既適宜，而且諧和，故曰「利者，和也」。

貞之所以訓為「固」，是因為貞在乾卦「元亨利貞」四德之中，居於最後，陽性善動，動到最後必須有個著落，穩定下來，才能夠化育萬物，使之成形。自乾元開始鼓舞，經過了通暢的階段，而又經過適宜與諧和各種經歷，最後則集中力量於一個目標之上，以遂其開化之作用，當然是要穩定。一個人的精神動能，如果不能夠穩定於軀體之內，而向外紛馳，那麼，這個人就會變成瘋人；而「固」之為

義，就是穩定或是穩固的意思，故曰「貞者，固也」。貞之所以訓為「正」，是因為任何一種現象，要想存在得很穩定，這種現象的本身，就得先要表現很正確；本身不正確，欲求穩定，那是不可能的。一個企業的經營，如果內在人與人的配合很緊密，人與事的配合又很妥貼，而對外面市場上的供求，以及貨品的進出，考慮得非常周到，要之，對內對外，表現都很正確，這個企業無疑是在穩定中向前發展；反之，對內人與人、人與事配合得沒有標準，面對外又無經營的方針，一切的一切，都顯得不正確，試問：這個企業還能穩定得了嗎？因為正確是穩定的必要條件，而「正」之為義，就是正確或是端正的意思，故曰「貞者，正也」。

　　〈文言〉釋「元亨利貞」四德，則曰：「元者，善之長也；亨者，嘉之會也；利者，義之和也；貞者，事之幹也。」所謂「善之長」，以乾元鼓舞，是為開化萬物，當然是善，萬物首即由其開化，故為善之長；所謂「嘉之會」，以乾元一經鼓舞，即有坤陰與之會合，而且會合得非常的圓滿，故為嘉之會；所謂「義之和」，以陰陽有了美滿的會合，萬物因之各遂其生，於錯綜複雜之中，而能相輔相成，故為義之和；所謂「事之幹」，以幹為木之身也，而枝葉所依之以立，萬物既由生而成，則必固其本身，本身固，才可以推及其餘，故為事之幹。前面所有對「元亨利貞」的說明，參照〈文言〉，則「四德」的意義，更覺得清晰，無庸再贅。

　　這裡要交代的是：「貞下起元」及其相互間的關係。乾元自經鼓舞，到了最後貞的階段，穩定下來，是不是就算結束了呢？不然，宇宙萬物的演進，原即錯綜複雜，層出不窮，這一個菓子凋落了，那一個菓子成長了；這一個人死亡了，哪一個人出生了。乾元開化萬物，是一系列一系列地進行，當這一種開化作用到了貞的最後階段，假使所開化的對象已完全成熟了，於是又從頭重新鼓舞，進行另一種開化工作，就這樣周而復始、生生不已，是謂「貞下起元」。宇宙萬物，就靠「貞下起元」才能夠愈衍愈繁、綿延不絕。其次，元、亨、利、貞四者之間，具有最緊密的連帶關係，元而必亨，亨而必利，利而必貞，貞而又必元；因為元之涵義為始、為大，意思就是創始得很普遍又很周密。一個現象的創始，能夠普遍而周密，當然就能夠亨；亨之涵義為通、為暢，意思就是會合得很通達而又很流

暢。一個現象的會合，能通達而流暢，當然就能夠利；利之涵義爲
宜、爲和，意思就是表現得很適宜而又很諧和。一個現象的表現，能
夠適宜而諧和，當然就能夠貞；貞之涵義爲固、爲正，意思就是結構
得很穩固而又很正確。一個現象的結構，到了穩固而正確的地步，這
個現象已經算是成熟了，乾元開化的工作，必須從頭再起，而做另一
個循環的演進。茲圖解如圖乾-3：

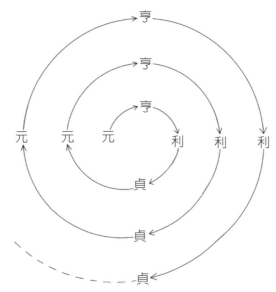

圖乾-3　元亨利貞循環圖

　　依此圖解，元、亨、利、貞是永遠不停地在循環運行，而且逐漸
地擴展，一直到無窮無盡的廣大，並無窮盡地延長；宇宙間所化生的
萬物，愈衍而愈繁，宇宙間所存在的數，由一開始，可以多至無數萬
萬，道理就在此。

參、爻辭

初九：潛龍勿用。

　　按易例：一卦六爻，分爲天地人三才，在上兩爻代表天，在
下兩爻代表地，中間兩爻代表人。初九位最低，居於下，變則爲

〈巽〉，〈巽〉與〈坎〉同根，有半〈坎〉象，〈坎〉爲水，半〈坎〉之〈巽〉，其水不顯，而深藏於地下，豈不就是深淵？初與四相應，四爻爻辭曰「或躍在淵」，意思是說或者可以從深淵裡躍進一步，這淵便是指初爻而言。就因爲初爻具有深淵之象，故稱之爲「潛龍」；潛龍之「潛」，《爾雅·釋言》：「潛，深也。」《詩·小雅》：「潛雖伏矣。」揚子《方言》：「潛、涵，沉也。」是則「潛」之爲義，乃表示深沉的潛伏；簡捷地說，就是潛伏。不曰「伏」而曰「潛」，以深淵爲地下水域，潛字從水，用「潛」字較爲恰當；文王繫卦，周公繫爻，皆據象以立辭，其用字之精，有如此者。

　　至於潛龍之「龍」，指的是什麼？這得要從乾陽氣化的動態先說起。乾陽氣化，善動成性，窮宇宙之大，每一個角落，都有乾陽氣化的蹤跡。舉凡宇宙的現象，無分巨細，巨者如日月星辰、山河大地，細者如昆蟲草芥、滴水微塵，沒有一件不是經受乾陽氣化的鼓舞；而且乾陽氣化，「變動不居」，可大可小，能發能收，「放之則彌六合，捲之則退藏於密」，只見其開化萬物之功效，不見其本身來往之形狀，可以說，極盡神出鬼沒之能事。我們人類的思想，就是導源於乾陽氣化，思想藏在頭腦子裡面，看不見，摸不著，但頭腦子裡面的思想，一經活動起來，那就無近無遠、無古無今，瞬息之間，可以到達日月五星之上，甚至遠涉銀河系的遙遠太空；瞬息之間，又可以回溯到千萬年之前，甚至推想到千萬年之後，既不受空間的限制，更不受時間的影響，任何關河天險的阻礙，也阻礙不了，任何空虛縹緲的遠景，也能夠想像得到。人類思想的動態，十足是乾陽氣化的表徵，我們只要反觀自身思想的狀況，就可以體會到乾陽氣化動態的境界。

　　像這樣捉摸不定的乾陽氣化，遠在上古時代，要拿文字來形容，實在是一件很不容易的事；因爲古代，用的是刀筆，做的是簡書，以刀筆刻竹簡，比起現在的紙筆墨硯，在書寫方面來講，當然是困難得多！尤其文王繫卦、周公繫爻，以卦爻所指示的象義，涉及的方面太廣，爲了可以概括卦爻的象義，並爲便於後人記誦和了解，故盡量避免繁贅，以免支離破碎，致使後人發生偏差的認識；而所用之文字，特別謹嚴，約而又約，精而又精，如乾陽氣化，一息萬變，其象

其義，過於複雜，要是用文字來敘述，即使千言萬語，對其變化莫測之象義，亦難包羅罄盡，而不免有掛漏之虞！於是在具體的名物之中，借用一個「龍」字來形容。龍在生物中活力最強，可以蟄伏，可以飛騰，以喻乾陽氣化之剛健德性；龍之體形，隱而不顯，出沒無常，所謂「神龍見首不見尾」，以喻乾陽氣化變動不居，空洞而無形；龍之爲物，可以在水裡生存，可以在地下生存，亦可以在空中生存，以喻乾陽氣化周流六虛，無往而不在。所有龍的一切表現和乾陽氣化的動態，兩者之間，頗多類似之處，而且龍是具體的名物，以具體的名物來形容空洞無形又變動不居的乾陽氣化，在觀念上較爲確實有據；固然，據物觀象，所得的認識，可能由於人們智慧之高低，而有廣狹之區別，不過這種區別，只是認識上的廣狹而已！觀察的基礎，立於具體的名物之上，對其主要的象義，當不至於發生錯覺，此所以乾卦各爻，率多指之以龍。

又因初爻居於地下，還是一種初生的微陽；乾陽氣化，固然是造物的主宰者，萬物皆由其開化，但在初生的微陽階段裡，其氣化的本身，尚未成熟，不能發揮乾陽應有的作用，這可以從兒童的腦神經來看。兒童的腦神經仍在成長期間，屬於初生的微陽，相當脆弱，只具最基本的感覺能力，並不能做深一層的思想，假使以較複雜的問題，教兒童去理解，那就可能損傷他的腦神經，甚至影響將來的發育。我們更可以從病後復原的情況來看：人在重病之後，開始復原，腑臟內部剛剛起來一點生機，相當於初生的微陽，這一點生機，應該好好地涵養，不能夠隨便消耗，一經消耗了，那就可能病再復發，甚至病情轉變而加重。

要之，微陽初起，生機尚嫩，仍在涵養時期，不可遽以發用。易例：陽動則變爲陰，陰動則變爲陽。初九雖屬陽爻，但如發用則動，動則變爲陰爻，而由坤陰來居，坤既居初，其初陽的本質，即已從根喪失，猶之前面所舉的兩個事例：兒童的腦神經，已遭破壞，病後復原的氣機，已被斲傷，故曰「潛龍勿用」。勿用的「用」字，其涵義就是通常所謂的「作用」，「勿用」就是不要發揮作用，因爲初陽脆弱，經受不起發揮作用，發揮了作用，其本身即不能存在。又以坤爲用，勿用的用字，係取象於坤，初陽一動，則變爲陰，便顯出坤象而爲用；勿用則初陽屹立不動，而坤象不見，亦即〈文言〉所謂

「龍德而隱者也。……確乎其不可拔」。

九二：見龍在田，利見大人。

　　易例：六畫卦中，一、三、五爲陽位，二、四、上爲陰位。乾卦二爻一變，內體成〈離〉，〈離〉爲目、爲明，目而明，是即爲「見」；又以陽能發光發熱，陰則成型成體，故陽爲明而陰爲暗。乾陽既能發光而明，到了二爻，其基礎已經穩固，而可以光明四射，是亦見之象也。見龍之「龍」，前面已經解釋過：乾陽變化莫測，與龍之見首不見尾，頗相類似，因即以龍狀〈乾〉。「見龍」是對初爻「潛龍」而言，潛龍爲潛伏於地層之下，見龍則已由地層之下表現出來，故接著繫以「在田」二字；在田的「田」，是取象於地，六畫卦的初、二兩爻屬於地，初爻在地層之下，有淵象，二爻已出現地面之上，地面之上，豈不就是田？田字的涵義，指的是最確實的基礎，同時並具有普遍的意思在內：因爲田所以生長百穀，百穀生長，便顯出乾陽浸長的動態，觀乎〈小象〉贊之以「見龍在田，德施普也」一辭，即可知矣。「利見大人」的「見」字和「見龍在田」的「見」字是一樣的，取象於〈離〉與乾陽之光明；「利」字則從卦辭「元亨利貞」之「利」而來，就是「適宜」的意思；至於稱之爲「大人」，是因爲二爻居中的關係。凡是居中的爻位屬於人，三畫的卦，以二爻居中而爲人；六畫的卦，以三、四兩爻居中而爲人。此則二爻居內體之中，不僅居中，而又爲陽爻，易例：陽大陰小；二以陽爻居於人位，故有「大人」之象。周公繫爻，完全根據象，有這個象，才用這個字；《易》辭之精，一至於此，非其他的經書所可比擬。

　　總括其意義，「見龍在田，利見大人」，是說乾陽至二，陽已浸長，具有臨卦之體；「臨者大也」。按臨卦有二陽浸長之象，不再像初陽潛伏於地下的深淵，而已經出現於地面之上的田，田指的是基礎，這就是表示在基礎上已經有了很普遍的發展，好像企業家創辦公司，在創辦之初，都是起於一種構想，只不過空洞的念頭而已，並無任何具體事實，這相當於初爻階段，所以說「潛龍勿用」；此後便按照構想而付之於實際行動，諸如起草章程、成立籌備會、集合股資、建造廠房，並擇地營業等等。凡關於基礎上的設施，都有了很廣泛的表現，這便是二爻「見龍在田」的意境；可是既經有了基礎上的

表現，就應該更進一步發揮其功用，故在「見龍在田」一辭之後，接著說「利見大人」。

　　所謂「大人」，指的是有德操和有權位的人，能夠主宰人群、影響社會者，而具備發縱指使的力量。乾卦以二、五兩爻為主爻，二爻居內體之中，可以代表內體之〈乾〉，五爻居外體之中，可以代表外體之〈乾〉，不僅符合大人之象，具有大人之德之位，故在二、五兩爻爻辭上，皆繫之以「大人」；意思是說乾陽到了二、五，其力量已經很充沛了，不再是初爻潛伏於深淵之下，而應該發縱指使，表現出像大人那樣的作法。固然，二爻居於內體陰位，不如五爻之得位當權，但二爻為陽德建樹基礎，而以德化人，猶之文王居於西岐，雖無君位，三分天下，卻有其二，可見以德化人的影響力量之大，所以〈小象〉贊之曰「德施普也」，這便是二爻「利見大人」的意境。有人對「利見大人」一辭，解釋為宜乎往見大人，這不免過於膚淺，而與經意不合；二、五，其本身即為大人，並不是另外有個大人，更何往見之有？按「利見」的「見」字，與「見龍在田」的「見」字同義，孔疏「見龍」為「陽氣發見」。是則所謂「見」，應作「發見」釋；「利見大人」，就是陽至二已有基礎，宜乎發見其為大人的作法。

九三：君子終日乾乾，夕惕若，厲无咎。

　　九三爻辭，在「君子終日乾乾」以下的二句，有兩種不同的讀法：一是「夕惕若厲，无咎」，一是「夕惕若，厲无咎」，於義皆通。三爻為什麼以「君子」見稱呢？因為在六畫卦體，三居於人位，但不如二爻之居中，二爻在三畫卦體也是人位，又兼以陽居中；所謂「居中」，就是掌握卦體的重心，而可以發揮較高的作用，所以稱之為「大人」。三爻雖不如二爻之居中，可是以陽居陽，還算得位，仍不失為有德操而又有作為的人，不過其權位略遜一籌，只能稱之為「君子」。三爻是內卦之終，三與上應，上爻是全卦之終；本身是內卦之終，應爻是全卦之終，故云「終日」。終日之「日」，是取象於〈離〉；內卦二之正成〈離〉，〈離〉為日，外卦仍然是〈乾〉，〈乾〉為天，日在〈乾〉天之下，有日已下墜之象，日已下墜，是即「終日」。六畫的乾卦，是兩個三畫的乾卦重複

而成的，謂之「重卦」，內卦是〈乾〉，外卦也是〈乾〉，〈乾〉而又〈乾〉，故云「乾乾」；〈乾〉性善動，「乾乾」者，義即動而又動，不斷地在動。三變成〈兌〉，〈兌〉爲西方，內卦二之正，爲〈離〉日，〈離〉日居〈兌〉，是已日落西方，故云「夕」。「惕」者，警惕也，三變又互〈離〉，〈離〉旁通是〈坎〉，〈坎〉爲心、爲加憂，心在加憂，有警惕之象，故云「惕」。「若」是語助詞，「夕惕若」，是說即便到了夜晚，還是保持警惕而加憂的情況。「厲」是危險，三變互〈離〉伏〈坎〉，〈坎〉有險象，故云「厲」。「无咎」是斷詞，「咎」是過錯，「无咎」是沒有過錯，也就是善能補過的意思；在斷詞中，其程度遠遜於「吉」，但優於「悔」、「吝」和「凶」。「厲无咎」，是說戒愼恐懼，而以危厲自居，則可以免過而无咎。

　　九三恰居於卦體內外之間，而是內卦末了的一爻，正接近於外卦的開端。卦是代表現象的，內卦就是表示內在的基礎，外卦就是表示外在的發展。任何一種現象，不論是屬於自然現象，或是社會現象，如果成長到了半途，內在的基礎將要完成還未完成，外在的發展將要開始還未開始，此一階段，是現象發展過程中最吃緊的時期，在這個時期裡，稍有不愼，這個現象就會半途夭折。例如，一株花正在含苞，而尙未開花，當此時期，必須好好地澆培、灌漑，假使照顧不周到，或遇風雨失調，這一株花，可能就萎縮而凋落了！又如男女青年自甘墮落，變成太保、太妹，都是在十七、八歲，靠近二十歲的當口裡，失去了管教；因爲青年們在這個當口裡，情緒最不容易穩定，猶之花正含苞待放，將成未成，也就是九三一爻所指示的階段。九三正處於內外交接之際，不上不下，所以爻多戒辭，其戒辭的要義，大別之不外兩點：一須勤奮自強，不能有絲毫的懈怠，故戒之以「終日乾乾」，就是在整天裡都應該孜孜不輟：二須戒愼恐懼，不能有絲毫的疏忽，故戒之以「夕惕若，厲无咎」，就是到了夜晚，還得要惕厲自處。果眞如此的嚴謹操持，才能夠渡過九三這個不上不下的階段，而不至於發生毛病。

九四：或躍在淵，无咎。

　　易例：四爲〈巽〉爻（初〈震〉爻，二〈離〉爻，三〈艮〉爻，

四〈巽〉爻，五〈坎〉爻，上〈兌〉爻）。四變外卦亦爲〈巽〉，〈說卦傳〉：「巽爲進退、爲不果。」進退不果，有或之象，故曰「或」，或者不定之辭也。四與初應，初居〈震〉，〈震〉爲足，又爲動，足在動，由初往而應四，中隔二三兩爻，是有躍進之象；〈巽〉爲魚，《詩‧大雅》云：「魚躍于淵。」又以四非九三之不上不下，而已達於外卦，可以向外躍進一步矣，故曰「躍」。四之所以稱之爲「躍」，因四應於初，自初而躍也。初在爻位，乃九四之基礎，九四能否躍進，就看初爻基礎的力量，是不是培養得很成熟；但初曰「潛龍」，初居卦之最低的位置，而在二之下，初二兩爻屬地，初在二下，深達地下最低窪之處，又以龍而曰「潛」，潛字從水，龍在地下而潛於水，豈非地下深淵之象。初往應四，躍居於外，是從深淵而躍也，故曰「或躍在淵」；「无咎」是斷辭。

　　這一爻爻辭的意義，對於人生事業上的進退，指示得非常中肯。古往今來，幾多英雄人物，最初何嘗不是轟轟烈烈，勳績彪炳，可是每每在突飛猛進之中，不幸而招致挫折，便一敗塗地，卒至不可收拾；此種事例，屢見不鮮，如探討其半途失敗的原因，即由於不察九四之爻辭，只顧勇往直前，貿貿然急求發展也。要知道九四之能夠向前躍進，首須初爻基礎力量的充實，內在充實了，同時，還得要斟酌外在的環境，是否諧和配合，所以九四爻辭於「躍」字之上，冠以「或」字，而曰「或躍」；或躍的意思，是說或則可以躍進，或則不可以躍進，這完全以當時實際的情形爲轉移，如果當時內在的基礎充實了，而外在的環境又配合得很諧和，似此向前躍進，自能順利達成目的，不至於發生毛病，而可以无咎，否則，不顧本身的條件與外在的環境，只憑血氣衝動，向前躍進，那就是所謂「知進而不知退」，沒有個不失敗的道理。

九五：飛龍在天，利見大人。

　　五變外卦成〈離〉，五本〈坎〉爻，〈坎〉亦伏〈離〉，〈離〉爲雉，有飛鳥之象；易例：五上兩爻屬於天。五居天之中位，鳥在天中，是即飛也，故曰「飛」。前面已經交代過，龍是代表乾陽氣化的，乾卦六爻都取象於龍，所謂「時乘六龍以御天」是也；不過三、四兩爻因居人位，在爻辭辭面上雖未點出龍字，究其辭旨，仍爲

龍的涵義。龍而曰「飛」，蓋以陽之數奇，爲一、爲三、爲五，陽在一，猶屬於初生之微陽，不能發揮功用，是即初九之「勿用」；陽在三，其陽已浸長而壯，有所作爲矣，是即九三之「終日乾乾」；陽在五，則陽最爲飽滿豐隆，無往而不見其鼓舞之能事，如龍在天空飛翔，乃龍最得意的時期，故至九五而曰「飛龍」。五在上而居外卦之中，有主宰之象，又爲天位，故曰「飛龍在天」。「利見大人」之「見」，是取象於〈離〉，五變爲〈離〉，五本〈坎〉爻，亦伏有〈離〉，〈離〉爲目，故曰「見」，與「見龍在田」之「見」，義相同也。「利」字即卦辭「元亨利貞」之「利」，作「適宜」解。至於九五，亦如九二，皆稱之爲「大人」，是因二、五兩爻居內外卦之中，而爲三畫卦之人位，又係陽爻，陽爲大，故曰「大人」，這在二爻解釋裡面，已有詳盡交代；不過五爻的大人與二爻的大人，涵義有些不同。五在上，所居的是君位；二在下，所居的是臣位。五爻的大人，不僅具有德操，而且握有政權，可以發縱指使，主宰一切；二爻的大人，沒有崇高的政治地位，但具崇高的道德學養，也可以影響一般的社會，雖無君位而有君德。然兩者相較，二遜於五。

　　龍本潛伏於地下深淵，始則奮發而向外躍進，繼則更由躍進而飛向天空，到了天空飛翔，才是龍的最得意時期，而達成其預期之目的，這是用龍來形容乾陽發展的情況。乾陽發展到了九五，有如龍飛在天一樣的得意。以人而言，人類精神思想，屬於乾陽，然而人在孩提期內，腦神經還沒有長得很健全，無從發揮較高的精神功用，只具最基本的感覺能力而已，不能做深一層的思想，相當於初九，應該潛伏、涵養；到達二十歲左右，已經成年，頭腦子逐漸開竅，具有理解能力了，可以從事於一切的思想，但在此期內，精神雖旺，火候尚不太純，相當於九三，應該朝乾夕惕；待至三十而立以後，是頭腦子最發達的時候，精神健旺，思路大開，尤其年事益長，體驗益多，對於當前任何情景，都能夠反應出一種構想，可以說無往而不利也，那便是九五「飛龍在天」的境界。陽數一、三、五，以五爲最飽滿豐隆，所以九五有「大人」之象。人類精神思想，既經到了飽滿豐隆而有大人之象，當然會有一番表現，宜乎像九五的大人一樣，具備了權位和德操，條件很充足，就得要發縱指使，而主宰一切，故在「飛龍在天」之後，繼之曰「利見大人」；「利見大人」義即宜乎發見一如

大人的做法，解見九二。

上九：亢龍有悔。

「亢」者，高也、又過也，有高而過亢之義。乾陽本應居五，五乃乾陽最融合圓滿的位置，不居五而居上，上為卦體之末，高亢而失位，如龍飛天空，有其一定極限，以能守住融合、圓滿之五為是；天空本無止境，不能進進不已，進進不已，則必因高亢而損害其本身的存在，斯有「亢龍」之象。「悔」是《易經》所習用的斷辭；《說文》：「悔，恨也。」就是懊惱的意思，流行口語則曰「懊悔」。在什麼時候會發生懊惱以至於懊悔呢？就人而論，凡是遭遇到損害，必然會發生懊惱，乃至於懊悔；人又為什麼會遭遇到損害呢？無疑的，十九是得意忘形、放縱粗疏，以致犯了嚴重的錯誤，而遭遇到損害！這得又要回過頭來說到陰陽。陰之性能，是向內收斂；陽的性能，是向外擴張。向內收斂，絕不致發生放縱粗疏的錯誤，其所以造成放縱粗疏的錯誤，當然是由於過分地向外擴張。本爻之陽，已發展而居於卦體之末，過於高亢了，勢必遭遇到損害，故曰「有悔」。又據易例：「陽極陰生」，上爻爻位，本屬於〈兌〉，陽升至上，極而生陰，變成〈兌〉體，兌為毀折，陽必受傷，是亦「有悔」之象。

我們都有這種生活上的經驗，凡事發展得太過了，必然產生相反的結果，如人當歡樂的時候，其心情向外飛揚，而屬於陽的表徵；人到悲愁的時候，其心情則向內沉滯，而屬於陰的表徵。可是陽極則陰生，歡樂太過了，就會招致悲愁，所謂「樂極生悲」是也。我們偶有參加熱鬧豪華的場面，到了曲終人散，在心情上總是不知不覺地現出惆悵的陰影；美國人每逢聖誕節，極盡狂歡之能事，縱情作樂，一發無餘，到了第二天，新聞紙上披露的消息，便有上千人因狂歡失誤而死亡。這類事例，舉不勝舉。要之，天地化育萬物，必得其和，有晴斯有陰，有寒斯有暑；未有晴而不陰者，晴而不陰，物必枯死；亦未有寒而不暑者，寒而不暑，物必凍死。乾陽至上，其位已窮；窮則變，變則通；孔子在〈小象〉裡，所以釋之曰：「盈不可久也。」窮而不變，〈乾〉〈坤〉之大用將絕矣！故盈而不反，必陷於悔，此乃宇宙法則，亦即「亢龍有悔」之理。

用九：見羣龍无首，吉。

　　此總六爻純陽之義。〈乾鑿度〉曰：「陽動而進，變七之九。」蓋陽德剛健，其主要作用，在於向外擴張；九者究也，而大於七，陽之成數，爲七爲九，九正符合於擴張之陽德，故不用七而用九。六爻皆體〈乾〉，而取象於龍，初「潛龍」，二「見龍」，五「飛龍」，上「亢龍」；三、四兩爻，因居人位，辭面雖未提到龍，但三曰「惕」、四曰「躍」，亦以龍爲喻也。是即所謂「羣龍」。

　　至於「无首」何以獲「吉」，先儒所持之說，大別之有三：其一，謂九爲陽，用九就是用陽，陽德本即剛健，而〈乾〉體又係純陽，是剛健之至者；「太剛則折」，物之理也，若以太剛而居人之首，則必爲人所忌，甚至招致打擊，故以「无首」而「吉」。其二，謂〈乾〉之用九，以及〈坤〉之用六，皆係揲蓍變卦之凡例，特於〈乾〉〈坤〉兩卦發其端耳！陽動於九，用九則〈乾〉動之〈坤〉，已非純〈乾〉，〈坤〉來自〈乾〉，亦非純〈坤〉，於是剛柔相濟，允執厥中，而占斷之依據，亦兼觀〈乾〉〈坤〉兩卦所繫之辭：蓋羣龍雖現，而不現其首，陽協於陰，所以「吉」也。其三，謂〈說卦〉以〈乾〉爲首，用九而〈乾〉之〈坤〉，則〈乾〉首之體象，已不見矣！誠如老子所說的「迎之不見其首，隨之不見其後」，〈乾〉變〈坤〉化，相互之間，循環無端，而萬物以生以長，是亦「无首」而「吉」之義也。

　　以上所述，固皆各具見地，但對此一辭整體的意義，似尙有未盡之處！此一辭在繼六爻之後，而提示用陽之標準；陽之爲用，不可不及，不可太過。陽在初而曰「潛龍勿用」，是不及也；陽在上而曰「亢龍有悔」，是太過也。不及猶可培補，太過則難以收拾；太過之爲害，遠甚於不及。只有二、五兩爻居中，才顯出大人之象；可見陽之爲用，貴乎得中。其實不僅用陽如此，陰又何嘗不然？蓋天道貴中耳！首的部位，居高在上，已到達極點了，用陽絕不能夠用到極點，以不見羣龍之首爲吉，故〈象傳〉贊之曰：「用九，天德不可爲首也。」這可以就前面所舉的例子來說，人類頭腦子是發揮思想的，而屬於陽，可是思想得太過，反而戕傷了頭腦子，以致思想遲鈍，甚或不能發揮思想，而造成神經病；從這個例子裡，更可以了解

「見羣龍无首，吉」一辭的意義了。有謂「見羣龍无首，吉」者，是保存乾元而勿用也，其意亦精。

附：用九、用六合解

陰陽老少，在數爲七、八、九、六，七、九屬於陽，陽數奇也；八、六屬於陰，陰數偶也。但陽順行，而向外擴張，由七擴張至九，是七爲少陽、九爲老陽，少陽不動不變，老陽則動而變；陰係逆轉，而向內收縮，由八收縮至六，是八爲少陰、六爲老陰，少陰不動不變，老陰則動而變。用者，用其動而變也，如果不動不變，則陽還是保持其單純的陽，陰還是保持其爲單純的陰，陰陽不接，彼此孤立，何能發揮作育功用？所以陽用九而不用七、陰用六而不用八，此一說也。

陽數一、三、五、七、九，陰數二、四、六、八、十，天地之數，只此十位而已！然虛一不用，陽之基數始於三，陰之基數始於二。所謂陰陽之數，無非指的是陰陽氣化發展之程度；陰陽當基數時，其氣化猶在始生階段，距離作育之期尙早，無論陰陽，在爻須至三畫而成卦。這就意味著陰陽始生，須經三度變化之後，才能顯出氣化上的功用，陽始於三，經三度變化，是三乘三而得九；陰始於二，經三度變化，是二乘三而得六。所以陽用九、陰用六，此又一說也。

此外有謂：九之爲數，其用頗廣，一九爲九；二九一十八，一八和九；三九二十七，二七合九；四九三十六，三六合九；五九四十五，四五合九；六九五十四，五四合九；七九六十三，六三合九；八九七十二，七二合九；九九八十一，八一合九；十九得九十，當然還是九。九之爲用，無往而不在也，正如乾陽，無往而不顯其作育之功用，故陽用九；坤陰內斂，所以成體，而體之造型，不論如何，都有上下之高低與四圍之寬廣，以上下配四圍，於數爲六，故陰用六。這種說法，似亦不無見地。至謂天地十位數，除天一不用，所用者惟地二至地十之九位，是即用九也；而以〈坤〉從〈乾〉，六之用即九之用。其說於理未周，不取。

肆、彖傳

彖者斷也，各卦於卦下所繫之辭，歷來稱之爲「彖辭」，所以斷一卦之義也，如〈乾〉「元亨利貞」，即爲乾卦之彖辭；至於彖曰「大哉乾元，萬物資始，……首出庶物，萬國咸寧。」這一則文字，是爲〈彖傳〉。彖辭係文王所作，以斷卦義；〈彖傳〉乃孔子所作，以釋彖辭。一爲「經」，一爲「傳」，二者不可混同。本編爲便於初學，特將經傳劃分，使之眉目清楚，並注明彖辭即卦辭，藉免發生錯亂。茲按孔子〈彖傳〉之文意，分別段落，作次列之說明。

彖曰：大哉乾元，萬物資始，乃統天。雲行雨施，品物流形。大明終始，六位時成，時乘六龍以御天。乾道變化，各正性命。保合太和，乃利貞。首出庶物，萬國咸寧。

大哉乾元，萬物資始，乃統天。

易例：「陽大陰小」。陽何以大呢？蓋陽德剛建，向外擴張，而可以發展直至於無窮盡，自較向內收縮之坤陰爲大。以數而言，「參天兩地」，陽數三而陰僅二，因之陽用九而陰用六；陽策二百一十六，陰策則只一百四十四。且陽數順行，由少而逐漸至多，如陽之生數，由一至三，由三至五，陽之成數，由七至九是也；陰數逆轉，由多而逐漸至少，如陰之生數，由四至二，陰之成數，由十至八，由八至六是也。陽既擴張成性，數又居多，兼之乾卦純陽，天之象也，「惟天爲大」，故孔子以大贊〈乾〉，而曰「大哉乾元」；「大哉」的「哉」，是贊歎辭，所以贊〈乾〉之大也。至於稱之爲「乾元」，又是什麼道理呢？「元」之涵義，原即有二，除贊之爲「大」的一義之外，還有「創始」的一義。蓋在宇宙陰陽未判之先，只是太極的混淪一片，任何徵兆都沒有，誠如老子所說的「視之不見」、「聽之不聞」、「搏之不得」；到了太極動而生陽、靜而生陰，陰陽既判之後，才開始出現陰陽兩儀。這陰陽兩儀，就是最初發生的陰陽兩種氣化，氣化尚在初生之際，所以稱之爲「元」；《九家易》謂「元者，氣之始也」。初生之陽氣化，是即乾元；初生之陰氣化，是即坤元；惟揆之坤卦「先迷後得主」一辭，〈乾〉在先而〈坤〉在後，陽氣化之發生，猶早於陰氣化。〈乾鑿度〉曰：「太初

者，氣之始也。」太初即乾元也；又曰：「《易》始於一。」蓋乾始一畫，六十四卦、三百八十四爻皆受始於乾之一陽；是則宇宙最初發生之氣化，只是乾元而已！故孔子贊之以「大」。宇宙間凡能發創而造始者，必然是大，不大無以造始也。

〈乾〉旁通〈坤〉，伏有〈坤〉象，〈坤〉為眾，又為物，故曰「萬物」；萬者，言其為數之眾多也。在此應附帶說明：文王繫卦，周公繫爻，所用的文字，皆以卦爻象為依據；孔子所贊的十翼，尤其〈彖傳〉、〈象傳〉，當然也是依據卦爻象。如本卦卦爻無象可取，則取旁通、反對卦爻象；旁通、反對如再無象可取，則取象於變卦或互卦的卦爻。「萬物」二字，即係取象於旁通的坤卦。「資始」的「資」，《釋文》：「資，取也。」《儀禮・聘禮》注：「資，行用也。」這是取象於本卦的〈乾〉與旁通的〈坤〉，合起來，就是「取用」的意思；言萬物皆須用乾陽來鼓舞，才能夠創始其本身的生機，故曰「萬物資始」。按〈繫辭傳〉：「二篇之策，萬有一千五百二十，當萬物之數也。」而皆受始於〈乾〉之一陽，是即「萬物資始」一辭之最好的註腳。如再求證於實際現象，則更瞭然！宇宙間萬物之所以形成，最初都是來自氣化，也就是《易經》裡面所講的卦氣，卦氣之能運行，當然有一種原動力，這種原動力，〈說卦傳〉釋之為「帝」，而曰「帝出乎〈震〉」；帝者何？乾元是也。乾元發動，斯成〈震〉體，〈震〉司春而為帝，並以雷為主象，每年時序交到春令，雷即奮出而奔放於天空；可是春雷一經奮出，便發生鼓舞作用，蟄者起，潛者興，草木都在萌芽，宇宙萬物無一而不開始顯露出生機。由是可見，在實際現象裡，窮宇宙之大，極萬物之多，率皆受始於乾元之一陽。

「乃統天」的「乃」，是承接上文的承接辭。「統」有兩解，皆因〈乾〉而取象，一作名詞解，《九家易》：「〈乾〉之為德，乃統繼天道，與天合化也。」是統為天統，猶之道統、法統之「統」字的涵義；一作動詞解，《尚書・周官》謂：「冢宰掌邦治，統百官。」是統者統御也、統攝也，統而領之也。宇宙萬物，既皆受始於乾元之一陽，則〈乾〉即為萬物之統御者，一如天也，故曰「乃統天」；謂之為天，亦因〈乾〉而得象，〈說卦傳〉曰「〈乾〉為天」是也，意思是在指一切自然表現，如生長衰滅、往復盈虛等

等。那麼，何以〈乾〉能繼承天統，而統御如此繁複的自然表現？這就先要從數目字說起：宇宙間存在的數目，是無數萬萬之多，乃至於沒有止境的，但這些無數萬萬的數目，都是最基本單位的一所組成，任何數目，也只有一才能分解得開，二雖陰之基數，三雖陽之基數，卻不能貫通全部的數目，能貫通全部的數目，惟一而已！所以一居萬數之尊位，而爲數目中的統御者。〈乾鑿度〉謂「《易》始於一」，而乾元正是得數之一，故乾元可以貫通《易》中之六十四卦、三百八十四爻，乃至於演進爲無數之卦爻，而成爲卦爻中之統御者；也可以說：乾元之一，《易》之統也。蓋凡宇宙萬有，一則必可以統，統則必資於一，未有一而不統者，亦未有統而不一者；中國縱橫家有所謂「一統略」，即從一與統的關係脫胎而出，其立論要點是「不一不統，不統不一；一之則統，統之則一」。講到這裡，更能夠了解「乃統天」一辭的意義了。

　　以上三句，是贊「元亨利貞」四德中之「元」。

雲行雨施，品物流形。

　　易例：六爻以一三五爲陽位，二四六爲陰位。乾卦的九二、九四與上九，這三爻皆不當位，終必變而之〈坤〉，以成〈既濟〉，成了〈既濟〉之後，於是在上之外體變爲〈坎〉，在下之內體二三兩爻與四亦互成〈坎〉，〈坎〉在上，其象爲雲；〈坎〉在下，其象爲雨。〈坎〉者，鴻濛滋潤之氣也，在上之所以爲雲，是因爲氣偏於陽，得陽性擴張的影響，於是上騰而爲雲；在下之所以爲雨，是因爲氣偏於陰，得陰性收斂的影響，於是下降而爲雨。以卦位和地球的空間方位來看，上下就是內外，陽性擴張而向外，就是上騰；陰性收斂而向內，就是下降。蓋〈乾〉〈坤〉交接，體成〈既濟〉，陰陽二氣，各得其所，而且彼此之間，絪縕化醇，非常的和暢通達；表而出之，散則爲雲，聚則爲雨。要之，雲雨的形成，無非由於二氣暢通的動態，故孔子即以動態的文字，分別加以形容，於雲而曰「雲行」，於雨而曰「雨施」。「行」是取象於乾陽，〈乾〉之〈大象〉曰：「天行健。」〈乾〉爲天，具有行健之象，雲外向而偏於陽，斯稱之爲「行」；「施」是取象於坤陰，〈坤〉之〈大象〉曰：「厚德載物。」「厚德載物」就涵蘊著施恩的意味，雨內向而

偏於陰，斯稱之為「施」。合起來講，行與施，都是取象於〈乾〉
〈坤〉往來，〈乾〉〈坤〉往來，必須到達雲行雨施，夫而後才能夠
化育萬物；試觀在「雲行雨施」之後，繼之以「品物流形」一辭，便
可以知其義矣。有謂「行」與「施」皆指乾陽發動而言，「陽施陰
受」也，其說亦通，併存之。

　　先儒有以「品物」與前文之「萬物」同義，而取象於〈坤〉；
《說文》：「品，眾庶也。」〈說卦傳〉曰：「坤為眾。」眾者多
也，萬之為義，亦在極言其多，故「品物」即萬物。這種解釋，似是
而實非。首先我們應該了解，孔子贊《易》，一如文王繫卦、周公繫
爻，用字極其謹嚴，不僅於象有據，尤其於理求安，絕不是信手拈
來；假使品物與萬物的意義是相同的話，那麼，在文句的組織上，前
後只有兩句的間隔，在前，既經說成萬物，在後，當然還是說成萬
物，不至於有兩種不同的說法。茲則不沿用萬物，卻說成品物，無
疑的是另有意義，豈能與萬物混為一談？「萬物」只是泛言其多，
「品物」則為析言其類。按《廣韻》：「品，……類也。」《周
易》孔疏於「品物」亦謂為「品類之物」，《說文》釋「品」為眾
庶，蓋亦指品類而言，義即品類眾庶也。我們於生活習慣中，常有品
種、品級等等口語，對於不成器的人，每每訾之為不登品。是則品物
即成器之物，而取象於〈坤〉，〈坤〉為物，形而下，故亦為器。宇
宙間成器之物，分門別類，有這樣的品種，又有那樣的品種，有這樣
的品級，又有那樣的品級，所以說「品物流形」。

　　「流形」的意思，就是不同的品種、不同的品級，各依其類以
遂其生，而成各式各樣的物形；好像流水，有的向東流，有的向西
流，據高下之形勢，各趨其所趨，而成大小、長短各種不同之水
系。「流」是取象於〈坎〉，〈乾〉〈坤〉交成〈既濟〉，外體
〈坎〉，內體亦互成〈坎〉，〈坎〉為水，兩〈坎〉相接，有流
水之象；〈乾〉交〈坤〉，〈坤〉為形，〈乾〉交〈坤〉而成兩
〈坎〉，是流形也。流形是在說明形化的流通，〈乾〉〈坤〉既經相
交，必然由氣化發展到形化，雲行雨施雖是〈乾〉〈坤〉往來交流的
表現，卻還在氣化的領域中，到了品物流形，才是形化的流通；這與
現代物質進化的說法──由氣體而液體，由液體而固體，意義是相同
的。

以上兩句，是贊「元亨利貞」四德中之「亨」。

大明終始，六位時成，時乘六龍以御天。

這裡所講的「大明終始」的「大」，就是前面所講的「大哉乾元」的「大」，其意義並無二致；不過前面僅以「萬物資始」贊其大，這裡不僅言其「始」，兼又言其「終」，而明及於終始。「明」是取象於〈乾〉，易例：「陽明陰暗」。〈乾〉為純陽，是即明也；〈乾〉在後天為〈離〉，〈離〉為日、為明，亦明之象也。「終始」二字，涵義頗深，取象尤廣，以六爻來看，初爻為一卦之始，上爻為一卦之終，中經二、三、四、五各爻，而有始有終；以四德來看，「元」是創始，「亨」是暢通，「利」是適宜和諧，「貞」是正確穩固。凡一現象之發展，所必經的過程，是由創始而暢通，由暢通而適宜和諧，由適宜和諧而歸於正確穩固，到了正確穩固的階段，可以說已至終點了，是不是就此結束停止呢？不，貞下起元，終始循環，更從正確穩固而從頭創始；終始之間，乃造化之過接處，必須終而復始，而後才能生生不息，故不曰「始終」，而曰「終始」。

由始至終，固然需要乾元來鼓舞，由終反始，才是乾元最著力的所在：如草木生長果實，到了成熟以後，就會剝落下來，可是剝落於地下，很快地又會萌芽復生。從出生而成長，不過是順理成章的發展，無須乎太著力；從剝落而再萌芽，那是「出〈震〉反生」，必須乾元很著力地發動，才能出為〈震〉體，而反生於下，乾元之大，就在乎此。又以宇宙萬物，都有生長、衰滅各階段的表現，在生長期內，其物象最為顯明，一經開始衰滅了，其物象即由萎縮面趨向幽暗。乾元能於終而復始的過接處，始之暗而復明，功能之大，可想而知，故曰「大明終始」。孔子在此提示「終始」之義，蓋為告誡後人：倘國家淪於絕續存亡之秋，而欲絕而復續、亡而復存，非秉乾陽大德，反生而下，不易見其功也。所謂「反生於下」，就是一反當時敗壞現狀，而從頭再造，但主之者必如乾陽之光明，尤須如〈乾〉德之普施。

卦是代表現象的，現象之能夠存在，完全靠陰陽氣化在支持，陽氣化在現象中發揮作用，這現象便由擴張而進展（氣化）；陰氣化

在現象中發揮作用，這個現象便由凝聚而成體（形化）。陽氣化發用，就是陽爻在卦中運行；陰氣化發用，就是陰爻在卦中運行。無論這個現象是氣化的進展，或是形化的成體，都必佔有適度的空間，而現象本身的演變，亦必有其一定的段落。這種佔有的空間與演變的段落，以卦體而言，就是所謂「位」；位在卦體中，大別爲六，曰初、曰二、曰三、曰四、曰五、曰上，爻即遵循這些位置，在卦體中運行。位有六，是爲六位；據易例：初爲〈震〉爻，二爲〈離〉爻，三爲〈艮〉爻，四爲〈巽〉爻，五爲〈坎〉爻，上爲〈兌〉爻。〈震〉司春，〈離〉司夏，〈兌〉司秋，〈坎〉司冬，有四時之象，而三爻〈艮〉爲終始，四爻〈巽〉爲進退，是則代表陰陽氣化之爻，進退於春夏秋冬，而與四時成終成始。又以十二月消息言之，〈乾〉始於十一月之一陽，而成於四月之六陽；〈坤〉始於五月之一陰，而成於十月之六陰。在爻辰，〈乾〉始於子而成於戌，〈坤〉始於未而成於酉（鄭氏成於巳）。是皆六爻隨時而有成，故曰「六位時成」。有以天地四時爲六位，謂上天下地，序分四時，而代表陰陽氣化之六爻，即沿春夏秋冬之四時，運行於天地之間，以育成萬物；此「六位時成」之另一義也。

以上所講的「六位時成」，是泛言卦爻中位與時的關係。這裡所講的「時乘六龍以御天」，在「時」字之下，而以「六龍」註腳，是取象於乾卦六爻，而專指乾卦六爻各有其時間上的條件：初則潛，居初之時，必須潛伏；二則見，居二之時，方能表現；三則惕，居三之時，應加警惕；四則躍，居四之時，或宜躍進；五則飛，居五之時，大可飛舞；上則亢，居上之時，當防高亢。「六龍」就是乾卦的六爻，因爲乾卦六爻，皆以「龍」爲象。至於乘龍的「乘」與御天的「御」，是從前文「乃統天」的「統」字引伸而來；乘與御都是駕馭的意思，和統字字義很接近，以乾元而得象。本來，乾卦冠在六十四卦之上，而爲六十四卦之首，尤其乾元是宇宙最初發生之氣化，萬物皆受始於此，而爲眾卦之所生，有統御整個宇宙之象，故〈彖傳〉先則贊之以「統天」，後又贊之以乘龍御天；不過前文所謂「統天」，只說明乾元爲宇宙的統御者，並未說明如何統御宇宙，旨在言其體耳！至謂乘龍御天，則乾元經已發動，而運行於六爻之上，其氣化即依據六位之時，以創造萬物，是在言其用也。運行於六爻之

上，就是乘龍；創造萬物，就是御天。中國道家丹鼎派，即以「時乘六龍」爲煉丹之張本，最初在築基階段，只能潛伏涵養，所謂「潛龍勿用」是也；第二個階段，便須從精氣神的根本上有所表現，所謂「見龍在田」是也；第三個階段，界乎內外結緣之際，應該加強火力，所謂「終日乾乾」是也；第四個階段，斟酌情形，向前推進，所謂「或躍在淵」是也；第五個階段，功行圓滿，丹已結成，所謂「飛龍在天」是也；最後一個階段，就得要保持已成之丹，不能進進不已，所謂「亢龍有悔」是也。道家煉丹如此，推而至於其他，亦莫不然。可見乾元爲用之大，足以御天也。〈乾〉爲天，天之爲義，能概括宇宙的一切；既云「御天」，就是無往而不可以統御也。

　　以上三句，是贊「元亨利貞」四德中之「利」。有謂爲總贊「元亨」，其說於理未安，不取。

乾道變化，各正性命。保合太和，乃利貞。

　　「乾道」與「乾德」，這兩個常見的名詞，意義不同，有些人弄不清楚，每每混爲一談，在此，先有分析之必要。「乾德」，是說〈乾〉所具備的德性，〈說卦傳〉曰：「乾，健也。」〈雜卦傳〉曰：「乾剛坤柔。」據此，則〈乾〉之德性，爲剛、爲健，就由於乾德剛健，遂發揮而爲「元亨利貞」四德。至於「乾道」，是說〈乾〉所行進的路線；《說文》：「道，所行道也。」前漢〈董仲舒傳〉：「道者，所繇適於治之路也。」按「道」字從首從走，首可解釋爲目標，亦可解釋爲頭緒，走字是向前行進的意思，合起來，所謂「道」，就是有頭緒、有目標向前行進的路線。乾道就是指在六爻之上，乾陽運行的軌跡，以及〈乾〉與〈坤〉往來的途徑。語乎實際現象，如乾陽行進的路線，伸入於草木，則草木發芽而生枝；伸入於花卉，則花卉結苞而開放；伸入於蟲魚，則蟲魚亦由弱小而壯大；是即「乾道變化」之義也。先儒多以〈乾〉主變、〈坤〉主化，而謂變是取象於〈乾〉、化是取象於〈坤〉；實則變爲化之漸，化爲變之成；凡變者必化，凡化者必變；變與化界限之劃分，殊非易易！〈乾〉固能變，但亦能化，〈乾〉入草木，發芽生枝，是已變矣；而即於變之中，便含有化之作用，不化何以能生？〈乾〉六爻皆用九，九主動，〈中庸〉曰：「動則變，變則化。」是變與化二者，乃

乾陽在行進路線上應有的過程，所以說「乾道變化」。

　　〈乾〉與〈坤〉旁通，二、四、上失位，動而變陰，體成〈既濟〉，於是自初至上，各爻皆正。爻是代表氣化的變動，「爻正」就是表示氣化運行得很正確，氣化運行得很正確，由氣化產生的體型結構，當然也很正確。氣化運行正確，可以說是「性正」；體型結構正確，可以說是「命正」。因為性是空洞而無形，猶屬於氣化的境界，而以氣化運行為轉移，氣化正，性就正；命是實在而有體，已步入形化的領域，依於體型結構而存在，體型正，命就正。乾卦六爻皆陽，其一、三、五各爻，原即得位而正，二、四、上各爻，位雖不正，但〈乾〉〈坤〉往來，變成坤陰，亦得位而正。又以乾陽形而上，有性之象；坤陰形而下，有命之象；陰陽各皆得位而正，故曰「各正性命」。惟性命涵義，尚不止此！所謂「性」，通俗的講法，就是性能，如鳥有鳥的性能，鳥的性能為騰空而飛；魚有魚的性能，魚的性能為入水而泅。天工造物，莫不賦以特定之性能。在人類，天賦性能的表現，尤其明顯，有些人富於理想，愛做宇宙人類之探討；有些人精於現實，擅長生產事業之經營。更好的事例，可以就大專學生聯考試卷來證明，凡對理數課題解答完整者，其對文史作業可能就比較差；凡對文史課題寫作清順者，其對理數解答可能就比較差。由此可見，人之才智各有所趨，這就基於天賦性能的趨使。

　　故性之正不正，就看顯示的性能如何，有諸內者，必形之於外，無論是富於理想的人，或者是精於現實的人，其性能顯示，都有獨到的趨向，而其才智便循著獨到之趨向以發揮。當然，「天之降才爾殊也」，人之才智，有大有小，不過才智雖分大小，而各循其獨到之趨向，最後皆能獲有成就；才智大者成就大，才智小者成就小。揆之於爻位分布，只九五具有大人之位和大人之德，其他諸爻固不及九五，但亦各有其本位之成就，似此，遂可稱之為「性正」；假使是白癡低能，抑或意志散漫而不務正業，根本即無才智可言，終其生，無絲毫的成就，在爻位中，既不當位而失正，兼又上下無應，那便是「性不正」。

　　其次談到「命」。現在一般人總以為命是很奇妙的，甚至於否定命的存在；實則不僅命不奇妙，而且最客觀，根本就不允許我們否定。中國好多經典裡，常有天命的說法，所謂「天命」，就是天生萬

物，諸凡體型上的結構，一本之於天賦，非其自身所能左右，如天賦的是草本花，能不能變成木本花呢？不能；天賦的是木本花，能不能變成草本花呢？不能；而且在草本和木本的花中，有的艷色照眼，有的奇香撲鼻，這些都是從天賦而來，莫知然而然，莫知至而至，就叫做「命」。命者，天所命也，所以古人稱之爲「天命」；抑尤有進，「天生蒸民，有物有則。」人類體型，高矮胖瘦，各自不同，然所以造成高矮胖瘦之不同，必有法則存乎其中，而此種法則，秉之於天，斯即「命」之爲義也。故命之正不正，就看外在的體型如何，形之於外者必有諸內，無論是高是矮，或者是胖是瘦，高有高的法則以支持其高，矮有矮的法則以支持其矮，胖有胖的法則以支持其胖，瘦有瘦的法則以支持其瘦，高矮胖瘦，各依法則而遂其生。體型雖不同，其能完整存在則一也，這可以稱之爲「命正」；假使高矮胖瘦，失其所以爲高矮胖瘦之法則，而不能繼續其生命，甚至於五官不全、四肢殘缺，這在爻位上便是悖亂不當位，而爲「命不正」。

　　性命之說，大致已交代過了，在此須將命運的道理，附加說明，藉使不知命者更能有所覺解。宇宙間任何事物的發展，除了主觀方面其自身應該具備的條件外，還需要客觀方面環境的配合。命是體型的構造及其法則，而屬於主觀條件，如欲命有好的發展，當然是要客觀環境的配合，客觀環境，那就是運。「運」字從辵，訓爲「運行」，以人而言，人之生活旋律，不斷地在運行，尤其人類是生長在地球之上，地球就繞著太陽在運行，而太陽又繞著北極星在運行（北極星是每當子夜出現於中天正頂的一顆紅星），地球與太陽既皆運行而不停，那麼，地球每年所佔住的空間當然不同；今年地球佔住的空間，與去年地球佔住的空間，不知相差多少萬億里。空間分布有五行的大氣層，空間不同，地球所感染的大氣層，自亦不同。人是秉受宇宙氣化而成形，如果人的本身氣化與感染的大氣層相和諧，就是通常所稱的「走運」；如果人的本身氣化與感染的大氣層相牴觸，就是通常所稱的「不走運」。走運、不走運，完全以氣化爲準，所以通常又稱之爲「運氣」。試以實例明之，人類氣質，大別之有酸性與鹼性兩種，酸性多的人，皮肉較嫩，色亦偏白，處事很精細，但欠勇敢，愛熱食，少喝水，這種人需要的是鹼性氣化來調和，如果遇到鹼性多的大氣層，就會心力健旺，而運氣轉好；鹼性多的人，皮肉較

粗，色亦偏黑，處事很勇敢，但欠精細，愛涼食，常喝水，這種人需要的是酸性氣化來調和，如遇到酸性多的大氣層，就會精神活潑，而運氣轉好。總之，人類的運氣與天體運行有關，其中道理頗深，無怪淺薄者流之懵懂不知；可是運氣影響人生，非常密切，絕不允許我們忽視。

　　「保合」兩字，各有涵義，在步驟上亦略有不同。「保」是保存，保存已有之成就，而使之不至於喪失，純係守成的功夫；「合」是符合，符合一定之標準，而使之不至於偏差，兼有締造的意味。〈象傳〉之所以曰「保」、曰「合」，仍然是取象於〈乾〉〈坤〉，以〈乾〉通〈坤〉，〈坤〉便不壞，「保」之象也；以〈坤〉養〈乾〉，〈乾〉得其所，「合」之象也。「太」者訓為「至」，又訓為「極」，太和就是和的境界到了至高的極限。〈中庸〉曰：「發而皆中節，謂之和。」和之為義，本來就融洽不過的，處處都顯得很妥貼；更進一步，和而到了太和，其境界之高，無以加矣，非言語之所能表達於萬一。從卦象上來看，由於〈乾〉、〈坤〉往來，體成〈既濟〉，自初至上，六爻皆正，陰陽調和，不剛不柔，已經進入宇宙「至精至神」的領域；可是六十四卦中，只有〈既濟〉一卦才能夠出現這種太和之象，其他各卦，皆所不能，多少都有些陰陽失正。可見太和境界，在造化本身，亦不多得；那麼，太和境界，究竟怎樣呢？這只能勉強「擬諸其形容」而已！如人臨到最得意的時候，或是性命功行達到最圓滿的時候，髣髴覺得氣血流暢、六脈調和，整個的身心，都在融融欲化之中，而有說不出來的一種舒適之感，可能這就接近太和境界了；不過這種境界，一剎那就消逝了，很難繼續下去！故孔子特別提示「保合太和」一辭，意思是說，已到太和境界，應該力求其保存；未到太和境界，應該力求其符合。有謂「保合」是著力保持常合乎太和境界，不使之脫節，好像顏回「三月不違仁」；其說亦精，可互相參照。

　　「乃利貞」之「利」，是承上文「大明終始，六位時成，時乘六龍以御天」三句而言，終而復始，六位皆能因時而成，其利可知；乘龍御天，那便是到了利的頂點。先儒因見在「乾道變化，各正性命，保合太和」三句之後，而繼之曰「乃利貞」，遂謂這三句是贊四德中之「利貞」二德，但就文意來看，這三句與四德中之「利」

無關，看不出有什麼利字的意味，而是在贊四德中之「貞」，如「乾道變化，各正性命」，這兩句已明白提出來「正」字，「貞者，正也」，當然是在贊「貞」；至於「保合太和」，是求太和境界的穩定，那更是在贊「貞」，「貞者，固也」，固就是穩定。孔子於〈彖傳〉中分爲四個小段落以贊「元亨利貞」四德，第一個階段「大哉乾元」三句贊「元」，第二個段落「雲行雨施」兩句贊「亨」，第三個段落「大明終始」三句贊「利」，第四個段落「乾道變化」三句贊「貞」，段落清楚，不容混淆；最後「首出庶物」兩句，是總贊「乾元」，並引伸之以爲人事規範。

　　以上三句，是贊「元亨利貞」四德中之「貞」。

首出庶物，萬國咸寧。

　　〈說卦傳〉曰：「乾爲首。」是〈乾〉即有首之象，故〈彖傳〉稱之爲「乾元」，而爲宇宙最初發生之氣化，萬物皆受始於此，是即萬物之首也。乾元發動，而成〈震〉體，〈乾〉出爲〈震〉，〈震〉亦爲出，是皆「出」之象也；〈乾〉通〈坤〉，〈乾〉〈坤〉之策，萬有一千五百二十，當萬物之數，〈坤〉又爲眾、爲物，「庶物」之象也，故曰「首出庶物」。蓋以乾元能量之大，獨運於庶物之上，物皆依之而創始，以生以長，乃至於茂發而蕃庶，窮其所自，莫非乾元爲之首也。〈乾〉通〈坤〉，〈坤〉既爲眾，而又爲國，是有「萬國」之象；〈坤〉德安貞，《說文》：「宓，安也。」乾元開化坤陰，由元而亨、而利、而貞，最後穩定於〈坤〉體之中，以成安貞之〈坤〉德，故曰「萬國咸寧」。〈坤〉爲國，〈坤〉亦爲方，萬國即萬方也，萬方所呈現之物象，雖複雜得不可指數，乍看起來，好像滿目紛紜，而有蕪雜之感，實則經乾元有系統的鼓舞，正性正命，共存共榮，條理分明，互不相犯，所謂「方以類聚，物以羣分」，一或是「鳶飛戾天」，一或是「魚躍于淵」，各得其所，各遂其生，斯即「萬國咸寧」之義也。

　　孔子贊《易》，無論是〈繫辭〉、〈文言〉，乃至〈象傳〉、〈彖傳〉等等，都從宇宙的自然法則，引伸而爲社會的人事規範，如乾卦〈彖傳〉，在贊「元亨利貞」四德之後，便以乾元之「首出庶物」，指示最高統治者的天子，所應遵循之途徑；而在「首出庶

物」之後，更示之以「萬國咸寧」一辭，萬國是取象於〈坤〉，
〈坤〉亦爲萬物，又爲萬方，茲不曰「萬物」，也不曰「萬方」，而
獨曰「萬國」，可見立意之重點，在於人事社會。蓋乾元之能卓然立
於庶物之上，是因爲萬物皆創始於乾元；蟄者起，潛者興，枯者更
生，乃至於草木果實之甲坼，那一件不是由於乾元鼓舞之功？人事社
會最高的統治者，居於萬民之上，必須對於萬民能盡生之、養之之
道，一如乾元之於庶物，否則有忝於萬民之上也。朱子曰：「聖人在
上，高出於物，猶乾道之變化也。萬國各得其所而咸寧，猶萬物之各
正性命而保合大和也。」此一則頗能發揮孔子贊《易》之義。

伍、大小象傳

　　前面所講的孔子〈彖傳〉，是贊卦辭之義，這裡所講的爲孔子
〈象傳〉，在明卦爻之象。〈繫辭傳〉曰：「象也者像也。」又
曰：「象也者，像此者也。」蓋據卦爻之所顯示，擬諸其形容，而象
其物宜也。象分「大象」與「小象」兩種，一卦所顯示的象，稱之爲
「大象」，因其可以概括一卦之整體；卦中一爻所顯示的象，稱之爲
「小象」，因其只及於一爻而已。本編於〈大象〉直書「象曰」字樣
以識別之，而於〈小象〉則在冠以「爻名」之後，附書「象曰」字
樣，藉使大小〈象〉不致混淆。

象曰：天行健，君子以自強不息。

　　文王繫卦，周公繫爻，對於卦爻所應具有的象義，只將其要點，
蘊藏於卦辭和爻辭之內而已！至孔子始明白指出卦爻象之所屬，如
在乾卦〈大象〉，則曰「天行健」，語意之中，是已指〈乾〉爲天
矣：〈說卦〉更直接了當的，而曰「乾，天也」。〈乾〉既爲天，那
麼，從天的屬性便可以推知乾卦的意義：天是至高無上的，所以乾元
首出庶物，而乾卦居六十四之首；天是一切的主宰者，所以乾陽鼓舞
萬物，而萬物皆依之以發動生機；天是運之於無形，所以乾陽在無聲
無臭中施行其變化之作用。後之治《易》者有了這些具體現象的依
據，便能覺解到乾陽是宇宙最高的創始動力，在人事社會，屬於精神
文明，於是漸漸打開了治《易》的門徑；要不是孔子在〈象傳〉裡明
白的指點，僅從深奧的經文去摸索，很不容易摸索出頭緒來，可見卦

爻象的重要性。

按〈先天圖〉例：〈乾〉之一陽，自〈艮〉入〈坤〉而〈剝〉盡，〈剝〉盡以後，又自〈坤〉出〈震〉而成〈復〉，〈剝〉而後〈復〉，皆此一陽行乎其間，故剝卦〈象傳〉曰：「君子尚消息盈虛，天行也。」復卦〈象傳〉曰：「反復其道，七日來復，天行也。」是〈乾〉有天行之象。蓋乾陽在六十四卦中，往來不停，一如天體之運行，一日一夜，過周一度，周而復始，永無已時！宇宙萬有，除乾陽天體以外，其餘的，不論生命力如何剛強，從沒有往來運行而能綿綿不斷；如一般人的勞作行動，時間稍為久一點，就會感覺到疲倦。〈說卦傳〉既曰「乾，天也」，又曰「乾，健也」，只有天才能夠如此地健行，所以說「天行健」。

宇宙萬物，由於乾陽發動創始，而以生以長；人事社會，由於君子居中調協，而相因相成。君子本來就具備乾陽之德，〈乾〉之九三且曰：「君子終日乾乾。」是則〈乾〉有君子之象。《公羊傳》曰：「以者何？行其意也。」孔子贊《易》，在明宇宙法則，而引伸為人事規範，「以自強不息」云者，以天行健而自強不息，就是君子以宇宙法則而行其意也。乾德剛健，永遠在動，以創造萬有之生機，〈說卦傳〉曰：「戰乎乾。」是〈乾〉有自強之象；強而曰「自」，謂其所以能強，完全出之於自身，非有任何其他之憑藉，亦即老子所謂「自勝者強」之義也。〈乾〉為天，剛健之乾德，雖屬於氣化境界，無形跡可見，然從天體之運行，可以觀察而知。天體運行，日往則月來，寒往則暑來，億萬斯年，從未間斷，故有「不息」之象；所謂「不息」，其義一為永垂久遠，二為無任何阻力可以使之中途停頓。但不息與自強是一體的兩面，相互為用，果真的不息了，就可以自強；果真的自強了，就可以不息。例如，地球繞著太陽，不斷地旋轉在動，才能夠保持地心的熱，因為動則增高熱量；地心有了充足的熱，才能夠促使地球不斷地旋轉在動，因為熱則加強動力。這從人類自身來看，就顯得更明白，有些人每天都在勤奮勞動，閒不住，愈動愈想動，身體反而很健康；有些人擁有多金，養尊處優，懶得動，愈不動就愈不能動，身體反而很衰弱。所以古代聖賢皆兢兢業業，而勤奮自持，不敢稍微懈怠；如文王自朝至於日昃，不遑暇食，即其一證。

初九象曰：潛龍勿用，陽在下也。

　　孔子於乾卦初九〈小象〉贊之曰：「陽在下。」於坤卦初六〈小象〉贊之曰：「陰始凝也。」陰陽的稱謂，始見於此。陰陽的稱謂，一經確立，而動靜、而剛柔、而奇偶、而小大、而尊卑，乃至進退往來變化，皆可由此而推矣。按易例：六畫卦，初二兩爻屬於地。初居二之下，是在地下，九四曰「或躍在淵」，四與初應，初有地下深淵之象，故曰「陽在下」也。初九本爲始生之微陽，其氣猶嫩，而又潛藏於地下深淵，當然不能發揮陽之作用；陽之作用，至三而著，至五而顯，初則尚在涵養時期。蓋人之德行，所積不厚，本應涵養；相反的，就因爲所積不厚，卻最容易向外傾洩，如現今有些所謂的「學人」，從沒有用過深功夫，根本就談不上成熟的學養，只稍稍涉獵過幾部書，觸發了直覺的片段認識，便自以爲是，而到處賣弄。人類總免不了有這些弱點，孔子早就預見到，而以「陽在下」之象，說明「潛龍勿用」之理，垂戒深矣！

九二象曰：見龍在田，德施普也。

　　此所言德，即乾陽剛健之德。易例：初二兩爻屬地。乾陽在初，蟄居地下，自身脆弱，不能爲用，但發展至二，二在地上，是乾陽已出現於地面之上，而在田矣。乾陽作用，本爲鼓舞坤陰而使之開化，所謂「陽施陰受」，陽之鼓舞，是即施也；乾陽既經出現於地面之上，而地面上所有萬物，因得乾陽之鼓舞，莫不生機活潑、欣欣向榮！蓋陽息至二，卦體爲〈臨〉，「臨者，大也」，乾陽到了大的程度，其所施之德，當然可以普及於萬物，故曰「德施普也」。依《九家易》升降之說，陽息至二，二與五應，必升而之五，語乎人事，即具有陽德之大人，既經出現於世，終當履居尊位，而澤被萬民；龍已見之在田，勢必普施其德也。

九三象曰：終日乾乾，反復道也。

　　九三居內外卦之間，內卦是〈乾〉，外卦也是〈乾〉，〈象傳〉說過：「乾道變化。」是〈乾〉爲道；又按卦氣運行，自內而外謂之「往」，自外而內謂之「來」，三息自初，位居於內，而往於外，有內外往來之象。來則成復，往則與復背道而馳，是即反也，往來就是

反復，故曰「反復道也」。蓋以陽數一三五，陽在一，尚不能發揮作用，由一息成三，其勢已強，固然可以發揮作用，但火候未純，難免失去道軌，必須至五，功行方告圓滿。是則九三適當發展之中途，亟應注意者，在能不失其發展之軌道，尤其內外皆〈乾〉，〈乾〉為道，意思就是不論或內或外之往來反復，都應該一本乾陽之道；這可以從人事現象來看，凡是事業失敗，十之八九都是由於中途遭受了挫敗，以致不能遵循軌道發展，而前全功盡棄！因位處在中途，不上不下，將成未成，乃最吃力的階段，必須乾而又乾，牢守其乾陽之道，所謂「道也者，不可須臾離也」。

九四象曰：或躍在淵，進无咎也。

〈乾鑿度〉曰：「陽動而進。」乾陽為鼓舞萬有生機，不斷向外擴張，其德為進，陽數一、三、五、七、九，順行而進；陰數四、二、十、八、六，逆轉而退。陽之德為進，在數亦為進，又以「乾知大始」，乾陽最富於感能，當其擴張前進時，遇有阻礙窒塞，則停止不進；如水天需卦，需者須也，期而待之也，卦體〈坎〉險在前，乾陽即期而待之，而停止前進。故九四爻辭示之以「或躍」，躍即進也，「或躍」是斟酌情形，可進可退，而為一種審慎的態度，審慎而進，當然不會發生什麼毛病，故曰「進无咎也」。從這裡我們可以體會得到，任何事業如欲向前求取進展，當然要加以審慎，首須考慮到外面環境，是不是允許進展；次則檢點自身的基礎，是不是能夠進展；最重要的應該反省這一個求取進展的念頭，是因何而產生？如果產生於天德，就是來自乾陽的感能，也就是來自所謂「良知良能」，才可以前進而无咎；如果產生於不正確的慾望，或是來自別人的感染，那便需要提高警覺，而不能莽撞從事。古往今來，只顧銳於求進，以致遭受挫折而一敗塗地者，何止千萬！

九五象曰：飛龍在天，大人造也。

乾卦二五兩爻皆言「大人」，然二爻不當位，只具大人之德，而無大人之位，故九二〈小象〉不明言大人，僅曰「德施普也」；但二爻雖不當位，而已普施其德，終至履居五之尊位。是五爻之「大人」，即二爻之「大人」，在二不過施其德而已，至五則已得其

位；而德位俱備，可以大有作為矣，故九五〈小象〉則曰「大人造也」。揚雄《太玄》謂「無或改造，遵天之醜」；《尚書・大誥》謂「予造天役」，註：「造，為也。」《爾雅・釋言》則謂「作、造，為也」。是「造」之涵義，即作為也。乾陽浸長至五，五為尊位，已達於飽滿豐隆之境地，可以鼓舞坤陰，而發揮乾陽之最高作用矣！二爻為其應位，居於內體之中，表示雖未得位，而已具有剛健之德行，猶之聖人未得位時，已施其德，及至得位，則可經之綸之，展布其為大人應有之作為；「大人造也」一辭，即指大人之作為而言，所以贊「飛龍在天」也，大人如飛天之龍，大人之作為，則如龍之飛天。

上九象曰：亢龍有悔，盈不可久也。

據《九家易》，乾卦六爻，初與三雖得位而不中，二雖中而不正，四與上則不中不正，只有五得位得中，而為乾陽最美滿之時會；既經美滿，即應妥為保持，止於其所，如因其美滿，而猶進進不已，由五進居於上，是則過於高亢，而失之盈，失之於盈，必產生相反之結果。蓋物極必反，陽極而生陰矣！上與三應，陽既亢極而居上，極則變陰，下降而之〈坤〉三；以納甲言，月至十五，〈乾〉盈於甲，而至十六，便退於辛，故曰「盈不可久也」。宇宙一切現象，自其發展的過程來看，都有一定的極限，超過極限，這個現象就會相反地向後退縮；月盈則虧，日中則昃；花太艷了，即時而謝；樹太高了，招風而折。中國有句名言：「凡事不為已甚。」也就是盈不可久的意思；假使有個人驕矜自滿，表現得不可一世，無論他的事業是多麼大、地位是多麼高，一經有了自滿的表現，這個人的事業和地位，就快要結束了。

用九象曰：用九，天德不可為首也。

此有二說，其一謂九為陽，用九就是用陽，用陽不可極於頂點之首。易例：卦氣運行，由下至上。上為首，而〈乾〉為天德，由下視上，不見其首，即不極於頂點，是天德不可為首也；程《傳》曰：「用九，天德也；天德陽剛，復用剛而好先，則過矣。」其二謂乾卦純陽，德已剛矣！《春秋傳》以「天為剛德」，〈文言〉曰：「乾元

用九。」是天德即指乾元而言；〈象傳〉則曰：「大哉乾元，萬物
資始。」萬物既皆受始於乾元，當然無有居其先者，只有乾元首出
庶物，物隨之則吉，物先之則凶；又以〈乾〉〈坤〉之妙，存乎用
九、用六之二用，惟天道變化，莫測其端，故不可爲首也。二說各皆
有其見地，並存之。

第二卦
坤卦

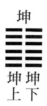

坤

坤坤
上下

—— **此係八純卦，消息十月，旁通乾，不反對。**

　　六十四卦，無論其變化是怎樣的複雜，要不外乎乾坤二氣之往來
而已；誠如〈繫辭傳〉所云：「乾坤，其易之縕邪？乾坤成列，而
《易》立乎其中矣。」故欲學《易》，首須了解〈乾〉〈坤〉之為
何；除乾卦已如前述外，在此先就〈坤〉之概念，略加分析：

　　第一，什麼叫做「坤」？〈說卦傳〉曰：「坤，順也。」又曰
「坤為地」。蓋以〈坤〉為純陰，而屬於地道，陰承乎陽，地承乎
天，承則順而從之，故其德行「為天下之至順也」。《穀梁傳》謂
「獨陰不生」，故〈坤〉必以純陰配乎〈乾〉之純陽，然後能化生萬
物，此坤陰之所以順從乾陽也；又因陰性凝聚，而能成形成體，地則
富有引力，不論地上地下，所有附著之萬物，率皆凝聚在一起，而
成龐然之地勢，以形體而言，要算是大而且著者，故即以「地」象
〈坤〉。《說文》：「坤，……從土申，土位在申也。」；而《釋
名》則以申為身，謂「申，身也。物皆成其身體，各申束之，使備成
也」。是則〈坤〉之字義，在使土能備成其體，土能備成其體，豈不
就是地？此〈坤〉之所以象「地」也；抑有進者，「坤」在古文為
《《，象坤卦卦畫之六段。可見坤字之由來，因卦而成字，坤本之於
《《，《《則本之於六段之卦畫。

　　第二，〈坤〉為八純卦，其所統率者，一世是地雷〈復〉，二世
是地澤〈臨〉，三世是地天〈泰〉，四世是雷天〈大壯〉，五世是

澤天〈夬〉，五世以後，不向上而向下，四變成水天〈需〉之游魂卦；游魂者，本卦之餘氣而已！游魂以後，再降而至三，三與內體變成水地〈比〉之歸魂卦；歸魂者，復歸於本卦之氣質。以〈坤〉視〈乾〉，〈乾〉自一世起，逐級而消，是爲消卦；〈坤〉自一世起，逐級而息，是爲息卦。

第三，據十二辟卦的次序，五月一陰初生而爲〈姤〉，六月二陰並起而爲〈遯〉，七月三陰成體而爲〈否〉，八月四陰上升而爲〈觀〉，九月五陰消陽而爲〈剝〉，十月變成純陰而爲〈坤〉，故坤卦的消息是在十月；而中國傳統的說法，通稱十月爲「小陽春」，〈坤〉居十月，其氣候既是純陰，爲什麼又有「小陽春」之名目？這就因爲陰陽往來，互相對待，惟其純陽，暗伏有陰；惟其純陰，暗伏有陽。〈乾〉本四月卦，可是到了五月，便一陰自內而生，依次二陰、三陰、四陰、五陰連續上長，直至純陰之〈坤〉爲止；〈坤〉本十月卦，可是到了十一月，便一陽自內而生，依次二陽、三陽、四陽、五陽連續上長，直至純陽之〈乾〉爲止。故〈乾〉雖純陽，反而陰消；〈坤〉雖純陰，反而陽息。蓋宇宙間陰陽二氣無滅絕之理，不論是陰或是陽，一經滅絕，則整個宇宙亦即隨之而滅絕；此在〈太極圖〉中，白的一面陽伏有一點黑的陰，黑的一面陰伏有一點白的陽，陽伏陰，陰伏陽，早已示其端矣！〈坤〉爲十月之純陰，而有「小陽春」之稱，其義即此。

第四，〈坤〉亦如〈乾〉，六爻一致，正看是〈坤〉，倒置仍然是〈坤〉，故無反對卦；惟陰陽往來，兩情相通，〈乾〉既旁通於〈坤〉，〈坤〉亦旁通於〈乾〉。〈繫辭傳〉曰：「旁通情也。」猶之男孩長大成人，則愛女性；女孩長大成人，亦愛男性，是乃陰陽間之至理。推而及於一切生物，莫不皆然。〈乾〉〈坤〉係《易》之綱領，遠較其他各卦爲重要，所以先提示其概念，然後按照節目順序，逐一說明。

壹、總說

佈卦的次序

《周易》首〈乾〉〈坤〉，而〈乾〉〈坤〉的排列，是〈乾〉居

先、〈坤〉居後，這在乾卦裡面已經交代過了；不過乾卦裡面所交代的，只是根據乾卦的觀點，而此處專從坤卦的觀點，指出坤卦為什麼居於乾卦之後？〈繫辭傳〉曰：「乾知大始。」〈文言〉曰：「坤代有終。」意思是說，〈乾〉最富於感能，而可以創始萬有的生機；〈坤〉則代〈乾〉，而可以完成最終的形體。那麼，〈乾〉是因何而能創始？〈坤〉又因何而代有終？蓋以〈乾〉為陽氣化，左旋運行，而向外擴張，凡屬宇宙間一切動態的能力皆肇於〈乾〉，故能創始生機；〈坤〉為陰氣化，右旋運行，而向內收斂，凡屬宇宙間一切靜態的質素皆育於〈坤〉，故能凝成形體。但乾陽雖是動態能力，可以創始生機，然而看不見、摸不著，空洞而無形，必須待至坤陰靜態質素凝成形體以後，才有跡象顯出，而造化最終極的目標，也才能夠完滿達成，所以說「坤代有終」，而居於乾卦之後。例如，每年時序到了春節，由泰卦值令，其乾陽業已成體，於是向外發動，所有草木花卉皆隨之由萌芽而生長；不過乾陽發動，只在空洞的鼓舞而已，看不見，摸不著，有實際成就的，還是後來萌芽生長的草木花卉；而草木花卉在萌芽生長中，那正是靜態質素所凝成的形體，而屬於坤陰，是即〈坤〉居〈乾〉後之一證。再就我們自身生活來看，我們如果要打算創辦某種事業，事先必須經過很長的一段構想，構想成熟了，才著手見諸具體事實。這種事先的構想，就是乾陽所發揮動態能力的作用；這種具體的事實，就是坤陰所表現靜態質素的成果。乾陽作用，發揮於前；坤陰成果，表現於後。是又〈坤〉居〈乾〉後之一證。根據上述，乾陽所發揮的為空洞能力，坤陰所表現的為實在形體，可是在萬有現象中，能力總是居於主動地位，形體總是居於被動地位，如人之精神意志的能力，可以指使五官百骸的形體；而五官百骸的形體，必須承受精神意志能力之指使。主動者發之於前，被動者承之於後，當然〈坤〉居〈乾〉後。至於以數而言，乾陽數奇，坤陰數偶，奇在前面而偶在後，已詳乾卦，茲不再贅。

成卦的體例

　　〈乾〉〈坤〉是由陰陽兩儀發展而成卦，陽儀則由一點引伸，變為一直線；陰儀則由分段組合，變為兩合體。這陽的一直線和陰的兩合體，其中間所呈現的情況，就迥然不同；一直線的中間是實在

的，兩合體的中間是空虛的，所以說「陽實陰虛」。在此，須先插一則解釋，有人懷疑陽實陰虛的說法，認爲陽所發揮的是空洞能力，何以說是實？陰所凝成的是實在形體，何以說是虛？這種認識，似是而非；按易例：虛實之爲義，並不是看在外表的形式，乃是指內在具備的功能而言。乾陽可以創始一切生機，宇宙萬有，無一而不受始於乾陽；至於坤陰的功能，只是孕育某些個體罷了，而且坤陰所孕育的個體，如果沒有乾陽鼓舞，根本就不能存在！我們通常都在講：「一分精神，一分事業。」精神屬於乾陽，事業屬於坤陰，沒有精神，就沒有事業。足見陽實陰虛之理，無可置疑。陰陽相較，坤陰既然爲虛，傳曰：「虛而有容。」又曰：「有容乃大。」坤陰之能夠成形成體，就在於虛而有容的德性。蓋凡萬物形體之構成，是由於很多不同的質素包容在一起，假使實而不虛，怎麼能夠包容得了？所以坤卦的體象，最重要的便是虛，六爻都是兩合而中空（☷），即在表示其能包容也。

　　〈坤〉之孕育萬物，對於構成物體的一些質素，固然是需要中空而虛，能夠包容，但如那些質素，散而不聚，各自分離，即便是中空而虛，又如何包容得起？所以坤卦體象，不僅中空而虛，具有包容量，即爲已足，還得要有一種凝聚性能，而使那些質素，凝聚不散，然後才可以達到包容之目的。本來，坤陰就以凝聚成性，觀乎坤卦初六〈小象〉，便可知矣；初六〈小象〉曰：「履霜，堅冰，陰始凝也。」是則陰性凝聚，孔子已明白指出；然而坤陰縱然具有凝聚性能，而構成物體的質素，如不爲其所凝聚，亦將徒勞無補！故坤陰之發揮凝聚作用，其中必藉另一種力量在支持，那就是通常所稱的「吸引力量」，因爲沒有吸引力量，便吸引不住，物皆浮游分散，還談得上凝聚嗎？舉例以明之，好比地球引力：地球之所以形成地球的龐大，一方面雖由坤陰的凝聚作用，以凝成千千萬萬的物體，可是在千千萬萬的物體之中，類型不同，性質亦異，有的是液體，有的是固體，有的善於飛，有的善於泅，而都能夠密切結合，成爲一個地球的整體，那當然要靠著另一方面的地球引力來支持，亦即通常所稱的吸引力量；要不是吸引力量，非特附著於地上的物體離開地球，飛向太空，就連深藏於地下的物體，同樣的也是節節脫落，無以維持存在。不過這裡將凝聚性能和吸引力量分開來講，是爲了便於讀者的覺

解，實則兩者同出於一源，而爲一體的兩面。前節已經講過，坤陰氣化，右行運轉，向內收縮，而且愈運轉則愈收縮，因逐產生凝聚作用；對於外在之物，亦以向內收縮的力量，而可以吸引得住。就吸引外在之物來講，謂之「吸引力量」；就凝成內在之體來講，謂之「凝聚性能」，都是發源於坤陰內向運轉的氣化。

坤卦卦體肇始於兩段的陰儀，由兩段的陰儀，經過四象中的太陰，發展而爲三畫卦；三畫卦的內容，已將陰儀之兩段，複合至於六段矣！更由六段的三畫卦，重之而爲六畫卦，兼三才而兩之；其中六段，倍之變成十二，十二乃地支之數，得形而下者之全，其孕育萬物之條件，皆已齊備，而且內外兩體，相互交接，亦在表示陰已成熟，將屆後天化生之境界，而與先天三畫卦不同其趣。從卦體的外貌來看，全卦各爻，自初至上，雖各有其不同之爻位，但任何一爻，都包容在卦的組合之內，而不至於遺漏，這就靠著兩段的陰儀，以合成一體。從卦體的內情來看，初至二，二至三，三至四，四至五，五至上，一直到頂，都是兩兩分列，其各爻之孕育作用，亦因之而有對待深淺之分，如初「始凝」，二則「直方大」，三「從王事」，四則「括囊」，五「黃裳」，上則「龍戰于野」，這就由於兩段的陰儀以分成兩列。要之，其合也，合得非常周詳，而無所不盡；其分也，分得非常精細，而無微不至。孔子於〈大象〉裡以地狀〈坤〉，而曰「地勢坤」，意思就是地球孕育萬物，所表現的態勢，一本乎〈坤〉德而行，有些地方顯得很周詳的合，有些地方又顯得很精細的分。如地球上所有的物體，無一而不是結合很多的質素而成，尤其物與物之間，儘管其性能不同，但皆相互爲用、共存共榮，諸如動物所排泄的碳氣可以滋長植物，植物所排泄的氧氣可以滋長動物；又如植物需要土壤以生存，土壤需要植物以保養。舉凡萬有品物，在一個大的結合之下，形成整體的生機，足見得地球之於物的結合，是無所不盡！但在另一方面，地球上所有的物體，不是合，而是分，大別之，分爲動、植、礦三類，每一類中，又分爲若干種，而且一直向下分，分到無可再分爲止；如動物類中的蟲魚鳥獸，蟲就有無數式樣的蟲，魚就有無數式樣的魚，鳥就有無數式樣的鳥，獸就有無數式樣的獸。至以人而言，全世界人口，現在已經七十多億，卻沒有兩個人身材面貌是相同的；即使雙胞胎，多少也有些差別。足見地球之於物的

區分，是無微不至，這就導源於坤卦的六段之合與兩列之分。

　　坤卦亦如乾卦，三畫卦的坤陰，猶屬於先天境界，陰未成熟，不能發揮陰的作用；重之而爲六畫的坤卦，已成完整的陰體，而交到後天，可以發用了。或以六畫坤陰，雖已成熟，而純陰無陽，何能化生萬物？殊不知純陰便有伏陽；前面曾經講過，試觀坤卦到了上爻，陰體屆至成熟之時，即有「龍戰于野」之陽前來侵襲陰體。所以只要具備化生萬物的作用，就不愁沒有化生萬物的機運。

立卦的意義

　　根據前面所講的坤卦卦體，是知〈坤〉之所以爲〈坤〉，首在空虛而能包容。因爲空虛，外在之物才可以歸附；因爲包容，對於歸附之物，才可以接納。人稟乾坤陰陽二氣而生，除應遵循乾陽的法則外，當然也要遵循坤陰的德行，曰「唯空虛」，曰「唯包容」。空虛對人來講，就是中懷坦坦，沒有絲毫成見，一以客觀爲準，是則是，非則非，似此應世態度，無畛界，無偏私，自能贏得人們的景仰，而樂與之往還，社會基礎也就日漸壯大；如舜在微時，所居之處，三年而成村落是也。包容對人來講，就是器量恢弘，德配天地，無所不覆，無所不載，儘管外來事物，紛繁複雜，有順的，有逆的，都能夠裝得進去，而無扞格不入之情；如周公一握髮、三吐餔，凡屬臣民陳述之意見，一律予以誠懇接納是也。然《易》學晦而不明久矣！晚近一般人士，鮮有能知坤陰卦義者，尤其有些居官秉政的人，裝模作樣，故立涯岸，遇事只講利害、不論是非，用人則憑好惡私情、不問賢愚忠詐，談不上空虛襟懷，更談不上包容器量，有識之士，皆望望然而去之；所與往來者，不過雞鳴狗盜之徒而已！所以我們待人接物，應該虛懷若谷，沒有門戶、藩籬的任何間隔，聽由外物出入於其間。對我們友善的人，固然是要寬予包容，即使對我們不友善的人，也得要寬予包容，因爲人家對我們不友善，或許由於我們自身有錯誤，如果經過反省，我們自身並無錯誤，錯誤是在人家，而我們還是寬予包容，久而久之，其人必翻然悔改，可能由不友善變成最友善，不友善都變成最友善，是天下無不友善之人矣！這樣的生活在社會上，那有個不完美的道理？

　　「〈坤〉代有終」，坤陰最終目的，是在製造萬有物體，但製造

萬有物體，不僅是空虛包容即算了事，還得要靠著凝聚性能，才能夠凝成各種式樣的物體，這在前面已經講過。凝聚性能之於人，那就是登高一呼，萬眾齊應，而有結合社會大眾之德行，像武王伐紂，不期而會者八百諸侯，即其一例；但武王怎麼就能夠結合天下諸侯，而凝聚爲一個整體？這在同人卦裡指示得很明白，〈同人〉之〈象傳〉曰：「唯君子爲能通天下之志。」人之所以能同，首須意志溝通，因爲人事社會現象，不論紛繁複雜到了什麼程度，無非是基於人類意志的表現，意志向善，行爲便向善；意志向惡，行爲便向惡。意志就是人類行爲一個相同的基點，假使我們能夠掌握這一個相同的基點，以溝通天下人的意志，天下之人必然是殊途同歸，在一定的趨向之下，結合起來了，這就是坤陰的凝聚性能發揮在人事社會上的作用。不過人心不同，各如其面，溝通天下人的意志，不是一件容易的事，當其事者必須具有最高稟賦和修養，了解天人一體之大道，從天理以察人心；本來，人心都有個是非標準，而且不分男女老少，其內心的是非標準都是一致的，這種一致的是非標準，即係來自天理。所以人心之所趨，便爲天理之所在，果能舉止言行，一切的表現，完全本乎天理，而扣緊了人心，自可吸引天下之人，聞風來歸，趨之若鶩；即便是八荒頑鄙，亦未有不歸附者。文王僻處西北一隅，竟至三分天下有其二，這就是坤陰的吸引力量發揮人事社會上的作用。

　　陽成能，陰成體，坤陰是怎樣製造物體，在卦畫上看不出什麼形跡，但〈坤〉之大象爲「地」，我們可以從地勢上來觀察。最初地球上只是一團氣，在空間右旋運行，運行若干億萬年，始固結地殼，而完成地球的形勢，地球形勢完成以後，還在不斷地作有規律之運行，才能夠繼續保持其形勢之存在；如果不是有規律的運行，不但不能保持地球的存在，根本即不能成爲地球。在此，我們可以獲得進一步的認識：凡是有形之體，其最初的發生和以後保持存在，都需要有規律的運行，如人的身體，就在動態生活中成長起來的，對外日常的生活固然需要不斷地行動，其內在的五臟六腑更是在不斷地運行，假使不動而停止了運行，那便死亡了！而且這種動態的運行，愈是有規律，身體健康也就愈好，事業成績也就愈大。這不僅每個人是如此，推而至於社會國家，亦莫不如此。社會繁榮，當然是由於彼此之間相輔相成的活動，也就是有規律的運行；一個國家，必須所有人

民在政府策動之下，耕者耕，讀者讀，工者工，商者商，各就其本位，努力發展，全國上下形成一個整體運行，這樣才可以達成富庶的境地。但坤陰之能成就形勢，而做有規律之運行，是靠著乾陽來支持；地球是在太陽統攝之下而運行，才能夠成就巍峨碩大之地勢。所以我們在社會上如已創造了一種事業形勢，不能僅注重有形方面的發展，而要兼顧到無形方面的精神能量；尤其一個國家到了富庶的程度，就應該加強其精神文明，《論語》云：「既庶矣，則富之；既富矣，則教之。」富庶只是有形方面的發展，富庶而不灌注精神文明，可能由富庶而導向驕奢淫佚、物慾橫流，馴至寡廉鮮恥、道德淪亡，其富庶成果，便很難持續下去！研究坤卦卦義至此，不能不深予警惕也。

　　坤卦的卦義，一如乾卦，至為廣泛，以上所舉，僅及其大者，未盡之義，可參閱坤卦〈文言〉，在此不再贅述。

貳、彖辭（即卦辭）

　　坤元亨，利牝馬之貞。君子有攸往，先迷後得主。利西南得朋，東北喪朋，安貞吉。

坤元亨，利牝馬之貞

　　坤陰氣化，右旋而向內凝聚，向內凝聚，即所以成形成體也，這在〈坤〉初爻辭與〈小象〉中，已示其例。既然萬有形體皆來自坤陰，故〈坤〉亦如〈乾〉而稱「元」，乾元是萬有的創始者，言其能也；坤元是萬有的化生者，言其體也。有謂「坤元即乾元」，其說嫌鑿，不取。但自化生之初，至形體完成，其間當然還有一段很長的路程，並非一蹴而可以竣事。繼化生之後，必須不斷地發展，而且發展得要很通暢，才有成形、成體的可能，這通暢的發展，就是所謂「亨」。僅具備通暢的「亨」，仍然是不夠，在形體構成的開始，其內在配合的一些質素，無論是在性能上，或是在分量上，都要配合得很諧和，而又很適宜，這諧和與適宜的配合，就是所謂「利」。元、亨、利三種德行，坤卦和乾卦大致相同，所不同的在於元亨利貞的「貞」；貞字的涵義，是正確而穩固，乾陽原即好動成性，惟經過

元、亨、利三個階段以後，不能一直地老是在動，已經到了時候，就應該正確地穩固於坤陰之內，其於開化坤陰，才可以獲致圓滿的成果。是則乾卦所具的四德之貞，其義只不過正確而穩固，並未雜有其他意義；坤卦所具的四德之貞，則與此異其趣，不僅是「貞」，而宜乎「牝馬之貞」。蓋以坤爲陰、乾爲陽，坤陰乃乾陽的匹配，乾陽在六十四卦中，只有第一個純陽的乾卦稱「龍」，其餘的在陰陽綜合卦體裡，乾陽都稱之爲「馬」；乾陽既經稱「馬」，坤陰當然稱爲「牝馬」。乾陽之所以取象龍與馬，是因爲龍與馬皆善奔馳，動力極強，有似乎乾陽之運行不息，遂借以形容其剛健之德。

　　在此須附帶說明的：龍與馬固皆富於行的動力，但龍是騰空而行，馬是著地而行，兩者之間，各有特點。這就由於純陽的乾卦，其乾陽尚未與坤陰接觸，只在太空中獨自鼓舞，故以騰空之龍狀之；在陰陽綜合卦體裡，其乾陽已與坤陰結合在一起，而鼓舞於陰體之內，如人之精神意志是陽，必須依存於身體，身體是陰，有了身體的著落，才能發揮精神意志的作用，故以著地之馬狀之。至於「牝馬」，是指生產小馬的母馬；坤陰之孕育萬有的形體，猶如母馬之懷孕小馬一樣，旨在生產得很正確，沒有壞胎，而又很穩固，不致夭亡，故曰「利牝馬之貞」。本來乾陽主動，而坤陰主靜。凡物之動者，便不易於穩固，不易於穩固，便不易於正確，乾陽主動，所以需要的是正確而穩固之貞；凡物之靜者，則較爲穩固，較爲穩固，則較爲正確，坤陰主靜，其四德之貞，不僅是正確而穩固，即爲已足，而需要的是牝馬之貞。「牝馬之貞」語意的重點，是說坤陰對於萬有形體之化生，宜乎正確而穩固；此外更應本諸「虛而有容」的固有德行，做到「有容乃大」的圓滿成果，這才算得上是牝馬之貞。

　　就人事來講，同樣是離不開「元亨，利牝馬之貞」的法則。假使我們在社會上要想創立一種形勢，無論是政治的形勢，或是事業的形勢，乃至於個人生活的形勢。首先，在本身基礎方面，都得要具備足夠的條件，才能著手創立，這就相當於坤陰化生萬有形體之初，是即「元」也；其次，既經著手創立，而所創立的形勢又能獲得社會上各部門的配合，逐漸順遂推進，這就相當於坤陰創生後之通暢的發展，是即「亨」也；再次，在創立過程中的形勢，雖能順遂推進，還是不夠，其內在的結構是否平衡？而於推進的步驟，有無參差之

處？凡此，必須力求妥貼，這就相當於坤陰配合得適宜而諧和，是即「利」也；最後，也是最重要的階段，不論什麼現象，愈是接近成功的時候，愈是感覺艱難！固然，形勢創立了，又順遂推進了，內在的結構也能夠平衡了，但臨到最後重要的階段裡，更應嚴加檢點，形勢的存在有沒有問題？是否可以持續下去？會不會中途發生偏差，乃至於萎縮而滅亡？因為有很多現象，每每是「為山九仞」而「功虧一簣」；即使形勢可以持續下去，而無偏差，其於未來的發展，還需要逐漸增強，好像牝馬之懷孕小馬，有生生不已之象，這就相當於坤陰之化生萬有形體，而能又正確又穩固，日趨壯大地發展，是即「牝馬之貞」也。

　　有謂「元亨利貞」四個字，據〈文言〉裡面的啟示，是各自有其含義：「元者善之長也，亨者嘉之會也，利者義之和也，貞者事之幹也。」而自《子夏易傳》以來，各家的解釋亦皆曰：「元者大也、始也，亨者通也、暢也，利者宜也、和也，貞者正也、固也。」元、亨、利、貞既皆各有其獨立的意義，應屬於名詞的性質，而這裡以「利牝馬之貞」為句，似已變為附於貞字的動詞，豈不失去其原有的意義嗎？是又不然。「利」字的涵義，「宜也、和也」，宜是適宜，和是諧和，「利牝馬之貞」一辭，是說坤陰化生萬有形體，到了利的階段，其內在的結構表現得又適宜又諧和，未來的發展當然可以達到又正確又穩固的程度，而獲致牝馬之貞的成果，是則「利」字原有的意義——「宜也、和也」，仍舊保持獨立存在；不過「利」字的涵義，就因為是「宜」，所以歷來治《易》者對於《易經》裡面「利貞」兩字連綴而成的辭句，即取「宜」之一義，而釋為宜於貞，這是文字的活用，並沒有變更原有的意義。不僅「利貞」兩字的辭句是如此，同樣的，「元亨」兩字連綴而成的辭句，也是取「元」字涵義中「大」之一義，而釋「元亨」為「大亨」。

君子有攸往，先迷後得主。

　　前面說過，〈坤〉通〈乾〉，內伏乾陽，乾陽有君子之象，故曰「君子」。《易》所言者，固為天地陰陽之大道，但先聖作《易》，旨在引伸宇宙法則，用為人事規範，其所言天地之道，是為人而言。蓋天地之道，非人莫明，惟有人之聰明睿智，能參天地之化

育；文王繫卦，於〈乾〉後至〈坤〉，特提出「君子」二字，即此意也；孔子於〈大象〉，言「君子」者凡五十卦，亦此意也。「有攸往」的「有」，是《易經》裡所習用的語助詞，各卦常見「利有攸往」與「不利有攸往」的辭句，這個「有」字，就是〈序卦傳〉所講的「有天地，然後有萬物；有萬物，然後有男女；有男女，然後有夫婦；有夫婦，然後有父子；有父子，然後有君臣；有君臣，然後有上下；有上下，然後禮義有所錯」。那些一連串的「有」字，內容包容得非常豐富，因爲《易》所探討的，自太極開始，由無而有，〈繫辭傳〉曰：「《易》有太極」是也。《易》能經世，就在於有，我們對於這個「有」字，切不可忽略讀過。有攸往的「攸」，據《爾雅・釋言》：「攸，所也。」《孟子》：「攸然而逝。」謂疾走也。有攸往的「往」，一般的解釋：往者，行進也；按卦氣自內而外謂之「往」，往就是行進而向外發展的意思。合起來，「有攸往」是說〈坤〉象萬方，客觀的環境極其廣泛，可以有所作爲，具能迅速地向外發展；這是在對有德行的君子作鄭重之啓示，故曰「君子有攸往」。

　　在自然現象中，凡屬坤陰所凝成的形體，都得要有乾陽來鼓舞，以至於開化，才能夠顯露生機，否則只是塊然死體而已！如草木花卉，每當殘冬嚴寒季節，凋落的凋落，枯萎的枯萎，呈現出滿目荒涼景象；可是到了三陽時令，春雷一經發動，很短的期內，凋落的立即再生枝葉，枯萎的立即重新成長，於是紅綠交輝，而欣欣向榮！爲什麼春雷發動，就有這樣大的影響力量？這就因爲春雷於卦是〈震〉，〈震〉司春而爲雷，春雷發動，就是乾陽發動，所謂「〈乾〉出爲〈震〉」是也。乾陽既經發動，坤陰便受其鼓舞，坤陰所凝成的形體，諸如草木花卉，當然也就由於乾陽鼓舞而開化。以人事而言，乾陽是代表君子的德行，周公繫卦，於〈乾〉之九三而稱作「君子」，即以初陽勿用，乾陽至三，已具君子之德行矣。君子德行，猶之乾陽，可以開化坤陰，坤陰是代表人民和邦國，《焦氏易林注》謂〈坤〉「爲民、爲國」；君子以所稟賦的乾陽德行，去開化坤陰，就是指對於國家人民所實施的治平之道，國家人民在客觀環境上，一若坤陰之廣泛，君子正可以有所作爲，並促其迅速發展，所謂「君子有攸往」，義蓋如此。

　　這裡提到的先後，係指乾坤陰陽而言，乾陽好動，而且是主

動的；坤陰好靜，只是被動而已！所謂「陽施陰受」是也，施的動作，當然在受之前。乾陽於數又為奇，坤陰於數則為偶，奇數一三五七九，也是居於偶數二四六八十之前；要之，無論在數的方面，或是德性方面，乾陽總是居先，坤陰總是居後。蓋以宇宙化育萬物，林林總總之中，無一而不是先由乾陽鼓舞，以開化其生機，然後再由坤陰孕育，以成長其形體，故孔子贊〈乾〉為「知大始」，贊〈坤〉為「代有終」；始即先也，終即後也，文王便依據宇宙自然法則，而將乾卦佈之於先，坤卦佈之於後，以立六十四卦的綱領。「先迷」之「迷」，是取象於〈坤〉：《說文》：「迷，惑也。」《楚辭》：「中瞀亂兮迷惑。」因為「陽明陰暗」，坤陰幽暗，不若乾陽之光明，如無乾陽為之先導，則坤陰必至於瞀亂而迷惑，故曰「先迷」。「先迷」之義，謂坤陰不待乾陽的先導，而即自行動作，勢必莫知所之，而陷於迷惑之困境。「後得主」之「主」，是取象於〈乾〉，〈坤〉伏有〈乾〉也，「主」就是主宰的意思；按乾陽出〈震〉，〈震〉為帝，帝者主宰一切，是即主也。孔子於乾卦〈象傳〉贊之曰：「大哉乾元，萬物資始，乃統天。」萬物既皆受始於乾元，而乾元可以統攝整個自然，統攝豈不就是主宰，是亦「主」之象也。「後得主」，是說坤陰與乾陽本來就有先後的程序，坤陰必須經過乾陽的鼓舞，等到生機開化之後，才能夠獲得主宰，以達成其孕育形體的功能，否則不免於迷惑。有以「先迷後得」為句，而將「主」字與「利」字連成一句，此不僅於經義未合，且有乖於卦象，殊不足取。

　　「先迷後得主」一辭的意義，可以求證於我們自身；前面交代過：我們五官四肢的身體是來自坤陰，而精神意志的靈能則來自乾陽，五官四肢在精神意志指使之下，才能發揮作用，沒有經過精神意志的指使，五官四肢便茫茫然不知所為，所以說「先迷」；如經過精神意志指使之後，則耳能聽、目能視、口能言、手足能行動，五官四肢皆可以很純熟地操作，所以說「後得主」。這種道理，是極其平常，惟其平常，一般人很容易忽略，尤其謀國君子們，整天裡都在開會、講演中渡生活，《左傳》曰：「肉食者鄙。」天賦的靈能，本來就不很充足，平時又缺少培養靈能的機會，臨到有事，不問其重要性如何，便貿然決定，事前既沒經過周詳的考慮，事後怎麼能夠貫徹地

實行？要知道沒有經過大腦的行動，會有好的結果嗎？

利西南得朋，東北喪朋，安貞吉。

　　「利西南得朋，東北喪朋」，這兩句歷來的解釋不一，有的是按文王八卦方位，在西南，由〈坤〉母率領〈巽〉〈離〉〈兌〉三女，女者陰也，而為羣陰聚處，所謂「得朋」，即係〈坤〉得同類之羣陰也；在東北，由〈乾〉父率領〈震〉〈坎〉〈艮〉三男，男者陽也，不復見有羣陰，所謂「喪朋」，即係〈坤〉喪同類之羣陰也。是則在〈坤〉曰「朋」，指陰而言；自王肅以下，崔憬、史徵乃至程《傳》、朱《義》，皆執此說。另如馬融則謂：「孟秋之月，陰氣始著，而〈坤〉之位，同類相得，故『西南得朋』；孟春之月，陽氣始著，陰始從陽，失其黨類，故『東北喪朋』。」荀爽立論與馬氏相近；此雖兼採卦氣之說，其對「得朋」、「喪朋」之「朋」，仍係指同類羣陰。然「利西南得朋，東北喪朋」之「利」字，其文意是一直貫下去的。按《經讀考異》：「利」字或誤連「主」字讀，據〈文言〉「後得主而有常」，則主字絕句，以利字屬下是也；故解釋「西南得朋，東北喪朋」，應將「利」字連在一起來說。但以上所舉的各家解釋，無論是依卦位，或兼採卦氣，皆僅說到「西南得朋」「東北喪朋」而已，至於「西南得朋」、「東北喪朋」何以是利？則略而未論。茲附文王八卦方位圖於坤-1：

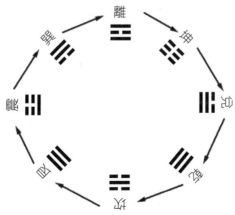

圖坤-1　後天八卦圖

　　虞氏《易》則據納甲，以月得日光而生明爲「得朋」，謂月初三，哉生明，〈震〉象出庚；月初八，上弦，〈兌〉象見丁，庚屬金而居西，丁屬火而居南，因〈兌〉已二陽和陰，有「朋友講習」之象，故「西南得朋」。由月二十九至月三十晦，消乙入〈坤〉，滅藏於癸，乙屬木而居東，癸屬水而居北，因〈坤〉滅〈乾〉，〈坤〉爲喪，故「東北喪朋」。蓋月自晦後復明，是起於西方，漸移於南方，而明更盛，至下弦則消退於東方，最後沒於北方，天象固如此也；不過這對於得朋、喪朋的「朋」字涵義，與前面所說的完全不同。前面所說的是〈坤〉以〈巽〉〈離〉〈兌〉三陰卦爲朋，「朋」指的是同類之陰；這裡是說月得日光生明爲朋，「朋」指的是陰陽和同，而爲以陰得陽而開化，並不是指同類之陰也。治虞氏《易》者，爲實其說，復求證於〈損〉〈益〉各卦，謂〈坤〉之中爻，居二、三、四則爲〈益〉，居三、四、五則爲〈損〉，〈損〉之六五爻、〈益〉之六二爻，皆曰「十朋之龜」，此所謂「十朋」之「朋」，亦即來自坤卦「得朋」之「朋」，因〈損〉之六五得九二相應、〈益〉之六二得九五相應，是皆以陰得陽也；而〈損〉之六三曰：「三人行，則損一人；一人行，則得其友。」〈損〉之所以爲「損」，其義是損下益上。按〈損〉由〈泰〉來，即係損去〈泰〉之內卦九三，以益外卦之上爻，而爲上九，〈泰〉變爲〈損〉，內卦〈乾〉體，去其一爻，所以說「三人行，則損一人」；損此一爻，以益〈坤〉上，卦體雖變成〈損〉，而上九與六三仍屬陰陽相應，所以說「則得其友」。惟此兩爻之能相應，是上九得六三相應，而爲以陽得陰；前述之〈損〉、〈益〉，二、五相應，乃以陰得陽。據此，以陰得陽，則稱之爲「朋」；以陽得陰，則稱之爲「友」。坤卦之得朋、喪朋，其義可知矣。然而〈坤〉之得朋、喪朋，既皆指陽而言，西南是屬於陰方，何以謂之「得朋」？東北是屬於陽方，何以謂之「喪朋」？這就因爲「陽順陰逆」，坤陰卦氣是逆行的。在十二月辟卦裡，〈坤〉爲十月卦，逆行至九月爲剝卦，至八月爲觀卦，至七月爲否卦，至六月爲遯卦，至五月爲姤卦，至四月爲乾卦。由〈剝〉至〈乾〉，陽爻遞增，而七、八、九等三個月，時序爲秋，秋屬西方；四、五、六等三個月，時序爲夏，夏屬南方。西、南兩方，逐漸得其遞增之陽，是即「西南得朋」之象也。自經四月

乾卦以後，逆行至三月夬卦，至二月為大壯卦，至正月為泰卦，至
十二月為臨卦，至十一月為復卦，至十月又還歸於坤卦。由〈夬〉
至〈坤〉，陽爻遞減，而正、二、三等三個月，時序為春，春屬東
方；十、十一、十二等三個月，時序為冬，冬屬北方。東、北兩
方，逐漸失其遞減之陽，是即「東北喪朋」之象也。茲將納甲及十二
辟卦分別附圖於圖坤-2。

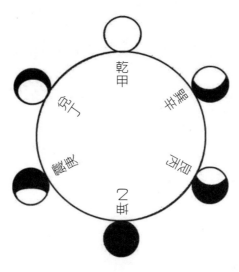

〈震〉庚哉生明時在初三
〈兌〉丁上弦時在初七八
〈乾〉甲為月望時在十五
〈巽〉辛哉生魄時在十六
〈艮〉丙下弦時在二十三
〈坤〉乙月晦時在三十

圖坤-2　參同契納甲圖

　　以上兩說，固皆各有所見，但如深入研究，則覺第二說為精，何
以言之？孤陰則不生，孤陽則不長，萬物之得以孕育成體，端在陰陽
的互相結合，所謂「天地絪縕，萬物化醇」。天地陰陽二氣絪縕在一
起，萬物才能夠成長得很醇和，從沒有孤立之陰或孤立之陽，可以
單獨地化育萬物；而且陰愛陽、陽愛陰，陰陽二氣本身，就會自然而

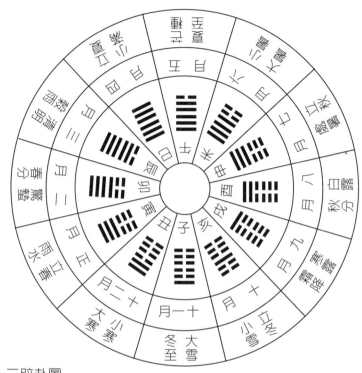

圖坤-3　十二辟卦圖

然地互相結合，《參同契》曰：「雄不獨處，雌不孤居。」是也。〈坤〉「利牝馬之貞」，其主要作用，則爲孕育萬物，而成形體；可是坤陰之育成形體，並不是羣陰相聚，即可濟事，還得要有乾陽爲之鼓舞，以發動其生機，有了生機，形體才可以成長得了，這可以覆按前面的交代。〈坤〉在文王卦位，居於西南，西南是陰方，以坤陰而居陰方，又與〈巽〉、〈離〉、〈兌〉三陰卦同處，其陰盛之極矣！如依第一說，〈坤〉以得同類之陰爲「得朋」，那麼，盛陰不得陽，而只得陰，生機怎麼能夠發動？是誠有背天地化育之大義，何「利」之可言？至於〈坤〉位之對方爲東北，東北是陽方，而所聚居者，又爲〈乾〉〈震〉〈坎〉〈艮〉四陽卦，以陽卦而同處陽方，其陽旺之極矣！如依第一說，〈坤〉以喪失同類之陰爲「喪朋」，那麼，旺陽可以決陰，〈坤〉遇東北旺陽，其自身已岌岌可危，正需要同類者爲之援助，茲反喪失同類之陰，又何「利」之可言？故謂

「朋」爲同類之陰，於理未順；虞氏非之，認爲不合經義，蓋以此也。

　　「西南得朋」而曰「利」，是說〈坤〉居西南陰方，而又羣陰相聚，其陰太盛，宜於得乾陽之鼓舞，生機才可以發動，否則將成塊然的死體；猶之一個國家，在屬於陰的物質建設過於充實，倉廩豐盈而有朽粟，家給人足而有餘資，這就應該以屬於陽的精神文明來調劑，而轉往於文教之陶冶，所謂「既富矣」則「教之」是也。如只向物質方面去追求，很可能流於驕奢淫佚，以導致動亂不安的反結果；現代專重物質的國家，就有這種趨向。故西南盛陰而以得朋爲利，得朋者得陽也，得陽是爲開化坤陰之體，當然是「利」。「東北喪朋」而亦曰「利」，則以東北爲陽方，而又羣陽相聚，其陽太旺，坤陰遇此旺陽，已經承受不起，再如益之以陽，勢必「龍戰于野」，而坤陰之體莫保矣！猶之一個國家，屬於陽的精神文明發展太過，而忽略生產，以致府庫空虛、人民困窮，這就應該以屬於陰的物質建設來彌補，而轉往於經濟之開發，所謂「衣食足」、「倉廩實」是也，不能只向精神方面去追求，以免由貧窮而淪於衰危不振；現代篤信佛教的國家，就有這種趨向。故東北旺陽而以「喪朋」爲利；喪朋者，喪陽也，喪陽是爲保持坤陰之體，自亦是「利」。據以上所述，以「朋」爲陽，則「利西南得朋，東北喪朋」，其義可得而解矣。

　　「安貞吉」的「貞」，就是「利牝馬之貞」的「貞」；而「利西南得朋，東北喪朋」的「利」，也就是「利牝馬之貞」的「利」。文王特就坤卦，在「元亨利貞」四德中，重複地提出「利」、「貞」二字，並不是偶然的，而寓有深意在焉；因爲坤陰的任務就在孕育萬有的形體，可是萬有既經成了形體，形體是不可能永遠的存在，最後都有個毀滅的時候！地球和太陽，以及一些星辰，總算得是形體中較大的結構，到了極限的階段，還是免不了地老天荒，而歸於毀滅。故凡〈坤〉體既成之後，必須謀取保持存在之道；其道爲何？曰「維利貞」，尤其是「利牝馬之貞」。「利」以適宜與諧和爲義，「貞」以正確與穩固爲義，利貞就是要由適宜而諧和，做到正確而穩固；更得要像牝馬懷孕小馬，日益壯大，生生不已，這樣才能夠繼續地保存〈坤〉體，此所以文王特就坤卦一再提出「利」、「貞」二字，旨在

指示保存〈坤〉體之途徑焉。至於「安貞吉」的「安」，是據坤陰屬性而取象；〈坤〉性主靜，「靜而後能安」，故言「安」。「安貞」云者，意思是說始終不移，而能安守於正確穩固之「貞」；不過已經正確了，而又穩固了，爲什麼還要說到「安」？豈不是疊床架屋嗎？這卻不然；文王繫辭，重點爲的是教導人。在人事社會裡，有些屬於〈坤〉體的形勢，本來是很正確，而也很穩固，但因日久生玩，或由於庸人自擾，反而弄到不安；例如宋仁宗時代，羣賢薈萃，政通人和，在上國體，在下社會，都顯得安詳而穩定，很符合「貞」的條件，就因爲王安石輕率變法，背離民情，以致造成朝野不安、舉國騷然。可見保存人事上的〈坤〉體形勢，雖是正確穩固之「貞」，猶不免有失誤之危險，故必須益之以「安」，而爲「安貞」。又如由「牝馬之貞」，聯想到婦人生產。婦人生產，原係極尋常之事，只要正確地順應自然，就能穩固地瓜熟自落；可是有些富家的婦人，一經懷孕了，今天這樣的調護，明天那樣的保養，頭緒多端，五花八門，結果不是橫生逆產，便是百病叢生。由此更足以看出安於其貞，然後才能夠獲吉，所以說「安貞吉」。

參、爻辭

初六：履霜，堅冰至。

「履」是向前踐履。初爻變，〈坤〉內體成〈震〉，〈震〉爲足，又爲行、爲動，足在行動，履之象也。初在羣陰之下，其氣頗寒，《五經通義》謂：「寒氣凝以爲霜。」故言「霜」。「履霜」是說坤陰所凝成的形體，總有個發端之始的時候，坤卦初爻緊接著乾卦之後，正是由乾陽氣化演進而爲坤陰形化的轉捩點；〈小象〉曰：「陰始凝也。」這已明示坤陰凝成形體，是由初爻開始，初爻是形體發端的所在。我們在經常接觸的現象中，由氣化到形化，其演進的軌跡，最明顯的要算是霜，霜由陰寒氣化所凝成，而有形體發端的表徵。至於「履霜」的「履」，指的就是由氣化到形化的演進，因爲履是向前踐履，也就是演進的意思，故即以「履霜」來形容初爻的意境。然依氣候的運行，既已凝成霜，則必結成冰，理之固然也。〈坤〉爲十月卦，〈坤〉初在時序上，係承霜降之後，而交到立

多，過了立冬，便是小雪、大雪，已至結冰的時期；又以〈坤〉在後天爲〈坎〉，〈坎〉爲水而司冬，水至嚴冬，當然會結成冰，寒氣程度愈是加深，其所凝成之形體就愈是堅固，〈說卦傳〉曰：「坎爲堅多心。」是即「堅冰」之象也。按易例：初與四應。初往居四，卦體成〈履〉，蓋〈履〉者，履〈乾〉也，坤陰如不得乾陽之動能，則無以成其爲〈履〉；而〈坤〉初原即緊接乾卦之後，伏有〈乾〉象，〈乾〉爲寒冰，寒冰體堅，是亦「堅冰」之象。「堅冰至」的「至」，是從「履霜」的「履」字引伸而來，只要履，就能夠至，只要「履霜」，就能夠至於「堅冰」。俗語常說：「冰凍三尺，非一日之寒。」蓋以坤陰之孕育萬有形體，其來也漸，樹木成林，先必經過苗本栽培，發荄生枝，然後才能綠葉成蔭，蔚爲長林；湖沼成澤，亦必先由山溪小澗涓涓流注，然後才能水勢汪洋，匯爲大澤。推而至於其他現象，率皆其先也微、其後也著，故曰「履霜，堅冰至」。

　　「履霜，堅冰至」，這一句爻辭，有正反兩面的意義，先就正面意義來說，行遠必自邇，登高必自卑，任何一種現象，尤其我們要在社會上創造一種事業形勢，最初必須有個起點，起點是發展的依據，否則，即使想發展，也無從著手，只是在幻想而已！我們從沒見過無本之花，或是無種之菓，這種道理，極其淺顯，不庸多贅；需要研討的是：在宇宙法則支配之下，凡屬現象最初的起點，都是非常微弱，但起點儘管微弱，發展起來，便能夠日益壯大。人在母體內結胎的時候，不過很渺小的一點胎胚而已，就由這一點渺小的胚胎，逐漸長大而成爲人；歷史上許多聖賢豪傑，表現出永垂不朽的功績，最初都來自這一點渺小的胎胚。從這裡可以體會到，事業成功最緊要的一著，就是在有起點，起點不嫌其微弱，只須依據起點，做合理的發展，自然會有豐盛的成果。其次，就反面意義來說，萬有現象中，屬於好的方面，固然是積小成大，屬於壞的地方，也是積小成大。這種事例，隨在皆是，一個河堤發生小的缺口，就得要立即加以修補，如不修補，很可能由小變大，終至決堤而氾濫成災；一個國家淪於敗壞，十之八九，皆先從小的地方敗壞起，唐明皇就因爲宮闈失檢，洗兒賜錢，以致釀成安史之亂。〈繫辭傳〉曰：「小人以小善爲无益，而弗爲也；以小惡爲无傷，而弗去也。故惡積而不可掩，罪大而不可解。」所以我們無論在事業上或是在言行上，一經有了小的過

失，即應提高警覺，勿以其小，而就漫不經心；既然凝成霜，必然結成冰，如不防之於始，勢必至於不可爲也。

六二：直方大，不習，无不利。

此爻「直方大」一詞，歷來各家解釋，都嫌籠統，以爲六二居中得正，「直者正也」，故稱「直」，但得正何以即爲「直」，並未說明；又以〈坤〉「至靜而德方」，故稱「方」，「坤厚載物，……含弘光大」，故稱「大」，但對「方」與「大」之涵義，亦含糊略過。這需要有一個清晰的交代。所謂「直」，就人事現象來講，沒有絲毫的隱曲，沒有絲毫的偏私，是怎樣就怎樣，誠摯坦率，表裡一致，像這樣的人，我們便稱之爲「正直」；然如推究其何以能正直，那是因爲內在具備了正確的德性，外在表現才能夠直道而行，有諸內者形諸外，能正就能直。坤陰的功用，是在孕育萬有的形體，與乾陽所發揮的動能不同；乾陽的動能，摸不著，看不見，而坤陰的形體，則屬於實際的存在，其形體的結構，大的就是大，小的就是小，長的就是長，短的就是短，從不隱藏，完全顯露出來，是怎樣就怎樣，非直而何？有些時候，形體的結構淪於病態而不正確，其對外的表現，固然有或多或少的偏差和曲折，不能算是直，可是六二當位而正，坤陰在六二階段裡所凝成的形體，最正確不過的，「直者正也」，正則直，六二的表現當然是直。

其次，談到「方」，《說文》：「方，併船也。」《史記·酈食其傳》：「方船而下。」謂併兩船順流而下；《論語》有謂：「子貢方人。」「方人」就是將別人和自己互相比較短長，我們在生活習慣之中，常有「比方」二字的口語，比方也是將兩種事物連成一起來比較。從這些註解裡，可以獲得綜合的認識：「方」指的是兩相比併而言。按坤卦係基於兩段的陰儀，由初六而六二、而六三、而六四、而六五，以至於上六，逐級演進，在卦體上顯示，乃兩兩累積而成，其與方之兩相比併的涵義，非常符合；本來，坤卦是由於兩段陰儀所引伸，在數爲偶，在形爲方，所以《九家逸象》謂「坤爲方」。蓋坤陰於凝成形體的過程中，是需要吸取外在的質素，以加強內在的本身，這樣的日積月累，其形體才可以充實而強壯，以外在的質素，加之於內在的本身，亦即兩相比併之方也。

　　再次談到「大」，乾卦〈彖傳〉曰：「大哉乾元。」孔子在〈彖傳〉裡贊〈乾〉為「大」，是因為乾陽的動能，可以創始萬有生機，於以造就生態的宇宙，到處都顯得活活潑潑，這是何等的偉大！據易例：「陽大陰小。」亦以乾陽為大，而坤陰為小。陽氣化向外擴張，故成其大；陰氣化向內收縮，故成其小。這裡坤卦六二，亦稱之為「大」，則另有其說：陰居二，為〈坤〉之正位；陽居五，為〈乾〉之正位。〈坤〉二與〈乾〉五，彼此之間原即相應，〈坤〉二必往而應〈乾〉五，〈乾〉五亦來而應〈坤〉二，陰陽往來，遂致開化；似此，六二雖屬於陰性的靜在之體，然得乾陽為之鼓舞生機，已含有動能，而變成活力充沛的生態之體，可以自動自主向外發展矣，是即所謂「大」。

　　「直方大」三個字合起來講，其意境就更加顯豁，「直」是對內而言，直則秉性不曲，如此生長，便如此生長；「方」是對外而言，方則賦形不移，那麼存在，便那麼存在；像這樣內性不曲、外形不移，才能很快地成長，而達到所謂「大」的地步。坤陰所凝成的形體，其發展的過程，都是遵循這種途徑，由出生而成長，由成長而充實，更由充實以至於「充實而有光輝之謂大」，所以內直外方就能夠大。如揆之於數，非線之直，無以成面之方；非面之方，無以成體之大。我們可以再就嬰兒生活情形來看，嬰兒任應天德之自然，毫無造作意識存乎其間，一本諸直以方，而誠摯坦率地發展，所以成長得特別快，從極其蒙昧幼稚的當中，很容易就會長大而有自主的能力，可是一經長大有了自主能力，成長率也就變得很緩慢了；在這種事例裡，我們越發可以體察到「直方大」的意境。

　　二應五，五為〈坎〉爻，二變亦〈坎〉，〈坎〉為習，茲者二守正而未變動，是有「不習」之象也；《說文》：「習，數飛也。」謂初出生之小鳥不斷地在學飛，亦即通常所講的練習或複習之意；不習是說不需要練習或是複習，如前面所舉的嬰兒事例：嬰兒之於飲食言語，以及日常的生活動作，不必學習，到時候自然能操持純熟；又如一個國家，果能百姓各安其位，耕者耕，讀者讀，工者工，商者商，彼此都在相輔相成地持續工作，像這樣發展下去，國體自必穩固，國勢自必強盛。堯舜之能垂拱而天下治者，以此，故曰：「不習，无不利。」其所以「无不利」者，由於「直方大」也。

六三：含章可貞。或從王事，无成有終。

三與上應，上為〈兌〉爻，〈兌〉為口，有「兌口」之象；三之上，上以兌口含三，故言「含」，含字從口，以口含之也。《考工記》云：「赤與白，謂之章。」〈坤〉位西南，西方屬金，金色白；南方屬火，火色赤。赤白相加，〈坤〉之章也；又三為陽位，六為陰爻，以六居三，為陰包陽，陽光明而有章彩，為陰所包，故曰「含章」。「含章」的意思，是說三位失正，其體不穩，應該韜光養晦，把章彩含蘊起來，不可急於外露。「可貞」有兩種解釋，虞氏《易》謂：「三失位，發得正，故可貞也。」以三不當位，而有伏陽，伏陽發動，三變為正，是則以變得正位為可貞，而與〈小象〉之旨趣，極相符合；〈小象〉云：「以時發也。」時可發則發，時不可發則不發，故曰「可貞」，而不曰「利貞」。另有不同說法，謂〈坤〉德安貞，不宜變動，如程《傳》、朱《義》，皆不主變，而以固守為「可貞」之訓，此與虞氏所見，迥異其趣！謂「可貞」之「貞」，是固而不變也。蓋六三界乎內外嬗遞之際，又居陽位，變〈震〉伏〈巽〉，或進或退，有不穩之情，必須韜光養晦，才可以穩固得住，故曰「含章可貞」。本來，「貞」有二義：正也、固也。前說側重「貞」之第一義的「正」，於象最切合；後說側重「貞」之第二義的「固」，於理亦可通。因並存之。

前面說過，三界內外，勢成進退，三變與四、五又互〈震〉，而伏有〈巽〉，〈巽〉亦為進退，是皆「或」之象也；「或」者，乃進退不定之辭。三變〈震〉，〈震〉為足，於卦位居左，虞注〈說卦〉云：〈震〉為左、為足，有「左足」之象；《唐韻》：左步為彳（音尺），從字從彳。是「或從」之「從」，乃三變為〈震〉之象；又以三在下，變而應上，以下應上，亦為「從」也。虞氏《易》以〈坤〉自初「履霜」，二已「大」，三又變，則內卦成〈乾〉，而整個卦體變為〈泰〉；〈泰〉內〈乾〉為王、外〈坤〉為事，是即所謂「王事」。另據師卦上六「大君有命」一辭，則上六位高為大君，而有王者之象，坤卦本身為「事」，三為三公，變而應上，是從王事也；「王事」指的是乾陽開化萬物，在人事現象裡，就是治國平天下的工作。〈繫辭傳〉云：「三多凶，五多功。」

不分〈乾〉〈坤〉，三爻多繫以危辭，〈乾〉三警之以「惕」、「厲」，〈坤〉三戒之以「含章」，蓋陰陽氣化，發展至三，不上不下，很容易中途毀折；尤以〈坤〉三，以陰爻居陽位，其情不穩，常欲發動從陽，而三索又成〈兌〉，〈兌〉有毀折之象，故曰「或從王事」，而冠之以「或」。「或」者，疑慮而不定也；「或從」云者，是說或者可以從，或者不可以從，亦即〈小象〉「以時發也」之意，對於發動從陽，應斟酌時宜，審慎處之，不能貿然躁進。

　　〈文言〉曰：「地道无成，而代有終也。」〈坤〉爲地道，故「无成有終」。三位不正，所居不上不下，「无成」之象也；三爲內體之終，而所應之上爻，又爲全卦之終，「有終」之象也。「无成有終」一辭，在語意上乃承接上句「或從王事」，一直貫串下來的，是說坤陰至三，雖已成體，惟以三之陰體，猶含弘在內，而未光大於外；所謂「或從王事」，指的是陰之從陽，而陰之能夠從陽，必須陰體到了光大的程度，已顯著於外，才可以隨同乾陽的動能，發揮其化育之作用。這裡〈坤〉三的陰體，尚未顯之於外，只是在內含弘而已，故曰「无成」；不過三居內外交遞之際，而接近於外在發展的邊緣，如能發動以時，最後還是有成果的，故曰「有終」。試看樹木花卉，一經交到三陽的季節，便隨著春雷發動，生枝的生枝，發葉的發葉，開花的開花，結子的結子。春雷發動，陽也；樹木花卉，陰也。樹木花卉隨著春雷發動，而生枝發葉，而開花結子，就是陰之從陽，也就是「或從王事」所指示的境界！而有些樹木花卉，卻因爲時令上的關係，其本身的條件，在三陽季節裡，還未具備得很充足，不能隨著春雷發動，而有振作生機的表現，但經過了一段相當的時期，同樣的可以生枝發葉，開花結子；好像六三的陰體，固不能貿然從陽，〈小象〉贊之「以時發也」，如能發動以時，而從王事，仍不失其最後之成果，故曰「无成有終」。

六四：括囊，无咎无譽。

　　《九家逸象》謂「坤爲囊」；〈坤〉由兩段之陰儀累積而成，虛而有容，是「囊」之象。易例：四爲〈巽〉爻。〈巽〉爲繩，四變互〈艮〉，〈艮〉爲手，以手持繩，而施之於囊，括結之象也，《廣韻》：「括，檢也、結也。」故曰「括囊」。括囊的意思，是

將囊口結紮起來，使在囊內之物，不致遭受外界干擾，而能存養於內；〈繫辭傳〉曰：「二多譽，四多懼。」坤陰至四，甫由內而交於外，其體猶未臻於壯實，惟恐對外接觸而有不利之處，故戒之以「括囊」。「无咎」的「咎」，通常解爲「過失」；「无譽」的「譽」，通常解爲「美好」。簡單來說，咎就是壞，譽就是好，「无咎无譽」，就是不壞不好，其象是由於「括囊」一辭引伸而來；因爲既經封閉於囊中，當然談不上壞，也談不上好，故「无咎无譽」。无咎无譽的意思，是一種極其自然的天德，不偏於壞而无咎，不偏於好而无譽，兩無所偏，一得其平。因爲任何現象，偏於壞，固然影響其現象本身的存在；偏於好，同樣的要受到影響。蓋一有所偏，則失去平衡，而就反覆不安，好之後，接著便是壞，宇宙萬物無一而不在這種自然天德之下，不偏不倚，無聲無臭，以遂其成長；就我們人事現象來看，更覺得明顯。凡是擁有嬌妻美妾，而享齊人艷福的人，每每即由於美色而喪生；凡是憑藉巧取豪奪，而成巨室暴富的人，每每即由於資產而賈禍。在那一方面貪得的好處，就在那一方面承受其壞處，往來推移，歷歷不爽！沒有好處，就產生不了壞處，佛典所謂「不生不滅」是也；沒有壞處，就顯不出來好處，佛典所謂「不垢不淨」是也。所以无咎就无譽，无譽也就无咎。

綜合這一爻的意義，謂坤陰至四才與外界接觸，體驗不夠，應力持謹密，加深保養，勿急於圖取進展，但求不好不壞而已；例如我們在社會上初露頭角，涉世未深，人情未穩，這個時候，只有謹密自處，而將囊口緊鎖，不使外洩，以便作更成熟的保養；假使有所經營，就像種瓜菓一樣，必須要等到瓜果成熟了，自然而然地會落下來，千萬不可在未成熟之前，就急不暇待，而勉強摘取。可是有些人，沉不住氣，事業才現出一點眉目，自己便以爲很夠了，於是虛張聲勢，在社會上故作賣弄，本來沒有成熟，就由於這一賣弄，所有的漏洞，不知不覺地都暴露出來，而整個的事業和人生，亦即隨之而完全失敗。所以我們處在六四階段裡，應致力於含蓄的修持。

六五：黃裳元吉。

〈文言〉曰：「天玄而地黃。」〈坤〉爲地，地者土地，土色黃，土之數又值五而居中，六五之於〈坤〉體，以五得中而應二，

《春秋傳》曰：「黃，中之色也。」是六五之象爲「黃」。〈坤〉爲地，而在〈乾〉天覆罩之下，《九家逸象》以〈乾〉爲「衣」，〈乾〉既爲衣，則〈坤〉之象爲「裳」，即可知矣！裳在衣之下，而爲下體服飾也。「黃」者，係對內在本質而言，黃爲中色，是內在本質，允執厥中而恰到好處；「裳」者，係對外在文彩而言，裳爲下飾，是外在文彩，擴至下體而竟其全功。有諸內，形諸外，坤陰到了六五，其所孕育之形體，內外皆備，已臻於飽滿豐隆之境界，故有「黃裳」之象。「元吉」通常皆釋爲「大吉」，以元訓爲大也；不過更進一層之研究，元雖訓爲大，而大吉猶不能盡元吉之義。這裡所稱的「元」，指的就是坤元，坤元經初、二、三、四等階段的發展，一直到五，五本陽位，而有伏陽資爲鼓舞，以坤元迎合乾元，於是坤元孕育形體之任務，遂告圓滿達成！內則充實而有黃中之本質，外則光輝而有裳飾之文彩，故曰「黃裳元吉」。

凡居尊位者，如欲創造形勢，所持之態度與做法，必須遵循這一爻的啓示。坤陰的主要作用，就在於孕育宇宙萬有之形體，而孔子於〈大象〉又贊之爲「地勢」，所以人事上形勢之建樹，當然要取法於〈坤〉。按坤卦六五，以陰居陽，五本陽位，五在上而得中，是居尊位之象；六係陰爻，陰性柔，以順承爲德。而〈坤〉體累積羣陰，有民眾之象；〈坤〉又爲邦國，這就意味著，居邦國之尊位，必須順承民情，以民眾之意旨爲意旨，老子所謂「聖人無常心，以百姓之心爲心」是也。後世有些統治者，昧於此理，而一意孤行，甚或殘民以逞，無怪乎釀成政治社會的大亂動。爻辭「黃裳」二字，在人事上其涵義尤深；黃是中色，裳是下飾，黃裳，義即以中御下也。蓋居尊位，御下臨民，如失之太寬，則民刁頑，不遵禮法；如失之太猛，則民怨憤，激成叛變。惟有不寬不猛，執兩用中，一本乎黃裳之義，斯得之矣。又以五與二應，二本坤卦主爻，五之所以在上居尊，完全得力於二之支持，二者，五之內在基礎也；五者，二之外在發展也。易例：二爲〈離〉爻。〈離〉爲火，〈坤〉者土也，火生土，是二爲〈坤〉體之母，而黃裳乃下體之飾，下體指的就是二；因爲二居下體之中心，可以代表下體，意思是五居尊在上，應厚施於下體之二，而使之發揮裳飾的文彩，以固其本。換言之，就是在上統治者，所有的做法，應該以在下民眾的利益爲依歸，凡有利於民眾者興之，凡有害

於民眾者廢之，整個社會，富庶熙和，每一角落，都顯出燦爛光輝的景象，這才是下體黃裳的境界；要知道沒有在下之基礎，那來的在上之尊位？故必「黃裳」，方能「元吉」。

上六：龍戰于野，其血玄黃。

　　乾卦六爻皆陽，變化無形，取象為「龍」，所謂「時乘六龍以御天」是也；這裡提到的龍，就是指乾陽而言。按十二消息辟卦，〈坤〉為十月卦，十月建亥，亥居西北，恰為乾卦的方位。〈坤〉於消息為亥，〈乾〉於方位為亥，〈乾〉〈坤〉在亥，遂發生時與位的交叉關係；不僅此也，〈乾鑿度〉曰：「陽始於亥。」而陰至於〈坤〉，其陰已極於亥，是亥實即為乾坤陰陽會合之所。易例：「陽極陰生，陰極陽生。」坤陰發展至上六，已經到了盡頭，沒有得再發展了，於是變而生陽，陽遂由伏而動，與陰會和於〈坤〉之上爻；但陽方來，而陰正盛，陽雖發動，不能暢所欲為，則必陰陽相薄，而有「龍戰」之象，〈說卦傳〉曰「戰乎乾」，亦即〈文言〉所謂「陰疑於陽，必戰」之義。〈坤〉於消息為亥，亥係西北〈乾〉之方位，有郊野之象；又〈坤〉為國邑，去國百里謂之「郊」，郊外謂之「野」，〈乾〉戰而出諸〈震〉，震驚百里，〈震〉亦為龍，故「龍戰于野」。《九家易》注：坤陰類，血亦陰類，故以血喻陰。按上與三應，上為陰位，三為陽位，上既疑陽而戰，則三變正以應上，三變正，二、三、四互〈坎〉，〈坎〉為血卦，〈坤〉於後天亦為〈坎〉，是皆「血」之象也；三變正，三、四、五又互〈震〉，〈說卦傳〉謂「震為玄黃」，〈震〉體〈乾〉出於〈坤〉，天地同處，天色玄，地色黃，玄黃者，天地之雜。蓋〈坤〉至上六，而戰乎〈乾〉，其坤陰之體，必在遞變之中而有所毀壞，但方來之陽，遇此盛陰相薄，亦不能無損，故曰「其血玄黃」；血以喻其傷，血有玄、黃兩色，言陰陽兩皆有傷也。

　　六十四卦中，六爻純陽，只有乾卦；六爻純陰，只有坤卦。所謂「純陽」「純陰」，乃是表示陰陽本身各自發展的情況，陰陽本身的發展，都有個飽和點，超過了這個飽和點，陽便與陰相會合，而不能保持純陽了；陰便與陽相會合，而不能保持純陰了。所以乾卦第五爻曰「飛龍在天」，而為乾陽最得意的時候；也就是說純陽發展至第

五爻了，已經達到飽和點，如再向前發展，到了上爻，則曰「亢龍有悔」，而已陽極陰生，〈乾〉體毀壞，不是純陽了。同樣的，坤卦第五爻曰「黃裳，元吉」，而爲坤陰最豐滿的階段；也就是說純陰發展至第五爻，已經達到飽和點，如再發展，到了上爻，則曰「龍戰于野，其血玄黃」，而已陰極陽生，〈坤〉體毀壞，不是純陰了。

　　以上係就陰陽兩者而言；此外，專就坤陰來分析，尚有其獨具之意義。前面說過，坤陰最主要的作用，就在於孕育萬有形體，而萬有形體存在的時間，都有一定的限度，既經是一個形體，不問是屬於自然的，或是屬於社會的，最後皆不能保持原狀，而歸於毀壞之一途；因爲宇宙間從無不毀壞的形體，太陽與地球，以形體而論，總算得比較雄偉的，可是到了最後，還有個地老天荒的時候。自然形體是如此，人爲的社會形體，更不待言！所以〈坤〉至上六，而曰「龍戰于野，其血玄黃」，言陰體至此，已不能繼續保持其存在。從這裡可以理解到：我們對於所建樹的社會形勢及國體，如果想要保持較爲長久的存在，那就應該緊握著發展的飽和點，並本諸「黃裳」爻義，側重在下的基礎，而不能只是盲目向上，做超過限度的發展，發展超過了限度，其形勢便保持不住了。

　　或者有問：〈坤〉至上六，爲什麼就會龍戰？又爲什麼戰於野？這兩個疑問，在此略作解答：〈坤〉自初爻，一直發展到上爻，都是陰，整個卦體，羣陰相聚，從未與乾陽接觸過，但陰到了上爻，成就了〈坤〉體，其於消息則居亥，亥乃西北乾陽之方，於是從未接觸乾陽之坤陰，至此則與乾陽相遇；惟其從未接觸乾陽，而向係純陰之〈坤〉，乍遇乾陽，自難免發生激盪之情！猶之從未接觸過男人的處女，假使年華與體格已經達到〈坤〉體上爻的階段，而爲極其豐滿、成熟之盛陰，這種女性，如乍一接觸男人，其內在的心情，當然有些激盪不安！心情激盪不安，就是所謂「戰」，由於陽而引發的激盪不安，所以說「龍戰」；〈文言〉中「陰疑於陽，必戰」一辭，就是在釋「龍戰」的意境。而循陰極陽生的發展路線，〈坤〉至上六，其陰已極，陰極而動起伏陽，以致陰陽在突然之間，兩相遇合；突然遇合，遂生驚疑，此其所以激盪而戰，戰者形容激盪之情也。至於「龍戰于野」的「野」，是指郊外空曠無際的地方，既然屬於郊外之野，空曠而無際，那就不是注意力之所能及。凡是在注意不

到的地方，乃至於注意不到的時候，發生變動的情況，自會有驚疑不定之感；由驚疑不定，而就激盪不安，所以陰陽之戰，必起於野。

用六：利永貞。

　　用九、用六所有的解釋，已詳見於乾卦，這裡再將用六的意義，攝取最主要者，略加申述。六是代表陰爻，陰之成數為八、為六，但不用八而用六。其演進的程序，是由八而六，六係陰數中最成熟之數，因為坤陰旨在孕育形體，而形體之所以成，則為凝聚很多的質素，而收縮成為一個整體，於數是從多到寡；八則表示成數之多者，六則表示成數之寡者，所以坤陰用六，就是用其最成熟之數。也就是說，形體到了最成熟的時候，才能發揮其應有之功用，還未成熟的形體，不可使用也。這種事例，所在皆是，無庸多贅。又按易例：陽數至九，則動而變；陰數至六，則動而變。陽變則為陰，變陰所以濟陽；陰變則為陽，變陽所以濟陰。用六，用其變陽以濟陰也。宇宙間萬有形體，固然是由於坤陰孕育，但形體之完成，還需要乾陽從中鼓舞；至形體完成以後，其能繼續保持存在，更得要有乾陽從中支持，如果沒有乾陽的支持，即便是最成熟的陰體，也很快地就會損壞了。例如一棟房子，假使沒有人居住，而不是經常加以整理和修繕，這棟房子因受風雨侵襲，不久就會損壞而倒塌！房子是陰的形體，整理和修繕是經過人的動力，而屬於陽；可見沒有乾陽支持的陰體，絕不能保持長久。用六之變數，變陽以濟陰，則陰體得有乾陽之支持，而可以保持長久存在，故周公繫爻，繼用六之後，而曰「利永貞」。「貞」是訓為正確而穩固，六者陰也，陰者體也，體之為用，必須正確，正確才能穩固，而且宜乎永久的正確穩固；猶之建造一棟房子，其建造的方式與材料，自以正確穩固能夠持久為宜，所以說「用六：利永貞」。不過自古及今，從無永久不壞之體。怎樣才可以正確穩固，而垂之永久呢？這得又要回過頭來說到「用六」。六是陰之變數，用六以變陽，陰體得陽，自能貞下起元，永垂不絕！房子不斷地加以整理和修繕，那就像湯之盤銘所謂「茍日新，日日新，又日新」，不致於損壞而倒塌；由此更有了進一步的認識：必須「用六」，方能談得上「利永貞」。

肆、彖傳

彖曰：至哉坤元，萬物資生，乃順承天。坤厚載物，德合無疆。含弘光大，品物咸亨。牝馬地類，行地无疆，柔順利貞，君子攸行。先迷失道，後順得常。西南得朋，乃與類行；東北喪朋，乃終有慶。安貞之吉，應地无疆。

至哉坤元，萬物資生，乃順承天。

宇宙間萬有的生機，都是由乾陽創始，其所創始的，無往而不在，當然需要最偉大的力量，所以乾卦〈彖傳〉贊之曰「大」；坤陰雖無乾陽創始的力量，然宇宙間萬有的形體，都是由坤陰作成，其所作成的，無微而不入，當然需要最精到的功夫，所以坤卦〈彖傳〉贊之曰「至」。「至」之為訓，《說文》：「鳥飛從高下至地也。從一，一猶地也。」又有釋至微、至極之義。以現在通俗的說法，「至」就是周至或是周到的意思。試以坤陰作成萬有的形體來看，自砂石土壤而花草竹木，自花草竹木而蟲魚鳥獸，以迄於人類，一層一層地演進，林林總總，棋佈星羅，各有各的式樣，各有各的氣質，各有各的性能，製造得微妙入神，區分得有條不紊。返觀我們自己身體的結構，就更感覺到驚奇！五官的功能，是那麼靈敏；五臟的配備，是那麼利便；四肢百體，是那麼緊密唧接，以發揮其作用；氣息的流通，血脈的運行，相互依序，絲絲入扣；其結構之精巧，真正是達到了極點，絕非現代的科技所能望其項背。現代的科技，不僅是人製造不出來，就連一個渺小的螞蟻，也製造不出來；螞蟻雖小，卻非常靈活，檔案上如存有食品，距離很遠的螞蟻，都能聞得到食品的氣味，而且行動起來，還具組織的本能，放哨的、探險的、報訊的，無所不備，其體能的結構，可以說極其周到，而無所不至了！這只有開物成務的坤陰，才能夠孕育得出來，故曰「至哉坤元」。「至哉」的「哉」，是贊歎辭，所以贊〈坤〉之至也。「坤元」的「元」，其一般的涵義，已在乾卦〈彖傳〉裡有了交代，不過坤元還有不同乎乾元之處。《九家易》謂「元者，氣之始也。」坤元與乾元，固皆為氣化之始，但乾元是陽氣化之始，而坤元是陰氣化之始。陽氣化所以成就萬有之能者也，萬有之能，莫不導源於陽氣化，而萬有之能，總有個

最初的起點，以開其端，這最初起點之能，乃得之於陽氣化之始，就是所謂「乾元」；陰氣化所以成就萬有之體者也，萬有之體，莫不導源於陰氣化，而萬有之體，也有個最初的起點，以開其端，這最初起點之體，乃得之於陰氣化之始，就是所謂「坤元」。似此分析，坤元為何？可以瞭然矣！有謂坤元即乾元，其說殊不足取；如坤無元而以乾元為元，則孔子何以在乾元之外，又提出坤元呢？〈乾鑿度〉繼「太初」之後而曰：「太始者，形之始也。」坤元意境，庶乎近之。

〈坤〉為眾，又為物，而有萬物之象，乾卦〈彖傳〉裡，已略提到。荀爽謂「萬一千五百二十策，皆受始於〈乾〉，由〈坤〉而生也」，故孔子於〈乾〉〈坤〉兩《彖》，皆言及「萬物」，而一則曰「資始」，一則曰「資生」。「資」訓為取、為用，亦係以〈乾〉〈坤〉而得象，〈乾〉必據有坤陰，方能鼓舞出生機，其對坤陰而言，是即取也；〈坤〉則順承乾陽，便可涵養成形體，其對乾陽而言，是即用也。萬物固然是資始於乾陽，可是乾陽只能創始萬物之生機而已，生機發動了，乾陽的任務，遂暫行告一段落，以後萬物之能成為形體，則有待於坤陰的孕育；〈說卦傳〉於「帝出乎〈震〉」之後，而曰「致役乎〈坤〉」，其義即此。因為任何形體，在其發展過程中，都是由於吸引很多的質素，凝聚而成的；〈坤〉是取象為地，厚德載物，最富於凝聚性能，而具有吸引的力量，猶之地球靠著引力，以凝聚不同的物體，才能成就雄偉之地勢。故凡一切形體之成，非〈坤〉莫屬。至〈乾・象〉所稱的「資始」之「始」，指的是氣之始，而為乾元所發動；在〈坤・象〉所稱的「資生」之「生」，則指的是形之始，而為坤元所化生。宇宙間一切形體，既皆是坤陰孕育而成，那麼，在形體發端之始，當然是坤陰之初的坤元所化生，此孔子所以繼「至哉乾元」的贊辭，而曰「萬物資生」。

「乃順承天」的「乃」，一如〈乾・象〉「乃統天」的「乃」，是承接上文的承接辭。〈說卦傳〉謂〈坤〉為「順」，坤陰性柔，柔則必順；又以「陽施陰受」，陽發之於前而為主動，陰繼之於後而為被動，被動而繼之於後，即所謂「承」也。《說文》：「承，奉也、受也。」陰性柔順，而能承受乾陽之鼓舞，並承奉乾陽運行之法則，以化生萬物，故云「順承」。是則「順承」之為言，係據坤陰

而得象；至於「乃順承天」的「天」，天者〈乾〉也，則取象於乾陽，表示其為天道的一切現象。陰之承陽，意思就是承奉天道；如坤陰為地，地之所以化生萬物，一是皆以天道為本，而承奉天道運行的法則。天佈四時節令，輪之以晝夜，分為春夏秋冬，日往則月來，月往則日來，寒往則暑來，暑往則寒來，一闢一闔，有張有弛，並鼓之以雷霆，潤之以風雨，於是地面萬物，便遵循節令，春則生之，夏則長之，秋則收之，冬則藏之，而晝作夜息，起伏以時，其化生程序無一而不承受天道之支配，亦即〈禮運〉所謂「承天之祜」是也。「順承」之義，尚不僅此。《增韻》：「順，和也。」就是通常口語「和順」的意思；「順承」云者，是說很和順地承奉，而無絲毫的勉強造作；或者說很和順地承受，而非被迫不得已。「承奉」與「承受」兩訓，一則是屬於主動的，一則是屬於被動的。主動的承奉，如下僚承奉長官，固然需要發之於至情的和順，即使被動的承受，如社會往來，承受朋友的囑託，也得要應之以由衷的和順；人事之間，尚須如此，何況對於天道！傳曰：「順天者昌，逆天者亡。」自古至今，歷歷不爽。

　　以上三句，是贊「坤元」之「元」。

坤厚載物，德合無疆。含弘光大，品物咸亨。

　　〈中庸〉曰：「博厚配地。」而〈坤〉為地，是〈坤〉有博厚之象。據〈繫辭傳〉：〈乾〉以「大」稱，〈坤〉以「廣」稱；〈坤〉既稱之為「廣」，廣則厚矣。〈說卦傳〉以〈坤〉為「大輿」；按車之所以任載者曰「輿」，大輿就是大的車子，古時專供載物之工具。蓋坤陰所成之地勢，不僅包容萬物，尤富於凝聚性能與引力作用，能將萬物聚積在一起，且生且長，以促其向前進展，好像大輿載物，可以向前行進，是有積「載」之德；〈坤〉又為「物」，故曰「載物」。載物而必冠之曰「厚」，是因為厚為薄之反，不厚則薄，薄則不能受物，更何有乎包容萬物？以人而言，凡屬氣質稟賦厚的人，必具有含蓄的德性，而能容納別人的意見和批評，一如〈坤〉厚之能包容別人的意見和批評，如果是對的話，固然樂於接受，即使是不對，甚至肆意批評，也只有一笑置之，或是以理喻之，而不會動之於聲色，這樣處世的態度，渾厚能容，自可以贏得社

會上的好感，於以形成廣大的社會基礎；相反的，氣質稟賦薄的人則不然，別人的意見和批評，不論對與不對，一概都是毫不留情地排斥，而且有些時候，倒是反過來指摘別人的短處，以作自己的掩護，總覺得別人不及自己，一副鋒芒畢露的神氣，精光陸離，拒人於千里之外，這樣薄的表現，怎麼能夠獲取社會的同情？最後只落得孤立於社會，而憔悴以終！所以必如〈坤〉德之厚，才有載物之可能，亦即〈中庸〉裡所說的「博厚，所以載物也」。

　　〈坤〉得乾陽，以育萬物，德者得也，故〈坤〉稱「德」。「德合无疆」之「德」，指的是〈坤〉德，係承接上文，謂〈坤〉厚而能載物也。蜀才曰：「天有无疆之德，而〈坤〉合之，故云『德合无疆』也。」此以无疆之德爲乾陽之天德，先儒中持此說者頗不乏人。蓋謂乾陽之大，而能創造宇宙一切，其德無疆也；但「无疆」之「疆」，因〈坤〉而得象，疆者疆界也，屬於土地上的用語，〈坤〉爲地，又爲土，故爲「疆」。无疆，是說漫無疆界，就是沒有止境的意思。坤陰化生萬物，愈衍愈繁，以製造之精緻而言，密理入微，無所不至；以包羅之質量而言，錯綜複雜，無所不備，可以配合乾陽之大，而作沒有止境的發展。所謂「无疆」、乃至「无疆之德」，指的都是〈坤〉；試舉昆蟲中蝴蝶爲例，蝴蝶翅膀上的圖案，形形色色，花樣繽紛，千千萬萬的蝴蝶，就有千千萬萬的圖案，任何最高明的畫家，也構想不出那麼多的圖案來，而且在今年所化生的這一批蝴蝶，是這一批的圖案，到明年所化生的那一批蝴蝶，又是那一批的圖案，層出不窮，永無止境，豈不就是无疆之象嗎？有些先儒看到德合无疆的合字，便認爲〈坤〉合〈乾〉的天德，而以无疆之象，係得之於乾陽；殊不知乾坤往來，陰陽二氣，原即互相結合，以開化宇宙萬有。孤陰不生，獨陽不長，〈乾〉必合〈坤〉，才能成就乾陽創始之大；〈坤〉必合〈乾〉，才能成就坤陰无疆之至。所謂「合」，是兩方面的合，〈坤〉合〈乾〉，也就是〈乾〉合〈坤〉；無疑的，无疆之德，是取象於〈坤〉，旨在說明〈坤〉德之博厚。

　　「含弘光大」這四個字，皆有各自的內容。〈乾〉五之〈坤〉成〈坎〉，五爲〈坎〉爻，〈坎〉由二陰同包一陽，故曰「含」；含就是包容的意思，坤陰孕育物體，首即在能包容。〈坤〉二之

〈乾〉成〈離〉，二爲〈離〉爻，〈離〉由二陽夾化一陰，故曰「弘」；弘就是成長的意思，坤陰雖能包容物體，但必須藉陽之開化而成長。〈坤〉升至四體〈觀〉，〈觀〉曰「觀國之光」，〈坤〉二居〈乾〉成〈離〉，亦爲光明之象，故曰「光」；光就是明顯的意思，〈坤〉雖幽暗，而所孕育之物體，既經成長，自會明顯而有光輝。〈乾〉來〈坤〉初體〈震〉，〈說卦傳〉以〈震〉爲「大塗」，又因〈坤〉通〈乾〉，〈乾〉爲創造宇宙萬有之動力，於義爲大，故曰「大」；大就是具有生命動力的意思，坤陰化物，自包容的「含」，經過成長的「弘」與明顯的「光」各階段，到了具有生命動力的時候，在孕育中的物體，已經能夠自動自發，克盡其生命作用，化物功行，至此算是極其大成。這就如同婦人懷孩子，當最初結胎，由卵子包容精子，那就是所謂「含」；胎在腹中，長大而具人形，那就是所謂的「弘」；期滿出生，很成熟的胎兒，已明顯地表現於外，那就是所謂「光」；等到撫養成人，可以發揮生命力量而有所作爲了，那就是所謂「大」。〈中庸〉曰：「誠則形，形則著，著則明，明則動，動則變，變則化。」這一段文義，可以引爲註腳！「誠則形」相當於「含」，由誠而形，是形化脫胎於氣化之中，非含而何？「形則著」相當於「弘」，由形而著，是已在孕育中成長起來了，非弘而何？「著則明」相當於「光」，由著而明，是所孕育之豐潤物體，完全表露出來，非光而何？「明則動」相當於「大」，由明而動，是其活力已極充實，而能自主行動，非大而何？至於「動則變，變則化」，屬於物體成就後之變化情況；而物體化生的歷程，只不過由誠而形、而著、而明、而動的四個階段，就是這裡所講的「含弘光大」。

　　「品物」是指萬物中的類別和區分。萬物芸芸，複雜得不可指數，大別之，有蟲魚鳥獸，有花草竹木，有砂石土壤；而在蟲魚鳥獸之中，又有各類的蟲魚鳥獸；在花草竹木之中，又有各類的花草竹木；在砂石土壤之中，又有各類的砂石土壤。這些類別和區分，就叫做「品」；《說文》：「品，眾庶也。」〈坤〉爲眾庶，又爲物，而有「品物」之象；乾卦〈象傳〉裡，對「品物」二字，已有詳盡交代，無須再贅。不過乾卦〈象傳〉裡是說「品物流形」，而這裡則曰「品物咸亨」，咸亨與流形，陳義當然不同。流形猶在氣化領域，所

謂「流」，尚未穩定之辭，由氣化才演變而現出形化的朕兆，形之始也；咸亨則由初現之形，而凝聚成體矣，其內在結構，已臻於井井有條，極其通暢之地步。咸者，悉也、皆也；亨者，通也、暢也。咸亨就是說萬有品物悉皆通暢；惟此所謂「悉皆通暢」，涵義有二：其一是萬有品物都能夠各自通暢，如蟲魚鳥獸的動物，各皆具有足夠的生命力量，活躍飛舞；花草竹木的植物，各皆表現出生機蓬勃、欣欣向榮；砂石土壤的礦物，亦莫不作有規則的發展，各自遂其成長；無論那一類，都顯得通暢自如。其二是萬有品物都能夠相互通暢，如土壤可以生長樹木，樹木可以保養土壤；動物所排出的是碳氣，而植物所需要的就是碳氣；植物所排出的是養氣，而動物所需要的就是養氣；彼此之間，相互為用，以達成整體之通暢。歷來先儒所作之解釋，多只及其一，而未及其二，特為補充說明。「咸亨」之義，不僅各自通暢，抑且相互通暢。

　　以上四句，是贊〈坤〉「元亨」之「亨」。

牝馬地類，行地无疆，柔順利貞，君子攸行。

　　前面講過，坤陰之所以稱之為「牝馬」，是因為〈乾〉在純陽的的候，獨自在空中鼓舞，變化莫測，稱之為「龍」，取龍騰空飛舞而有時隱時現變化之象。但乾陽一經與坤陰結合以後，便附著於坤陰實體上，以發揮其功能，遂稱之為「馬」，取馬之奔馳必須著地而行之象。龍也、馬也，皆所以形容乾陽運行之剛健；惟〈乾〉既稱馬，〈坤〉為〈乾〉之匹配，故〈坤〉為牝馬。按易例：卦以〈大象〉為主，其餘各象，皆由〈大象〉類推而得；如〈坤〉之〈大象〉為地，以地能容物，且能生物，一若坤陰之孕育萬物，虛而有容，並即據此類似之點，推得其有「牝馬」之象。牝馬就是通俗所說的母馬，母馬稟〈坤〉厚載物之德，經常要懷孕小馬，包容養育，使之成長；而在人類觀感上，最能包容萬物，曲盡養育之功，莫過於地，孔子贊《易》，以地為〈坤〉之〈大象〉，其理由亦即在此。故凡厚德載物，具有包容養育之性能，皆屬於地之一類，所以說「牝馬地類」。

　　乾卦〈大象〉曰「天行健」，意思是乾陽剛健，運行不息，而一般解釋亦皆以乾陽主動、坤陰主靜，遂謂「行地无疆」的「行」，指

的是乾陽，「行地」是乾陽的行動，施之於坤陰實體之上。其說亦不無所見，惟就行動而論，乾陽創造宇宙萬有，不斷地鼓舞，而爲一切動能的總源頭，當然是極其剛健的行動；坤陰孕育萬物，吸引很多不同的質素，凝聚而成各式各樣的形體，也不能不算是行動。不過乾陽的創造，是向外擴張的，向外擴張，其行動形跡，則顯露於外；坤陰的孕育，是向內凝聚的，向內凝聚，其行動氣機，則隱藏於內。因此，我們就感覺到乾陽主動、坤陰主靜，實則所謂陰陽動靜，只是感覺上程度之不同，並無絕對的區別，例如人在白天裡工作，當然是屬於動的狀態，而在夜晚睡眠，一般的看法，總以爲那是屬於靜的狀態，殊不知人在睡眠裡，其五臟六腑及氣脈血液，還是不停地運行，這何嘗不是動？其動的程度是稍弱，不及白天工作上動的那樣強，表現得不太明顯，但動的規律，卻比白天的任何時期都要準確，即以睡眠中的呼吸來看，氣息悠悠然，不粗不細，間隔均等，好像音樂的旋律一樣，非常勻稱；白天裡呼吸則不然，因受工作生活的影響，有急有緩，間隔不等，有高有低，粗細不一。晝夜是陰陽的分野，由晝夜所表現陰陽行動的差異，就可以體察到坤陰的行動，比較是平衡而細緻，所以坤陰化物，而能孕育出各式各樣最精巧的形體；又據易例：「陽左旋，陰右旋。」左旋是向外運行，具有揮發力量，而成萬有之能；右旋是向內運行，具有收縮作用，而成萬有之體。不論成能、成體，都需要有一種行動來支持，向外運行而左旋是行，向內運行而右旋也是行，那麼，這裡所講的「行地无疆」之「行」，再也清楚不過的，是屬於坤陰之行；行是行進，就是發展的意思。「地」是一切實際物體的代表辭；「无疆」在前面已經解釋過，是無止境的。「行地无疆」，是說發展一切實際物體，而無止境的，這不是指坤陰是什麼？坤陰孕育各式各樣的形體，千頭萬緒，精巧絕倫，無所不用其極，而有「无疆」之象，如與乾陽對照，那就更加瞭然。〈乾〉至九五曰「飛龍在天」，乾陽飛天，故能統御萬有；坤陰行地，故能發展无疆。

〈雜卦傳〉曰：「乾剛坤柔。」〈說卦傳〉曰：「乾，健也；坤，順也。」因坤陰內向，承受乾陽之鼓舞，以化生萬物，而有柔順之德性；惟此所謂「柔順」，有其一定之涵義：以人事而言，「柔」是和藹可親的風範，使人樂於接近，而不是奴顏婢膝、仰承色

笑；「順」是沒有自己的成見，順應天理人情，而不是不明是非、隨聲附合。孔子惟恐後人誤解，於「柔順」之後，接著即示之以「利貞」二字，而曰「柔順利貞」。「利」訓爲適宜、爲諧和，「貞」訓爲正確、爲穩固，這在前面已經交代過，意思是說柔順有柔順的限度，必須做到適宜而諧和，以至於正確而穩固；一言以蔽之，就是要柔順得很端正。所謂「端正」，在卦象上，坤卦六爻，其二、四、上各爻，以陰居陰，當位而正；其初、三、五各爻，以陰居陽，失位不正。如果初、三、五各爻變而之正，則由乾陽來居，體成〈既濟〉，六爻當位，無不端正。故以坤陰不正之爻，而能之正，非特「柔順」，抑且「利貞」矣。

據上所述，〈坤〉如初、三、五各爻之正，而由乾陽來居，〈乾〉有君子之象，故曰「君子」；又如〈坤〉初動而之正，即成〈震〉體，〈震〉爲行，故曰「攸行」。攸是語助辭，《爾雅·釋言》：「攸，所也。」行是行進，就是發展的意思；「攸行」是說有所發展。在坤陰既已達成柔順利貞的地步，乾陽當然可以發展其開化的功能，猶之一個國家社會，在客觀環境上，風俗醇樸，無刁頑之惡習，符合於這裡所講的「柔順」；四民勤謹，無游惰之流氓，符合這裡所講的「利貞」。以如此環境，稟乾陽之德的君子，順理成章地就能夠有所作爲，以發揮其治平之大道；要不然，像《論語》裡所說的「危邦不入，亂邦不居」，一個危疑動亂的國家社會，具有君子氣質的人，根本就不能存在下去，還談得上作爲和發展嗎？這就如同〈坤〉體悖亂，乾陽之開化功能無法施展，所以孔子以「君子攸行」一辭，置之於「柔順利貞」之後，蓋必「柔順利貞」，夫而後才可以「君子攸行」。

以上四句，是贊「利牝馬之貞」的「利貞」，以及「君子有攸往」的辭義。

先迷失道，後順得常。

陰陽有個先後的次序，不能踰越而行，在前已做說明，茲再略析其義：首論陰陽之體（此所謂體，是指體用之體，而非物體之體），陽猶屬於氣化，陰則屬於形化，氣化當然在先，形化當然在後；次論陰陽之用，陽施而統天，陰受而順承天，施的當然在先，

受的當然在後；復次論及陰陽之數，陽數一三五七九而爲奇，陰屬二四六八十而爲偶，奇數當然在先，偶數當然在後。不論是體、是用、是數，既然陽在先、陰在後，那麼，陰就應該順承於陽，而不可以居陽之先。易例：「〈乾〉爲道。」道就是宇宙發展的路線，因爲乾陽統天，整個宇宙的發展，都是乾陽在主宰，乾卦〈象傳〉曰：「〈乾〉道變化，各正性命。」〈坤〉通〈乾〉，坤陰必須遵循乾陽發展的路線，才能夠化生萬物，而使之各正性命；尤其〈坤〉爲純陰，本極幽暗，所謂「陽明陰暗」是也，暗則不免有迷惑之感，是即「迷」之象也。故坤陰不待乾陽爲之引導，而即先行有所動作，則必由於本身之幽暗，而莫知所之，以致陷於迷惑之困境。前面講過，人之身體，陰也；人之精神意志，陽也；身體在沒有精神意志指使之先，那就好像旅程中迷失道路一樣，怎麼能夠行動？故曰「先迷失道」。

　　陽先陰後，其義已明。至於「後順得常」之「順」與「乃順承天」之「順」，同一意義。「順」指的是順承乾陽，因爲坤陰稟性，本來柔順，而又居於乾陽之後，以隨從前陽之發展路線，是即「後順」之象也；後順的語氣重點，在於「後」字，坤陰如不居於乾陽之後，何順承之有？這裡所提示的「常」，是說宇宙的常道；宇宙萬有現象，固然是日新月異、變動不居，但統御變動現象，有個不變的法則存乎其間。蓋《易》所言者雖爲變易，更有不易者在焉，而這一類不變的法則，便構成了宇宙的常道；老子對於宇宙的常道，解釋頗多，如云「復命曰常，知常曰明」，如云「道可道，非常道」。要之，宇宙的常道，可以說是天地陰陽之常軌，既永恒而又具有規律，如地球在黃道線上繞著太陽運行，雖歷億萬年之久，而無絲毫差誤；黃道線就是地球運行的常軌，也就是所謂的「常道」。〈坤〉至六五而曰「黃裳」，《說文》「裳」作「常」，是則〈坤〉有常道之象；或許有人要問：坤陰的常道，究竟是什麼？這就因爲〈坤〉之〈大象〉爲地，還是從地球的運行來體察。地球永遠地繞著太陽在運行，假使沒有了太陽，地球便失去運行的軌道，而就轉動不了；同樣的，坤陰居後，順承乾陽而運行，那才是坤陰的常道，故曰「後順得常」。

　　以上兩句，是贊「先迷後得主」的辭義。

西南得朋，乃與類行；東北喪朋，乃終有慶。

　　任何一種現象，都離不開時與位的關係，如云「冬日則著裘，夏日則著葛」，這是由於時之不同，而有裘、葛之分；如云「山性使人塞，水性使人通」，這是由於位之不同，而有通、塞之別。推及其他，莫不皆然！所以《易》道陰陽，特重時位。一卦六爻，無非在時與位的支配之下，表示陰陽變化的情態，但六爻中初、二、三、四、五、上，一面是位的指標而表示位，一面又是時的分野而表示時；即以〈乾〉、〈坤〉兩卦各爻來看，初到二，二到三，三到四，四到五，五到上，其所居之爻位，各皆與時偕行，時與位都揉成一起。這裡所謂「西南」、「東北」，也就是在闡明時與位的關係。字面上，西南、東北固然講的是位，深一層索其涵義，則又講的是時。西方屬金，於時爲秋；南方屬火，於時爲夏；西南就是秋、夏兩季。東方屬木，於時爲春；北方屬水，於時爲冬；東北就是春、冬兩季。位中有時，時中有位，二而一，一而二，不可分也。

　　西南何以得朋？東北何以喪朋？歷來解釋，大別爲二：一說〈坤〉居西南陰方，而得〈巽〉〈離〉〈兌〉三陰卦密邇相聚，是爲「西南得朋」；可是到了東北陽方，不見〈巽〉〈離〉〈兌〉，只有〈震〉〈坎〉〈艮〉與乾陽相聚，是爲「東北喪朋」。這種說法，係根據卦位，而以得同類之陰爲得朋，失同類之陰爲喪朋，謂「朋」爲同類之陰也。一說月初三，〈震〉象出庚而哉生明，月初八，〈兌〉象見丁而光盛於上弦，月爲陰而無光，得日之陽以發光，庚西、丁南，是爲「西南得朋」；月十六，〈巽〉象退辛，至月二十九，消乙入〈坤〉，滅藏於癸，乙東、癸北，是爲「東北喪朋」。這種說法，係根據納甲，而以陰得陽相應爲得朋，陰無陽相應爲喪朋，謂「朋」爲相應之陽也。凡此，已在前面敘述得很詳盡，可以覆按。這裡先就「西南得朋，乃與類行」一辭，試申其義。天地之能化育萬物，就在於陰陽二氣互相結合，所謂「天地絪縕，萬物化醇」是也，從沒有單純之陰，彼此不相結合，而能化育萬物。〈坤〉本純陰，而又居於西南陰方，其陰已盛矣！如以得有三陰卦相聚爲得朋，則聚再一起的完全是陰，如何能盡化育之功？豈不失去〈坤〉生萬物之本旨？且既稱之爲「朋」，必須有志趣相同之結

合，〈坤〉與〈巽〉、〈離〉、〈兌〉三女同處，羣陰逐逐，其志趣是否相同？在睽卦〈象傳〉裡曾經說過：「二女同居，其志不同行。」在革卦〈象傳〉裡亦曾說過：「二女同居，其志不相得。」揆諸「同性相斥，異性相吸」之理，〈坤〉與三女，形式上雖是相聚，而志趣卻不能相同，根本就談不上是朋，更談不上得朋。有些治《易》者，或許是看到「乃與類行」的「類」，而以〈坤〉得〈巽〉、〈離〉、〈兌〉三陰卦同類相聚，遂謂得同類之陰爲「得朋」；不過「類」字和「行」字連在一起，其類字的涵義，即不僅是同類之類。據《爾雅・釋詁》：「類，善也。」又據《禮記・緇衣》：「身不正，言不信，則義不壹，行無類也。」注：「類，謂比式。」疏云：「言行之無恒，不可比類也。」類既是善，而〈緇衣〉又註爲「比式」；所謂「比式」，「比」輔也，「式」是法則，「比式」就是相互比輔而合乎法則，合乎法則的比輔，當然可以達到善的境界，否則其行無類矣！坤陰如得乾陽相應，萬物因之以生以長，尤其陰在盛極之時，得陽相應，正屬於合乎法則之比輔，其行比類而善，自無疑義，故曰「西南得朋，乃與類行」。

　　論者有謂〈乾〉與〈震〉〈坎〉〈艮〉三陽卦皆聚處東北，如以得陽爲得朋，則東北羣陽相聚，正爲陽旺之所，何以謂之「喪朋」？這得要回頭再說到卦辭，卦辭曰：「利西南得朋，東北喪朋。」利者宜也，東北喪朋而曰「利」，就是說宜乎在東北而喪朋。蓋東北陽方，羣陽相聚，陽過於旺，旺陽則必至於決陰，坤陰爲避免傷害，而以喪朋爲利；喪朋含有損益盈虛的意義，盈者損之，虛者益之，期能獲致最後之成果，孔子在「東北喪朋」之後，而贊之以「乃終有慶」一辭，或即指此也。「終」則取象於〈坤〉，〈坤〉代有終，是即終也；「慶」則取象於〈乾〉，〈乾〉爲善，是即慶也。按虞氏易義，本諸納甲，言月自十七退〈巽〉，至晦而盡滅於〈坤〉，但滅於〈坤〉者三日，而終出於〈震〉以生明。這是藉納甲闡述陰陽消息之理，以陽息得太過，必須去陽而存陰，否則淪於偏枯，便無從化育，此所以東北宜於喪朋而去陽；因東北卦位，陽太過也。但宇宙間的陽，淵源不絕，〈坤〉臨東北，儘管喪朋而去陽，經過適當的期間，其陽終於依需要而恢復；猶之月至晦，雖滅於〈坤〉，待到月初三，而又復明於〈震〉，故曰「東北喪朋，乃終有

慶」。

以上四句，是贊「利西南得朋，東北喪朋」的辭義。

安貞之吉，應地无疆。

〈坤〉為純陰，而性主靜，靜則能安，故言「安」；「貞」者，正也、固也，〈坤〉之〈大象〉為地，地在太空繞日運行，極其正確，而又穩固，故言「貞」；「安貞」是說安於正確和安於穩固。既經是「貞」了，為什麼還要冠之以「安」呢？這就是因為客觀的現象，有些時候本來是很正確、很穩固，而由於人謀不臧，反來弄成不正確、不穩固；在人事社會裡，這種現象，每見不鮮！前面已經有了詳細的說明，故僅僅是貞猶屬不足，還要加強其程度，而安於其貞，以免輕率償事。

易例：初為〈震〉爻，四為〈巽〉爻。〈震〉〈巽〉同聲相應，初變成〈復〉體〈震〉，亦與四〈巽〉相應，故言「應」；應是順應的意思。「應地」義為順應於地道，〈坤〉為地，故言「應地」；「應地」而曰「无疆」，以地道之於化生萬物，層出不窮，而無止境，是即「无疆」之象。總而言之，坤陰的主要作用，在於孕育萬有形體，可是任何形體，沒有垂之永久而不壞的，果實長得成熟了就會剝落，樹木到了飽和年齡就會枯槁，即便是金石物體，也有分化的時候；尤其一個國家的形勢和體制，存亡的跡象，表現得更明顯。證之於我國歷史，周代規模，最為恢弘，亦只能持續八百餘年；三代以下，除兩漢合計尚有四百年外，其餘的最多三百年，少則十幾年、乃至幾年而已！所以要想對形體保持長久，先得要謀取保持之道；保持之道為何？那就是有關於形體內在的結構，必須做到很正確；有關於形體外在的處置，必須做到很穩固；而且要持之以恆，安之若素，庶乎可以獲致「安貞之吉」。

不過在人類的觀感上，最接近而又雄偉的形體，莫過於地球；而地球沿黃道線之軌跡，繞著太陽在運行，亦正確、亦穩固，亙古及今，億萬斯年，從無偏差失誤之處，不疾不徐，始終一致，顯得安詳至極！地球因具有這種安貞之德，才能夠長久存在，而無止境地發展其化生作用。故凡萬有形體，如欲長久保持其生機，唯一的途徑，只有效法地球，而以順應地球運行的法則為依歸，夫而後方可以談得上

是「安貞之吉」；所以說「安貞之吉，應地无疆」。

　　以上兩句，是贊「安貞吉」的辭義。

伍、大小象傳

象曰：地勢坤，君子以厚德載物。

　　萬有形體，皆由坤陰孕育而成，而坤陰所孕育之形體中，以地球於人，既親切而又雄偉，最便於觀察，故〈大象〉遂即以地道明〈坤〉，而曰「地勢坤」。這裡所講的地勢，當然是指地球發展的形勢，地球發展的形勢何以能如此雄偉？那就由於地稟〈坤〉德。〈坤〉為萬物之母，萬有物體，無不脫胎於〈坤〉，〈繫辭傳〉曰：「夫坤，其靜也翕，其動也闢，是以廣生焉。」地球一如〈坤〉之廣生，無限度地孕育萬物，生生不已，推陳出新；而且所孕育的萬物，雖複雜得不可指數，各皆有其自己的生存方式，但彼此之間，相互為用，而能連成一體，以構成地球整個的雄偉形勢，好像坤卦的卦體，係結合爻位不同的羣陰而成。是則地球孕育萬物，與坤陰的宗旨，初無二致，故〈坤〉取象為地；而在形勢上，地即如〈坤〉也。

　　然而宇宙間所有的形勢，自其發展的過程上看，都是由於一點一滴結合起來的，如云「山勢巍峨，水勢洶湧」等等，這些經常習見的形勢，沒有一件不是來自一點一滴的結合。山勢之所以巍峨，是由於結合許多砂石土壤；水勢之所以洶湧，是由於結合許多湖沼河流。同樣的，地之所以雄偉，當然也是由於結合許多物體；惟地球的形勢，遠非山勢、水勢那樣單調，其所包容的，非常複雜，飛、潛、走、植，品類繁多，而且性質各異。話又說回來，地球有這樣大的包容，就因為具備坤陰的凝聚性能，而富於吸引力量，對於萬有物體，儘管複雜，都能夠很自然地吸引得住，並使之凝聚不散，而結合為整體的地球。由此可見，地勢之演進，完全得之以坤陰，所以說「地勢坤」。另據虞氏易義，「勢」訓為「力」，謂地有勢力，可以凝聚乾陽，從而開拓生機。蓋此所謂「力」，指的是地球吸引力量，簡言之，就是地球引力，地球有了這種引力，便能發揮凝聚作用，而將成千成萬性質不同的物體，凝聚在一起，以成地勢。其說於

理亦通，併存之以作參考。

〈坤〉之旁通爲〈乾〉，〈乾〉有君子之象，故言「君子」。〈中庸〉曰：「博厚配地。」又曰：「博厚，所以載物也。」〈坤〉爲德，而又取象爲地，是有博厚之德，故言「厚德」。〈說卦傳〉謂〈坤〉「爲大輿」，大輿所以載物也，而地道博厚，亦有載物之象，故言「載物」。「君子以厚德載物」，「以」字含有「用」字的意思，就是以地勢坤的自然法則，用作社會上的人倫規範；言有權位的抱道君子，應該和〈坤〉體的地道一樣，老子所說的「人法地」是也。地球在吸引萬有的物體，君子則吸引複雜的人羣；地球在凝聚不同的品類，君子則凝聚紛繁的社會。但吸引複雜的人羣，凝聚紛繁的社會，並不是一件容易的事！地球具備物理上吸引力量，才能吸引；具備物理上凝聚性能，才能凝聚。人類可沒有這種物理上的條件，縱然是抱道的君子，如何能吸引？如何能凝聚？所以孔子在〈大象〉裡，特別提示人事上的條件，而曰「厚德載物」。「厚德」用現代口語解釋，就是最高的同理心，我們如果發揮最高的同情心，自能吸引複雜的人羣，最高的同情心，就是人事上的吸引力量；「載物」用現代口語來解釋，就是最大的包容量，我們如果放開最大的包容量，自能凝聚紛繁的社會，最大的包容量，就是人事上的凝聚性能。

至於《易經》裡面所稱的「君子」，都是指公卿大夫而爲國家主政者；固然，守己而有「厚德」的同情心，處世而有「載物」的包容量，這不是求之於每個人所必備的條件，可是爲國家主政的君子，就得要有厚德，以吸引人民的向心力，更得要有包容的器量，以凝聚社會各階層，故〈象傳〉於「厚德載物」辭句之上而冠之以「君子」二字。凡屬主政君子，讀《易》至此，應該加以反省！

初六象曰：履霜堅冰，陰始凝也。馴致其道，至堅冰也。

〈坤〉是代表陰氣化，而右轉向內運行，向內運行，便可逐漸地凝聚，以成萬有之體；坤陰的主要作用，就在於這種凝聚性能，故孔子於〈坤〉初〈小象〉，明白地點出一個「凝」字，吾人得知坤陰之有凝聚性能，亦即以此爲依據。又因坤陰居初，其陰猶嫩，雖能凝

聚，而凝聚作用不大，陰才開始；以例明之，只能凝聚成霜而已！霜是由濕潤的氣化，經過嚴寒季節的收縮，於是凝成初具雛形之體，而在萬有形體中，最爲微弱之一種；霜之爲體，其所以微弱，是因爲陰在初爻，甫能發揮凝聚作用，氣力尚不足耳！但到以後，自可固結堅冰，故曰「履霜堅冰，陰始凝也」。「履霜堅冰」，就是爻辭「履霜，堅冰至」的簡述；孔子在〈小象〉中，常用這樣的筆法，摘錄爻辭兩三個字或四五個字，成爲一句，然後贊之以象，並協之以韻。

　　宇宙發展，是由氣化演進而爲形化，〈坤〉初緊接乾陽，正當由氣化到形化的轉捩點。於萬有現象中，甫由氣化變成形化，最明顯的就是霜，故坤陰居初而具霜之象也。霜與冰，在形體上雖有程度之不同，而在性質上卻有連帶之關係。每逢嚴寒季節，既經結了霜，如氣候繼續嚴寒，就不愁不結成冰；〈坤〉爲純陰，其氣本寒，而爲十月卦，節令立冬、小雪，適屆結霜之時，立冬、小雪之後，便交大雪、冬至、小寒、大寒，當然要結成冰，這在前面已經說過。所謂「馴致其道」，也就是說明霜後結冰之理。「馴」與順字同義，而取象於〈坤〉，〈坤〉爲順；「道」訓爲發展的路線，指的是坤陰發展之道，言〈坤〉在初已結成霜，如順著坤陰發展的路線，向前演進，自然而然的，就會結成冰，故曰「馴致其道，至堅冰也」。

　　就人事而言，凡有所爲，必須愼之於始，有霜就有冰；有好的起點，就有好的後果；有壞的起點，就有壞的後果。「積善之家，必有餘慶；積不善之家，必有餘殃」，這種道理，極其普通，毋庸多贅；吾人最應該注意的，是坤陰成體，在能凝聚，由霜而冰，無非坤陰凝聚的成就。人生要想有所成就的話，就得要效法坤陰，發揮凝聚的作用，畢生精力，孜孜不輟，完全集中於一個目標之上，並持之以恆，一年如此，十年如此，有生之年，永遠如此，最後必可以獲致輝煌的事蹟；反之，如精力分散，違背坤陰凝聚的原理，忽兒從事這一行，忽兒從事那一行，好像蜻蜓點水，一掠而過，怎麼會有成就？這是「馴致其道」之另一要義。

六二象曰：六二之動，直以方也；不習无不利，地道光也。

　　坤陰以二爻爲正，乾陽以五爻爲正。據易例，陽居初、三、

五，陰居二、四、上，雖皆當位而正，但陽居初、居三，陰居四、居上，只是得各該階段之正，至於陽五、陰二，才是〈乾〉〈坤〉兩卦整體卦體之正。就坤陰而論，二爻爲陰氣化最飽和的標誌，其所孕育之形體，不僅內在的結構很正確，外在的表現也顯得非常正確，所以說是正，而能吸引乾陽，與五往來相應，已具有自動的生機了；猶之二十歲左右的婦女，風姿楚楚，生育能力極強，可以招致男性之愛，是女性中最得意的時期。故孔子於六二〈小象〉，提示一個「動」字，而曰「六二之動」，意在說明〈坤〉體居二，其形已著，而生動機能，圓滿和融，極其充沛，在陽愛陰、陰愛陽的宇宙法則支配之下，常與五陽互相結合，以遂其化育之功；〈小象〉之所謂「動」，主要的涵義，蓋即如此。是則動之所指，包括陰陽兩方面，五應二，陽來鼓舞坤陰，固然是在動；二應五，陰往吸引乾陽，也是在動。先儒有見於「陽主動，陰主靜」之說，遂謂這裡二爻之所以動，是陽來動於二陰之上，而爲五陽之動。實則「陽主動，陰主靜」，乃陰陽比較的說法，陽左旋，向外運行，其動最著；陰右旋，向內收縮，其動不顯。陰並不是絕對的不動，〈繫辭傳〉曰：「夫坤，其靜也翕，其動也闢。」可見坤陰有靜、有動；何況〈小象〉明明是說「六二之動」，六二，陰也。

　　固然，陽動而表現爲直，〈繫辭傳〉曰：「夫乾，……其動也直。」可是坤陰居二，整個的〈坤〉體皆正，正則能直，這在前面已經講過；尤其坤陰所化生出來的形體，完全顯露於外，是怎樣就怎樣，毫無隱曲之情，豈不就是「直」？就因爲陰陽的動態，所表現的都是直，而能成就〈坤〉體之方；方是兩相比併的意思，表示爲混合成形，〈繫辭傳〉則謂「方以類聚」，類聚便顯得其爲方。蓋陽的動能，至誠無二，一直在鼓舞坤陰的生機，坤陰有了足夠的生機，也是至誠無二，一直在吸引外來的質素，以充實自身；外來的質素，經過吸收以後，爲〈坤〉所類聚，遂形成比併，而爲〈坤〉體之方。約而言之，就是由動態之直，以成體積之方，故曰「直以方也」。

　　「不習，无不利」的解釋，已詳於六二爻辭，這裡只約略地提一提。初生小鳥，一次復一次地學飛，稱之爲「習」；習就是練習，「不習」是說不需要練習了。練習還是準備期間的作法，而〈坤〉體居二，已到了最成熟的階段，可以自動的存在，並具有極

其充沛的化育功能，不再需要什麼練習的準備，而沒有個不利的；如地育萬物，生長收成，聽其自然，從無任何的造作，依然是無止境的繁息。「地道」的「地」，義爲發展的路線，因〈坤〉爲地，故言「地道」，地道就是地球發展的路線。易例：二爲〈離〉爻，〈坤〉二之〈乾〉成〈離〉，〈離〉爲明。「光」者明也，就是明顯的意思；「地道光」是說六二得整體〈坤〉體之正，地當六二，各方面都發展得豐隆飽滿，符合正確的條件，萬物依存，生生不已，其雄偉的地勢，完全表露於外，極其明顯而有光輝。我們知道，任何一種物體，包括地球在內，如當發生之初，尚未長成以前，其形跡非常隱晦，如人在胎兒時期，蘊藏於母體之內，是胖是瘦？是白是黑？什麼都看不見；待出生乃至長大成人以後，其體格如何，其才能如何，這才很明顯地全部表現出來。可是一經表現其爲一個成熟的人，便不須再有什麼造作，而可以自動發展其爲人的光輝了，所以說「不習无不利，地道光也」。

六三象曰：含章可貞，以時發也。或從王事，知光大也。

「含章」是說將章彩含蘊起來，不得使之外洩，就是韜光養晦的意思。「貞」是正也、固也；「可貞」是說韜光養晦，庶乎可以守正而穩固。凡此，已於三爻爻辭裡解釋過。〈小象〉之所以引述這一句爻辭，是在說明六三的爻象，爲什麼需要韜光養晦？又爲什麼韜光養晦就可以守正而穩固？這就因爲三居內外交遞之際，不上不下，極其審慎，稍有冒失，便影響全盤；兼之，三爲陽位，以六居三，內伏有陽，而三陽性本剛猛，如不韜光養晦而自加節制，難免有妄越之行，故〈坤〉當六三，必須含章，韜光養晦，然後才可以維持其正而固的形勢。但此所謂「含章」，雖是韜光養晦，並非絕對的靜止而不行動：三變互〈震〉，內體成〈艮〉，〈艮〉爲止而〈震〉爲行，〈艮〉又爲時，足見六三之象，時而可行則行，時而可止則止。蓋宇宙法則，時與位的關係，極其密切，而有不可分性，尤其六三，位在卦體之中，表示一種現象發展至於半途，這個階段的行止動靜，最需要時間條件的配合。社會上很多事業，半途而廢，除了遭遇不可抗力天災外，十之八九，皆由於時與位配合的錯誤，故曰「含章可貞，以

時發也」。其所以含章，是爲了待時而發；發是發動，也就是行，取象於三變互體〈震〉，〈震〉爲動、爲行。

「或從王事」的「或」，是不定之辭，表示或者可，或者不可，取象於三變伏〈巽〉，〈巽〉爲進退、爲不果，是即或也。「從王事」則係取象於三變應上，上爲大君，有王者之象，三往應上，是「從王」也；王事之「事」，取象於〈坤〉，〈坤〉爲事，「王事」指的是王者之事。語乎人類社會現象，就是在上統治者的治平之事，以喻六三之陰，變而從陽，發揮化育之功能也。前面說過，六三是待時而發，其於韜光養晦之含章期內，如果發動從陽的時機已經成熟，在其自身的感受上，當然能夠體察得到，這就好像道家在做丹火修養，丹田氣機到了成熟的時候，自己沒有不知道的道理；而且三變互〈坎〉，內伏有〈離〉，〈坎〉爲心，〈離〉爲明，是則內心已有明晰之象，內心明晰，自能體察到發動從陽的時機，這種體察，就是所謂「知光大」的「知」。

據易例：陽明陰暗。三陰從陽，則由幽暗而趨向於光明，也就是所謂「知光大」的「光」；又以陽大陰小，三陰從陽，則由弱小而趨向於強大，也就是所謂「知光大」的「大」。要之，從陽而可以達到光大的程度，內心的體察，有了這種認定，才能夠發動從王。試看有學養的君子，其本身必須具備富強邦國的能力和信心，而後才出而問世，以參與治平大計，如伊尹，如姜尙，皆是其中的實例，所以說「或從王事，知光大也」。

六四象曰：括囊无咎，愼不害也。

坤陰只有二爻得整個卦體之正，最爲圓滿！六四雖亦以陰居陰，而爲當位，但四陰之體，尙未臻於壯實，卻已交入外卦，以未壯實之體，遽與外界接觸，難免不遭受外界之侵害，自應審愼處之。爻辭所以示之曰「括囊」，就是爲了要保護尙未壯實之陰體，封置於囊內，並將囊口結紮起來，藉使在囊內的陰體，可以自由自在地存養，以免對外接觸，而有不利之處。易例：四爲〈巽〉爻，變則互〈艮〉；〈艮〉爲手，〈巽〉爲繩，以手持繩，是即結紮之象。「括」者結紮也，〈坤〉又虛而有容，「囊」之象也，由於爻象的關係，遂喻之以「括囊」；言四體未充，應加以縝密封置。蓋因四

變外體成〈震〉，〈震〉爲木，四本〈巽〉爻，〈巽〉亦爲木，而
〈坤〉爲土，土遇木剋，有「鬼害」之象；〈坤〉之本身，亦爲
「鬼害」之象，但四變又互〈艮〉，〈艮〉爲愼、爲止，既是有
害，自當愼以止之。如何地愼以止之，「括囊」是也，故曰「括囊
无咎，愼不害也」。從這裡我們獲得一種認識：自己的條件如果不
夠，就不要向外多接觸，應該封置自己，以免受害；可是有些人好像
初生之犢不畏虎，自己本來不夠，偏要向外逞強，最後只有落得失敗
的收場。

六五象曰：黃裳元吉，文在中也。

　　坤卦以二爻爲主，二爻可以代表整個〈坤〉體，但二與五應，五
居外而得中，〈坤〉體於二，是言其最充實的內在體質，故二爻曰
「直方大」；〈坤〉體於五，是言其最華麗的外在裝飾，故五爻曰
「黃裳」。黃爲顏色，顏色是表之於外的；裳爲衣服，衣服也是表之
於外的。二爻所代表的〈坤〉體，因與五相應，遂發展至於外在的裝
飾，尤其黃者中色也，中之涵義，是恰到好處，中色就是恰到好處的
顏色；裳者下體服飾也，下體服飾，是表示其外在的衣服，已遍及於
下體，而無所不至矣！黃裳之於外在裝飾，可以說是盡善盡美矣。

　　　〈坤〉位於五，而能有盡善盡美的外在裝飾，並不是得之於
外，更不是外在的偶然表現，六五雖屬於坤卦外體，可是有諸內者
形諸外，黃裳是一種光輝的文彩，任何物體，如在外面顯露出光輝
文彩，必然的是由於內在充實的體質之所致，孟子曰：「充實之謂
美，充實而有光輝之謂大。」是也。二與五有相應的關係，本之於
二的充實，於是發展而爲五的光輝文彩。在象，〈坤〉爲文，五居
中，所以說「黃裳元吉，文在中也」；「文在中」就是光輝文彩發之
於內的意思。

上六象曰：龍戰于野，其道窮也。

　　易例：「陽極陰生，陰極陽生。」坤陰發展至於上六，上六居卦
體之末，已到了極限，陰到極限，必然招致陽來，而有陰陽薄擊之
象，陰陽薄擊，就是所謂「龍戰于野」。按〈乾〉在純陽時，爻則
稱龍，而〈坤〉爲地，是「野」之象也。〈文言〉曰：「坤道其順

乎！承天而時行。」是〈坤〉為道，道就是發展的路線，〈坤〉道是指坤陰發展的路線。坤陰至上，沒有得再發展了，故謂之「窮」。《易》窮則變，變而生陽，遂將演成另一卦體，而坤陰已不能保持其原有形勢矣！所以說「龍戰于野，其道窮也」。

這種情況，在人事社會變化中，極其明顯。社會上所有經營的事業，皆各有其建立的形勢，其形勢之發展，亦各有其必須把握之飽和點，如形勢發展，已經有了外在的光輝文彩，一若六五之「黃裳，元吉」，那就應該牢牢地把握住，力求穩定於這個階段之上；不過有些人昧於陰極而窮的道理，以為事業顯露出光輝文彩，正是發展的大好時機，於是進進不已，甚或如脫韁之馬，一發而不可收拾，以致損失了整個的事業基礎。老子曰：「持而盈之，不如其已；揣而銳之，不可長保。」既感到棘手，就得要放手，可與此爻〈小象〉，相互發明。

用六象曰：用六永貞，以大終也。

用六是用陰，陰之為用，是在孕育萬有形體，而形體之孕育，又必須結構得很正確，而能存在得很穩固；結構正確，存在穩固，那就是所謂「永貞」的「貞」。貞之為義，是正也、固也，但宇宙間凡屬有形之體，最後總歸要毀壞的，惟因所具備正而固的條件，各個不同，有的延續時間較長，有的延續時間較短，要想保持時間較為永久，就得要在這正而固的貞字上，經常下功夫，所以用六宜乎「永貞」。

然陰陽二氣，往來無間，彼此脈絡，息息相通，就宇宙運行的法則來體察，綿延不斷，從無終止之期，任由陰陽兩種氣化，發揮盡致。既然陰氣化可以做盡量的發揮，則陰所孕育的形體，亦可各依其性質，而在可能範圍之內，保持最久的時間；即使陰所發揮的作用，已經到了盡頭，《易》窮則變，變則通，陰極陽便應運而生，還是在運行不息，陰變為陽而已。易例：「陽大陰小。」故曰「用六永貞，以大終也」；「大」是指陽而言，「終」字取象於〈坤〉，所謂「坤代有終」是也。

第三卦
屯卦

屯
坎 震
上 下

—— 此係坎宮二世卦，消息內卦十一月，外卦十二月，旁通鼎，反對蒙。

〈屯〉爲〈乾〉〈坤〉初交之第一卦，〈乾〉〈坤〉兩卦之涵義，前面已經交代過了，現在接著敍述屯卦之概念。第一，什麼叫做「屯」？《說文》：「屯，難也；屯象艸木之初生，屯然而難。從屮貫一屈曲之也；一者地也。」而《玉篇》則謂：「屯，萬物始生也。」蓋因孤陰不生，獨陽不長，〈乾〉不能終爲〈乾〉，〈坤〉不能終爲〈坤〉，必也〈乾〉〈坤〉交，而後萬物生。首由乾元入於〈坤〉下，以成內體之〈震〉，而生發動之熱力；再由〈坤〉五凝住乾陽，以成外體之〈坎〉，而佈鴻濛之大氣。萬物創始，固然由於內在熱力爲之發動，還得需要外在大氣爲之滋養，但當初生之初，必須突破大氣之壓力，而有相當的艱難痛苦存乎其間，因爲外體〈坎〉有險難之象；如草木貫地而出之初，以承受大氣壓力，而爲其生長過程中最感艱難痛苦的階段。故文王即以草木初生之「屯」名卦，取其「難生」也。第二，屯卦消息，內卦十一月，外卦十二月，十一月是一陽始生之〈復〉，十二月是二陽浸長之〈臨〉，陽爲發動的熱力，用以鼓舞萬物之生機，一陽始生，至二陽浸長，是在表示萬物生機正在創始，乃至於涵養漸長之中；如按節序，正值小寒，於時雷猶伏藏於地下，雷就是陽的熱力，雷藏地下，就是乾元入於〈坤〉下之象，物才創始，自宜厚積於內，不可輕洩於外。第三，〈屯〉

旁通〈鼎〉、反對〈蒙〉，〈鼎〉是鼎新，〈雜卦傳〉曰：「鼎，取新也。」無論是屬於自然，或是屬於人事，凡在〈屯〉之創始時期，都呈現出一種新興氣象，故〈屯〉之創始與〈鼎〉之取新，彼此之間，兩情相通；至於〈蒙〉之為義，〈序卦傳〉曰：「蒙者，蒙也，物之稚也。」物經〈屯〉之創始，在出生以後，便入於蒙昧、幼稚狀態之中，但表現儘管蒙昧、幼稚，其本質仍然是〈屯〉之創始時的本質；如某一個出生後的嬰兒，就是某一個初出生的胎兒，本質未變，不過成長情形有些差異，所以稱之為「反對」，反對云者，卦的本質不變，只是爻位顛倒而已。詳見易例。

壹、總說

佈卦的次序

自太極判分兩儀以後，陰陽二氣便從兩儀開始，逐漸發展，一直發展到了三畫的〈乾〉〈坤〉兩體，才算告一段落；但三畫的〈乾〉〈坤〉兩體，〈繫辭傳〉稱之為「小成」，語乎化生萬物，尚有很長的距離。必須兼三才而兩之，由三畫的〈乾〉〈坤〉兩體，更發展成為六畫的〈乾〉〈坤〉兩體，陰陽二氣，方備化生作用。不過陰陽二氣，發展到了六畫的〈乾〉〈坤〉兩體，就卦爻之位與數而言，已達最飽和的頂點，沒有得再發展了！所以乾卦到了上爻，而曰「亢龍有悔」；坤卦到了上爻，而曰「龍戰于野，其血玄黃」。〈乾〉〈坤〉最後皆不能保持原有之狀態，而有所損傷，這就由於陽愛陰、陰愛陽，陰陽二氣，既皆成熟，便互相交換，以從事化生工作。在卦的演進上，係由〈乾〉〈坤〉相交，並經複合成為另一卦，不復再是純陽之〈乾〉與純陰之〈坤〉，故乾卦稱「父」，而坤卦稱「母」；好像一對男女，俱已長大成人，遂結為配偶，且生產了孩子，而為人之父母矣。屯卦乃〈乾〉〈坤〉初交所生產的孩子，因即佈在〈乾〉〈坤〉兩卦之後。〈序卦傳〉曰：「有天地，然後萬物生焉。盈天地之間者唯萬物，故受之以屯。屯者，盈也。」卦裡面的〈乾〉〈坤〉，就是實際現象的天地，天地間之所以有豐盈景況，在於林林總總之萬物，而能促使萬物豐盈於天地之間，厥為屯卦；因屯卦是〈乾〉〈坤〉始交，而為萬物的創生者，故〈序卦傳〉又曰：

「屯者，物之始生也。」〈乾〉〈坤〉交而後萬物生，「屯」既萬物始生，當然在〈乾〉〈坤〉之後，緊接著是屯卦。

　　先儒有謂，屯卦是承坤卦上爻而來，〈坤〉至上六，「龍戰于野，其血玄黃」，純陰一直發展到最後，其陰已極，在後天卦位，居於亥宮，陰極則陽生，於是陽即寄生於亥宮，陰陽薄動而「戰乎乾」，亥屬西北郊野，是謂「龍戰于野」。至此，〈坤〉體當然毀壞，已非純陰，而能薄陰之陽，其陽自亦極其飽滿，甚至於亢，不再安守純陽的本位，急於覓取〈坤〉體，以為自身的著落，遂與盛陰會合於上六；但以亢陽而遇盛陰，不免薄動而戰，乃至陰陽兩傷，所流之血，有玄有黃。玄是天空的玄青色，凡屬距離很遠而看不見的，就呈現玄青色，係指乾陽而言，乾陽無形跡可見，感覺距離很遠；黃是「河圖」五與十的土數中色，凡能孕育萬物成形，就只有五與十的中色之土，係指坤陰而言，坤陰為中色之土，而能孕有萬物。乾陽坤陰，到了極限，既皆不能保持原有狀態，而因陰陽會合，以致其血玄黃，遂構成另一個卦體，那就是屯卦，所以〈屯〉繼〈坤〉上六以後。又有根據〈說卦傳〉一段的記載：「乾，天也，故稱乎父；坤，地也，故稱乎母；震一索而得男，……坎再索而得男。」由一索之〈震〉與再索之〈坎〉，構成卦體，所以緊接〈乾〉〈坤〉之後。其說亦不無見地，併存之。

成卦的體例

　　〈屯〉之成卦，內體〈震〉，外體〈坎〉，〈說卦傳〉曰：「震為雷。」前面講過，雷是發動的熱力，凡物在始生之時，其內在必有一股熱力為之發動生機，故〈屯〉之內體為〈震〉；〈說卦傳〉又曰：「坎為水。」此所謂水，不必一定是實質的水，有時是指具有滋潤功用的鴻濛大氣，試觀〈屯〉之〈大象〉，不曰「水雷屯」，而曰「雲雷屯」，便可知矣。始生之時，不特內在須有發動的勢力，還得要有外在的滋潤之氣，故〈屯〉之外體為〈坎〉，〈坎〉是代表水分的氣化，〈震〉是代表生機的熱力，斯二者乃萬物始生時必要的條件，如胎兒孕育在母體內，一面不斷地由母體輸送熱力，以鼓舞其生機；一面又賴羊水的氣化，以滋潤其形體，這樣才能夠在母體內順利成長，以至出生。這不僅胎兒一種例證是如此，尤其在我們經驗

上，每年一交春令，地心熱力就向外奮出，於是振發春雷，萬物生機，莫不為之鼓舞（〈震〉）！同時，如膏之春雨，又綿延不斷，為之滋潤（〈坎〉）！草木枯者，至是皆怒芽競放，發葉生枝；蟄伏於地下之蟲類，亦皆活躍於地面之上。整個的景象，顯得是生機盎然、花香鳥語、草長鶯飛，所有飛潛走植，無一而不是欣欣向榮！〈屯〉之創始，此其概也。

　　外〈坎〉為勞卦，而內體〈震〉為行為動，行動的〈震〉體，在勞卦之內，是表示這種行動很吃力而辛勞；因在〈屯〉內的〈震〉體，是代表創始的行動，創始的行動，一切都比較生疏，當然要多費周折，而感到辛勞！如初到一個地方，即有「行不得也」的感覺；初臨一件事情，弄不清頭緒，更是費盡心思去摸索。這些就因為是在創始時期，所以行動上都顯得吃力而辛勞，社會現象如此，自然現象亦然；花卉含苞，須由乾陽自內鼓舞，花才能緩慢地開放，有時因鼓舞的力量不夠，花還開放不了，可見乾陽鼓舞開花，是何等辛勞！在人如胎兒初從母體出生，承受內外壓迫，極盡辛勞，於是支持不住，呱呱而哭，甚或過於吃力，不久即告夭亡。綜合這些事例，足以說明〈屯〉之創始，固能促使萬物豐盈，但就其創始情形而言，煞費氣力，備極辛勞，絕非輕易而能創始也；此所以卦體內〈震〉而外為勞〈坎〉。

　　〈坎〉為險而居外，是表示創始時期，初與外界接觸，環境不明，難免盲人瞎馬，要遭遇到險難的後果；但內體〈震〉，秉性最愛行動，正在創始時期，如任其向外發展，則必導致險難，尤其中爻三、四、五互〈艮〉，〈艮〉者止也，應止於其所，不能貿然前進，故卦辭戒之以「勿用」，爻辭戒之以「居貞」。或有疑之者，謂〈屯〉為創始，止而不進，萬物何以化生？曰：是又不然。《易》所言者氣也，氣機如未成熟，不能輕易發洩，發洩太早，便無以為繼，待到氣機成熟，自然充沛而暢達；好像道家修持的功夫，在涵養丹田真氣，火候如尚不足，無從達到修持的功效，可能還有相反的效果，必也十足的火候，然後丹田裡才顯得氣機活潑，躍躍欲動！不過臨在這個關頭，仍得要繼續涵養，一直到了氣機最飽滿的時候，便不期然而然地六脈邕遂、百體融合。所以屯卦到了第四爻，而曰「往吉，无不利」，火候已經夠了，就可以向前發展，這是〈屯〉之創始

又一境界。

　　據卦變：〈屯〉自〈坎〉來。〈屯〉爲〈坎〉宮二世卦，〈坎〉初二兩爻，失位不正，初二易位之正，則〈坎〉變成〈屯〉，《虞氏易》即持此說。蓋當混沌初開之際，整個的太空，只有一片鴻濛大氣，久而久之，就從鴻濛大氣中醞釀出一股熱力，鴻濛大氣含有潮濕的水分在內，斯即〈坎〉水也；大氣醞釀出來的熱力，斯即〈震〉雷也。這無異乎是〈坎〉變爲〈屯〉的卦象；〈坎〉二初居，內體成〈震〉，豈不就是由〈坎〉水之濕，醞釀而成內在的〈震〉雷之熱嗎？「屯者，物之始生也」，宇宙間有了濕與熱，萬物才得以開始化生，因爲濕與熱是化生萬物兩大主要的條件；並且先凝聚之以濕，藉使氣化不散，然後鼓舞之以熱，藉使生機漸起。揆之於實際現象，事例很多，如母雞孵卵，卵內原即有潮濕的水分，經過母雞不斷地輸送熱能，到了時候，小雞就會出殼；又如一般家庭製做豆芽，先將豆子浸在冷水中，不過幾天的時間，豆子就會發芽，同時，水也就由冷變溫；尤其醫家所稱的濕熱症，先是腑臟內積濕，積濕既久，遂生邪熱，以致成爲濕熱夾雜的溫病。由濕生熱，這是極普通的病例，情形最爲明顯。故〈屯〉由〈坎〉水之濕，變爲內體〈震〉雷之熱，夫而後才可以發揮其創始的功能。

立卦的意義

　　日常生活上的行動，多少都有些險難的成分，飲食如不謹愼，就會導致疾病，何況較爲重大的行動？至於創始時期，情境生疏，行動上的險難，那就更爲嚴重！故當〈乾〉、〈坤〉初交，〈屯〉由內動外險而成卦，以其創始也。然則在創始時期，應如何避免行動上的險難呢？這還要從屯卦本身求得解答。《詩‧大雅》曰：「靡不有初，鮮克有終。」〈屯〉既創始以後，而〈蒙〉、而〈需〉、而〈訟〉、而〈師〉、而〈比〉，以至無窮地演進，是能渡過險難，而有始有終。〈屯〉之所以能如此，不外乎兩種因素：其一，〈屯〉之卦體是由乾陽向下扎根，內在基礎，剛健有力，「確乎其不可拔也」，足以發動任何創始的作爲；其二，〈屯〉外體〈坎〉，具有滋潤之功。所謂滋潤，另一面的說法，就是很融洽的意思；〈坎〉在先天本屬〈坤〉體，〈坤〉性凝聚。蓋凡元素之與元素結爲一體，而

能構成化合物，彼此之間，必須融洽而凝聚；是則〈屯〉於外在環境，更得要具有融洽而凝聚的性能，才可以渡過險難，從而化生萬物。據此以推之於人事，在創始行動之先，不論其創始行動爲何，對內須有足夠適應的力量，而剛健不拔；對外須謀融洽環境，而能凝聚住社會。這是我們研究屯卦第一個意義。

　　〈屯〉反對〈蒙〉，〈蒙〉與〈革〉旁通；革者，革故也。革卦卦辭曰：「己日乃孚。」「己」居十天干的第六位，而爲十天干的過半數，意思是革故不能操之過切，應該等到時間和空間的條件很成熟，而在時位過半數以後，才能著手去革；如湯、武革命，是在桀、紂禍國殃民很久之後，敗壞得不能再敗壞了，惡跡昭彰，全國皆知，於是湯、武才起而革命，順天應人，一舉而成。〈屯〉既通〈革〉，當然〈革〉之重要規則，〈屯〉亦與有連帶關係，故〈屯〉之創始的行動，亦不能操之過切，而應愼之又愼，最低限度，要在時空成熟的條件之下，求取行動，試證之以屯卦有關的爻辭，即可知矣！初爻曰「居貞」，二爻曰「不字」，三爻曰「往吝」，是皆不能有所作爲；到了第四爻，而曰「往吉」，才可以見諸行動，著手創始。第四爻在卦爻的時位上，已經超過半數，這與革卦時位過半數的「己日乃孚」，完全兩相符合。所以我們臨到創始的行動，時空條件是很重要，儘管對內有了剛健而不拔的力量，對外有了融洽而凝聚的性能，只不過是具備主觀條件而已！如按屯卦的啓示，還得要客觀的時空來配合，要不然，很可能有始而無終，這是我們研究屯卦第二個意義。

　　〈乾〉〈坤〉各自發展，既皆成熟，於是乾陽首即動而化陰，並從基礎著手，向下扎根，入於〈坤〉初，以鼓舞其內在生機。陽始入〈坤〉，是謂「乾元」，而〈屯〉之所以能創始，也就由於主爻的乾元；「元」之爲訓，始也、大也，始就是創始，大乃是博大。蓋在屯卦之先，〈乾〉〈坤〉未交，宇宙間寂兮寥兮，什麼都沒有，只是〈屯〉外〈坎〉體的一片鴻濛大氣，籠罩著整個的太空；嗣後，即自鴻濛大氣中產生一股熱力，在卦遂成爲〈屯〉內〈震〉體的乾元，有了乾元，萬有生機皆爲之鼓舞，而〈屯〉得以創始矣！故「元」訓之爲「始」。〈屯〉之創始，並非侷限於某一部分，而是普及於宇宙萬有；任何現象，其能自無而有，莫不由於〈屯〉內乾元發動的力

量，尤其一經創始以後，率皆獲得應有的成果，而且生生不已，以至於無窮盡的美滿豐盈。可見乾元雖僅爲發端之一點，而其發展之博大，卻無與倫比，故「元」又訓之爲「大」。〈屯〉係本諸自然法則，不僅創始，兼之博大。回顧我們人生的歷程，固然也有些創始的行動，但創始的範圍，是極其有限；即使能夠創始了，又每每半途而廢，有始無終。因此，須憑人爲的修持，以彌補自然法則之不足，平時要多學習技能，創始的範圍才能擴充；而在創始行動之先，更重要的是考慮周詳，裡裡外外，前前後後，都應該設想到，不使有絲毫空隙和偏差，以免招致失敗。這是我們研究屯卦第三個意義。

貳、彖辭（即卦辭）

屯，元、亨、利、貞，勿用有攸往，利建侯。

屯，元、亨、利、貞

「元亨利貞」四德，在乾卦裡已有詳盡的交代。元是創始而博大的意思，自〈乾〉始交〈坤〉而成〈屯〉體，遂發揮創始的作用，萬物莫不因之而化生；其所化生的萬物，種類之繁，作育之妙，區分之細，實有令人不堪想像者，且能生生不已、愈衍愈繁，以垂之久遠！〈乾〉〈坤〉至〈屯〉，創始力量之博大，於此可見一斑。既創始而又博大，是即所謂「元」也，故〈屯〉具有四德之元。亨是通達而流暢的意思，在〈乾〉〈坤〉各自發展的時期，陰陽二氣互不相涉，談不上通達，可是乾陽一經入居坤陰，陰陽二氣即已通達矣；而且〈乾〉始與〈坤〉相交，是交於〈屯〉，「屯者，物之始生也」，萬物自〈屯〉創始，便一直地繁衍下去，永垂無窮。這就氣化而言，陰陽之間，不特是通達，顯已表現極其流暢的程度，既通達而又流暢，是即所謂「亨」也，故〈屯〉具有四德之亨。利是適宜而諧和的意思，〈乾〉〈坤〉始交於〈屯〉，就能夠創始整個宇宙的生機，萬物便從此林林總總，不斷地成長，這當然是由於陰陽配合得非常適宜，才有如此高度的化育能力；不特此也，其所化育出來的萬物，儘管體形不同、性能亦異，但皆各正性命、互與爲用，在宇宙整個生機之下，齊頭並茂，相依而存，彼此之間，極其諧和，既適宜而

又諧和，是即所謂「利」也，故〈屯〉具有四德之利。貞是正確而穩固的意思，〈屯〉挾乾元發動的力量，每年一經交到春令，便發動春雷，而萬物皆呈現新的生機，億萬斯年，未之或爽，可以說是最正確不過的；乾陽性本好動，但經化生萬物有了成果以後，不論其所化生的成果，是屬於飛、潛、走、植那一類，遂皆穩固於所化生的成果之內，伏而不動，以支持成果之存在，既正確而又穩固，是即所謂「貞」也，故〈屯〉具有四德之貞。總而言之，〈乾〉〈坤〉相交於〈屯〉，然後四德方顯其用，此所以〈屯〉之卦辭直書「元亨利貞」。

按卦辭直書四德，除乾卦不計外，凡四卦，曰〈屯〉，曰〈隨〉，曰〈臨〉，曰〈无妄〉，是皆基於乾元發動的力量，以構成卦體，故一如乾卦，而直書四德。或有疑之者，謂卦內乾元成體，尚有〈噬嗑〉〈復〉〈頤〉〈益〉〈震〉諸卦，何以不書四德？這就因為〈屯〉內乾元發動，外體成〈坎〉，〈坎〉為水，而有雷雨之動滿盈之象；隨內乾元發動，外體成〈兌〉，〈兌〉為悅，而有陰陽和悅交融之情。〈臨〉內乾元發動，二陽浸長，已具開化坤陰之勢；〈无妄〉內體乾元發動，外體成〈坎〉，已具純陽剛建之德。至於〈噬嗑〉〈復〉〈頤〉〈益〉〈震〉諸卦則不然，〈噬嗑〉內雖乾元，外體仍屬〈離〉陰，並無乾元之影響；〈復〉內雖亦乾元，而係一陽始生，其力猶弱；〈頤〉內雖亦乾元，外體為〈艮〉，呈現〈艮〉止之狀；〈益〉內雖亦乾元，外體為〈巽〉，卦氣因〈巽〉入而內行；〈震〉內雖亦乾元，但係八純卦，外體無變化。凡此諸卦，內則僅具〈震〉體乾元型態，尚無向外發動的力量；而卦之構成，並非完全來自乾元，故四德不備。

勿用有攸往

此所謂「勿用」，即〈乾〉初「潛龍勿用」之義。乾卦初爻，是初生之嫩陽，潛伏在下，尚未成熟，需要涵養，不能立即發揮作用，〈屯〉由乾陽交〈坤〉成卦，而潛入於初，所以一如〈乾〉初的爻辭，而繫之以「勿用」；如孩童頭腦，還沒有長成，不能使之作深入思考，沒有長成的孩童頭腦，即作深入思考，不僅一無所得，反而戕害其身心發展，斯即「勿用」之意境。「有攸往」的「有」

字，是爲加重語氣，並含著力造作的意思，好像開車，特別加強馬力，以最高的速度向前奔馳；質言之，是有意的作爲，而不是順乎自然。「攸」是語助詞，與「所」字同義。易例：卦氣自內而外謂之「往」。「往」是表示向外發展，「有攸往」是表示著力向外而謀有所發展。前面講過，〈屯〉於卦變自〈坎〉而來，〈坎〉二之正居初成〈屯〉，遂從〈坎〉體鴻濛大氣之內，產生一股熱力，可以發動而創始，但以發動的熱力，尙在初生階段，本身微弱，猶待充實，而又〈坎〉險當前，外在的鴻濛大氣，重重壓力，充塞乎天地之間，即使〈屯〉之創始，著力造作，亦不足以與大氣壓力相抗衡；然〈屯〉內爲〈震〉，〈震〉性卻極好動，惟恐其冒險犯難，故戒之曰「勿用有攸往」，意謂不能急於圖成，而貿然前進也。這種情形，反映在人事上最爲普遍，凡事在創始的初期，不論那一階層的人，多少都有一些鋒銳的勁兒，就由於鋒銳的勁兒支持了意識，於是乎不無輕事之感，總以爲所創始的事情是易如反掌，可以很快地完成，在這樣的意識形態之下，情緒自然就會衝動，行爲自然就會莽撞；但社會是人與人的關係，彼此在相互爲用，不是我一個人想怎樣就怎樣，所能夠作得通的，以衝動的情緒，加之莽撞的行爲，那一定爲社會所不許，結果是到處碰壁、障礙橫生！根據史實的教訓，有好多人對於事業開創，在起初是銳不可當，到後來便寂焉莫聞，弄成虎頭蛇尾；其所以失敗，原因就在此。故凡創始，應持之以審愼的態度，先須做周詳的準備：如何地準備？那便是後面所講的「利建侯」。

利建侯。

利者，宜也。「建」是取象於初爻，初爻以陽居之，原係潛龍，〈文言〉贊之曰：「確乎其不可拔，潛龍也。」老子則謂「善建者不拔」；是初爻之象爲「建」，建者，建樹也。「侯」則取象於內體〈震〉，震驚百里，有諸侯之象；《白虎通德論・封公侯》：「諸侯封不過百里，像雷震百里。」〈震〉又爲長子，長子主器，是亦侯象也，侯是地方的首長，地方有了首長，庶政措施才能見諸頭緒；這裡所講的「建侯」，就是建樹頭緒的意思。按周繼商紂的敗政，綱紀蕩然，朝野騷亂，一切皆須從頭做起，從頭做起，就得要先行分別建樹頭緒，所以劃分若干國邑，各設諸侯以治之，期能鞏固內部的基

礎，而使各個地方皆建有適當之頭緒，然後治平大業，方可達成。至於〈屯〉之爲卦，是表示創始的境界，創始當然也是要從頭做起，而以內部頭緒鞏固基礎，最爲重要；在內部頭緒未建樹以前，基礎尚未鞏固，不能急於向外發展，以免招致失敗。因此，文王繫卦，周公繫爻，於〈屯〉而即以「利建侯」爲喻，意蓋指示創始的重點之所在。

　　〈屯〉爲〈乾〉〈坤〉始交之卦，於時正當混沌初開，天造草昧，〈屯〉內雖有一陽初動的〈震〉體，但以始生之陽，其氣未充，不足以發爲光明熱力，更不足以有所開拓的作爲；而且外體爲〈坎〉，〈坎〉本幽暗，兼之中爻互〈坤〉，〈坤〉又冥昧，是則大環境尚在幽暗冥昧之中，誠如所謂「天光未啓，地溫未升」，泯泯茫茫，什麼都沒有，只有鴻濛大氣瀰漫於太空而已。似此情形，居內之〈震〉體，性雖好動，也無從動起。這就人事而言，即凡任何一種創始的行動，才臨創始的初期，都是困難重重，恰如〈屯〉之〈乾〉〈坤〉始交，亦混沌，亦草昧，處在幽暗冥昧之中，內無條理以資依據，外無軌道以資遵循，本身力量，又還脆弱，如不分門別類，先將內部頭緒建樹起來，而一任其茫無頭緒、隨意行進，創始的行動，勢必至於半途而廢，百無一成，斯即「利建侯」之義也。

參、爻辭

初九：磐桓，利居貞，利建侯。

　　《周易正義》疏：「磐，山石之安者也。」又引馬季良之語曰：「山中石磐紆，故稱磐也。」初爻與四爻相應，四互〈艮〉，〈艮〉爲山，又爲石，有山石之象，因即謂之爲「磐」。《尚書・禹貢》：「西傾因桓是來。」鄭注云：「桓是，隴阪名；其道般桓，旋曲而上。」初居〈震〉，〈震〉爲阪，又爲大塗，是即「磐桓」之象也。明人來知德釋「磐」爲大石、釋「桓」爲大柱，其說牽強，不足爲訓。初九？隴阪中的大塗，紆迴曲折，故謂之「桓」；合而言之，則爲石路崎嶇，曲而難行！因爲是屯卦的主爻，爻辭與卦辭的辭意多半相同，語氣且更加強。蓋凡創始，即有屯難，而初九又爲創始的起點，是啓導屯難的根源，俗語說：「一著差，著著差。」起

點一經偏差，以後就會偏差下去，很不容易矯正得過來，故曰「磐桓」，垂戒深矣！如我們創辦任何一種事業，都得要和外界的社會打交道，可是社會乃已成之局，絕不能迎合我們的需要，是要我們紆迴曲折去遷就社會；有些時候，即使我們紆迴曲折去遷就社會，而社會的反應，還是百般刁難，這就好像石路崎嶇，曲而難行也。

　　初應四，四互〈艮〉，〈艮〉為「居」，初以陽爻居陽位，得位而居正；「貞」者正也，〈艮〉又為宮室，中爻互〈坤〉為闔戶。初體〈震〉，〈震〉為出，初在互體〈艮〉〈坤〉之內，闔戶而不出，即〈繫辭傳〉所謂「君子慎密而不出也」，有守正而居貞之象；又因初體〈震〉為足、為行、為動，足在行動，有起步而行之象，初居〈震〉足之下，是當起步之初。「千里之行，始於足下」，起步之初，如即不能守之以正，則立足不穩，而步伐必亂，還能夠作千里之行而圖發展嗎？我們都有這種認識，不論任何事情，在起步之初，總得要弄得四平八穩，而守之以正，否則自身且不能保，何有乎發展？孔子曰：「暴虎馮河，死而無悔者，吾不與也；必也臨事而懼，好謀而成者也。」是以君子「慎始」，初爻「利居貞」之義，蓋即慎始也。至於「利建侯」一辭，已在卦辭裡解釋過，就是分別建樹頭緒，鞏固內部基礎的意思；而程《傳》卻以「建侯」為求輔助，若謂：「居屯之世，方屯於下，所宜有助，乃居屯、濟屯之道也，故取建侯之義，謂求輔助也。」然〈屯〉為〈乾〉、〈坤〉始交，是在說明宇宙的創始，宇宙創始，還需要求取什麼輔助呢？程《傳》囿於人事，以致曲解，惟恐讀者為其所誤，故在此附帶提及。

六二：屯如邅如，乘馬班如，匪寇婚媾，女子貞不字，十年乃字。

　　《說文》以「屯」為草木貫地初生，極難進展，「屯如」即難進之貌；《楚辭·哀時命》謂「蹇邅徊而不能行」，「邅如」即不行之貌。二應五，五體〈坎〉，〈坎〉為險，五又互〈艮〉，〈艮〉為止，〈屯〉之創始，是基於主爻初陽的發動力量，但如初陽發動，二則應五互〈艮〉以止之，且有〈坎〉險橫梗於前，以致難進而不行，是即「屯如邅如」之象。易例：兩爻比近，以在上一爻謂

之「乘」，在下一爻謂之「承」；二在初陽之上，因謂之「乘」，初陽係〈震〉體之主，〈震〉為馬，是為「乘馬」；「班如」之「班」，義訓為「躓」，謂困躓不振，行步不前，《子夏易傳》釋「班如」曰「相牽不進貌」。二與初陽不應，初陽如欲向前行進，二則以盛陰止之，二如欲往而應五，亦以近比初陽而不能往，互相牽制，躓而不進，迴還瞻顧，是即「乘馬班如」之象。蓋以初創的事業，假使向外而謀有所發展，其內部基礎固然需要鞏固，還得要外環境來配合，外環境具有發展的條件，才可以向外發展。〈屯〉之創始至二，二雖陰，但與初陽無陰陽相應之情，而非初陽所需要之陰，這就意味著外環境並未配合，沒有具備發展的條件，根本即無發展的可能。又按此所謂「乘馬」之「馬」，是指初陽而言，陽在純陽的乾卦裡稱之為「龍」，而在陰陽交合的卦裡，其陽則稱之為「馬」。稱之為龍者，就可以騰空而飛，以喻純陽不須憑藉，而能獨自在空中飛舞；稱之為馬者，馬須著地而行，以喻與坤陰交合之陽，須就陰體以發揮其陽之奔放作用。陽秉剛健之德，動力最強，而龍與馬在生物中，亦具最強之動力，故即以之為喻。

二與五應，五體〈坎〉，〈坎〉為盜，盜即「寇」也。「匪」義同「非」，二五是陰陽正應，兩情相得，外〈坎〉九五，雖有寇盜之象，實則並非寇盜，而與二且具婚媾之情；因在作《易》時期，男女婚配，須行親迎之禮，由男家準備車馬，新郎親率僕從，到女家迎接新娘，當時男滿二十歲即須佩劍，故親迎者皆配劍帶刀，又以車馬之盛，乍看起來，好像一群盜寇，此所以爻辭寇與婚媾並稱，以其有類似之處耳！就因為這種類似的情形，近來有些淺薄者流，自命為考據家，竟以親迎之人馬成羣，帶刀佩劍，指認為古代搶婚之證據，無知而妄越一至於此，誠可悲也！按「匪寇，婚媾」見之於爻辭者凡三，即〈屯〉二、〈賁〉四、〈睽〉上也，而皆取象於〈坎〉，〈坎〉本為寇，因有間爻相應，寇遂變為婚媾。寇是敵對的暴行，在爻便相激相盪；婚媾是親善的環結，在爻便相輔相成。是則一個體象，而會產生兩種相反的情形。所以有些現象，在我們感覺是極其敵對，好像是寇，其實是婚媾，如師長對我們嚴加管教，聲色俱厲，是希望我們有所成就，這不是寇，而是婚媾：有些現象，在我們感覺上是極其親善，好像是婚媾，其實是寇，如小偷和我們表示親近，笑臉

相迎，爲的是要扒竊我們的財物，這不是婚媾，而是寇。歷來誤於寇與婚媾，以致失敗，不知凡幾，讀者應有所自警！

二本人位，又以陰居之，是有「女子」之象。「貞」義爲正，二以陰居陰，得位而正，是即貞也。《禮記・曲禮》：「女子許嫁，笄而字。」「字」爲許嫁之義。二之應爻爲五，五互〈艮〉，〈艮〉爲宮室；二在〈艮〉下，而居宮室之內，中爻互〈坤〉，〈坤〉爲闔戶，又爲育養。二既居於宮室之內，又闔戶以養其正，是爲深閨處女，尚未出嫁，而有「女子貞不字」之象。〈屯〉本〈坤〉體，〈坤〉屬土，土數十；〈坤〉又納癸，癸居十天干之末，數亦十也。《易》對時間用字凡四，曰日、曰月、曰年、曰歲；言日是指陽，言月是指陰，言年歲則以所冠之數字或奇或偶，而分陰陽。此爻「十年」，係指中爻整個的互體坤陰而言，陰在二，才交進互體之〈坤〉，不足以當十年之數；因爲十年乃整個的〈坤〉體之數，必須陰至四，居於互體之〈坤〉最上一爻，〈坤〉已完全成體，方具十年之數。惟〈屯〉之主爻在初，一切卦氣上的行進，皆以初陽爲主，二陰應五乘剛，非初陽之匹配，故貞而不字；陰如至四，不僅〈坤〉體已成，且與初陽正相應，而有婚媾之情，又正符合十年之數，可以許嫁於初矣，是即「十年乃字」之象。十年在卦體上是一個循環，證之人事現象，就是創業之初，應作極其圓滿的準備，從頭到尾，有關於事業一個循環的起落，以及啣接之處，都得要檢點周到，然後才能向外謀取發展。所謂「女子」，所謂「婚媾」，是表示外環境最諧和的遇合，但六二在〈屯〉，爲期尚早，故先則警之以「屯如邅如」，後則示之以「十年乃字」，義即創始非草率所能濟事也。參看四爻，其義更顯。

六三：即鹿无虞，惟入于林中，君子幾，不如舍，往吝。

《說文》段注：「即，就也。」如謂就位爲即位、就席爲即席皆是。三體〈震〉，〈震〉善驚，三又互〈艮〉，〈說卦傳〉謂〈艮〉「爲黔喙之屬」，黔喙之屬而善驚，豈不就是「鹿」？鹿是代表狩獵的禽獸，「即鹿」是就有禽獸之處而獵之也。王肅本，「鹿」作「麓」，亦係取象於互體〈艮〉，〈艮〉爲山，三在山腳

下，是「即麓」也。蓋以古代鹿與麓通，麓爲山腳，山腳下多半都是樹木成林，如謂「即麓」，則與下一句「入於林中」互相呼應，爰存其說，以備參考。「无虞」之「虞」，是指虞人而言，《周禮・地官》：「山虞掌山林之政令。」按周時設有山林之官，稱之爲「虞人」，每逢狩獵時，則依之以指引，因三居〈艮〉山山腳下，而爲人位，有虞人之象；但以三之上下皆陰，昏暗已極，〈坤〉又爲喪，喪失於昏暗之中，是即「无虞」之象。三體〈震〉通〈巽〉，〈巽〉爲入，三變互〈坎〉，〈坎〉爲陷，陷亦入也；三又居於外體〈坎〉與內體〈震〉之中，〈坎〉爲叢木，〈震〉爲竹木，中爻互有〈艮〉山，是一片竹木叢林之山場，三陷其中，而爲「入於林中」之象。「惟」是語助詞，謂〈屯〉至六三，以陰居陽，其時其位，均不能有所發展，如妄圖發展，那好像沒有虞人指引，而盲目地就獵禽獸，不但毫無斬獲，結果惟有陷入於竹木叢林之中而已。《虞氏易》謂內〈震〉爲麋鹿，中爻互〈艮〉爲狐狼、互〈坤〉爲兕虎，三變重〈坎〉爲叢林，所有禽獸皆走入叢林之中；是則所謂「入於林中」，指的是禽獸，而非獵者，與爻辭原意，似有出入，姑併存之。

　　三體〈震〉通〈巽〉之九三，有「君子」之象；可是〈屯〉以初陽爲主，所謂「三有君子之象」，是指初陽往而之三也，如此爻曰「往吝」，四爻曰「往吉」。易例：「卦氣自內而外是爲往。」曰「往吝」者，是說初陽不能往而之三，往而之三則吝；曰「往吉」者，是說初陽應該往而之四，往而之四則吉。語氣重點，都在初陽，不必拘泥於本爻，《易》象圓融，固如此也。三變〈坎〉通〈離〉，〈坎〉爲隱，〈離〉爲明，〈坎〉通〈離〉，則隱者能使之明；〈坎〉又爲心，〈離〉又爲目，目能見。所謂「幾」，是幾微而隱者也，心已能使隱者爲明，而又有所見，斯即見「幾」之象。君子乃通理達變的有道之人，當然見識很透闢，自能見幾而作，故曰「君子幾」。三體〈震〉爲行，又互〈艮〉爲止，行而又止，義即舍棄而不爲也；謂無虞人指引，已陷入叢林之中，不如見幾，舍棄不獵。虞氏易義則釋「幾」爲狩獵時弩上機括之「機」，因幾通機也，取象於變〈坎〉伏〈離〉之弓矢，謂三互〈艮〉爲手，手持機括，舍棄而不獵也，故曰「不如舍」。前面講過，往是卦氣向外運

行，〈屯〉以初陽為主，此所謂「往」，指的是初陽往而之三，三猶屬於內體，尚在創始的準備階段，時間上並未成熟，尤其三以陰居陽，動盪不安，而又上下重陰，冥昧不明。〈屯〉至六三，不僅非初陽所能發展之時，抑且非初陽所能發展之位，初陽絕不可貿然前往，如貿然前往，勢必一無施展，而無以自持，只落得著「吝」的收場，故曰「往吝」。

　　〈屯〉在六二，已感乘剛之難，到了六三，更談不上有什麼發展，這可以證之於實際現象。不論創辦任何一種企業，在內部準備成熟以後，假使向外謀取發展的話，最主要的必須有適當的市場，和初陽需要相應的坤陰一樣，如六三以陰居陽，動盪不安，相當於市場環境很不穩定；上下重陰，冥昧不明，相當於市場行情很不明朗。市場環境既不穩定，而行情又不明朗，遇著這種場合，還欲謀取企業發展，那是絕不可能，無異乎沒有虞人指引而去獵獸，當然會陷入林中；識者處此，為免於失敗，便見幾而舍棄，要是莽撞行進，所獲得的只有損傷、敗壞而吝。

六四：乘馬班如，求婚媾，往吉，无不利。

　　四居內卦〈震〉體之上，〈震〉為馬，而有「乘馬」之象。按屯卦各爻言「乘馬」者凡三，六二、上六與六四是也。六二言乘馬，是乘初陽；上六言乘馬，是乘五陽；六四言乘馬，所指的是乘內卦〈震〉體之陽。前面解釋過，「班如」是迴還不進之貌，二、三兩陰，既皆與初陽扞格不入，四承其後，而又界於卦體內外分野之際，雖與初陽相應，而距離較遠，為了審慎結合，迴還而不遽進，以陰陽氣化在開始結合時，必有一段表現為迴還的狀態，此乃自然法則也；兼之，初體〈震〉，四互〈艮〉，〈震〉為行，〈艮〉為止，四與初應，行而又止，是亦「乘馬班如」之象。四互〈艮〉，〈艮〉為求，陰在二，因始互〈坤〉，為期尚早，女子貞不字，必待十年，然後乃字；但陰至四，〈坤〉已成體，十年屆滿，且與初陽正相應，已有「婚媾」之情，可以字矣！惟以四居外體，初居內體，相距遙遠，又有間爻橫梗於中，四與初陽雖有婚媾之情，而必出之於「求」。蓋二、三兩陰既皆與初陽扞格於前，不得不為審慎計也，故曰「求婚媾」。

　　〈屯〉之所以能創始，就在於初陽乾元發動的力量，往是卦氣自內向外的運行，這裡所講的「往」，係指初陽向外行進而言。初陽經過二、三兩陰，因不相應，還在內部準備時期，不宜有所發動；但至六四，交進外體，內部準備已告一段落，又與初陽正相應，婚媾之情，至深且篤，初陽自當向外行進，往而之四，以遂其創始之功。據易例：「初為〈震〉爻，四為〈巽〉爻。」〈震〉為夫，〈巽〉為婦，是則初陽四陰，如同夫婦；初陽得有四陰，無異乎是得有最滿意的遇合，猶之經營企業，獲得最適宜的市場，當然可以謀取發展，故初往之四，而曰「往吉」。既曰「吉」，爻辭又曰「无不利」，豈不是贅詞？實則不然！「吉」與「利」意境不同，像男女結婚，屬於喜事，固然是吉，但不一定就是利，如在舉行婚禮時，或由社會偶發因素，以致影響婚禮的場面；或由天氣交通障碍，以致延擱婚禮的時間，這些都是不利的情事。初與四的婚媾，不特是吉，從沒有這些不利的情事發生，所謂「无不利」，義即此也。

　　〈屯〉繼〈乾〉〈坤〉，其本旨原即在於創始，並由初陽的乾元為之發動，在內體三爻，雖多戒辭，不能躁進，但亦不能長此停頓於內部；初陽如不向外發動，將何以達成創始之目的？故至六四，陰陽相應，又已到達外體，初陽往而之四，於時於位，正可以展開創始的任務，而能獲得婚媾之吉；質言之，整個的屯卦創始中心，也就在此。試證之以實例：每年十一月冬至，乾元始生於極陰之下，而成一陽之〈復〉，到了十二月節令，乾元浸長，而成二陽之〈臨〉，但皆未能發揮乾元應有之作用，一如〈屯〉之內體，滯留在涵養期中；直至正月節令，乾元上升，三陽成體，可以發揮作用、創生萬物矣！於是化為春雷，向外發動，而蟄者起、潛者躍、木枯者蘇、水涸者流，萬物生機皆隨之而重新創始，亦活潑，亦榮華。〈屯〉至六四，內體之〈震〉，力已充足，並因長子代父，故初陽發動，往則獲吉；其創始的境界，蓋如以上所述。有持不同之解釋，謂四、五兩爻皆體〈坎〉而有孚，「往吉」是四往五，相孚而吉；其說似亦有爻象之依據，但與屯卦之本皆不合，〈屯〉以創始為本旨，四往五與創始何關？〈乾〉象曰：「大哉乾元，萬物資始。」是萬物之創始，莫不由於乾元發動，而〈屯〉之內體初陽，乃乾元之所在，〈屯〉之所以能創始，即基於初陽發動的力量，「往吉」是指初往之四，義最明

確。放棄四與初之正應關係不言，而謂四往五，殊不足爲訓。又有謂
六三「往吝」，爲三往應上，其說更嫌鑿矣！

九五：屯其膏，小貞吉，大貞凶。

　　五體〈坎〉，〈坎〉爲雨，〈象傳〉曰：「雷雨之動滿盈。」
其所謂「雨」，即指外〈坎〉而言。按消息，〈屯〉之外卦爲十二
月，至五已接近春令，而「春雨如膏」，是本爻稱之爲「膏」者，
乃取象於〈坎〉雨；膏者，膏澤也，就是潤澤的意思，《詩》云：
「陰雨膏之。」《左傳》云：「如百穀之仰膏雨焉。」皆其義也。
「屯其膏」，是說〈屯〉於創始，經過六四最飽和的發展以後，到了
外體過半之五，已有相當的成果，只需要外在加以潤澤，就算功行圓
滿；猶之創建房屋，大體都已建成，只待外在裝修而已。然「膏」之
爲義，不僅是膏澤，另有一義，謂之爲「膏脂」；釋者曰「膏」，凝
者曰「脂」，就是油膩凝滯的意思。以接近春令之〈坎〉雨，而有如
同膏脂凝滯之性能，五雖陽，因體〈坎〉而下陷，致受〈坎〉雨膏
脂凝滯之影響，五陽之力量，遂不容易發動。是則〈屯〉五之難，
即在於膏脂凝滯，故曰「屯其膏」；此一說也，義貫下一句「大貞
凶」，亦特有其見地，爰併存之。

　　易例：「陽大陰小。」《易》凡言大，皆指陽；《易》凡言小，
皆指陰；如〈大過〉〈小過〉，〈大畜〉〈小畜〉，以及〈泰〉之
「小往大來」、〈否〉之「大往小來」皆是也。五與二應，各皆當
位得正，而有居貞之象，故二曰「貞」，五亦曰「貞」；貞者，正
也、固也，既正確又固定，就是規固的意思。二屬陰，陰主靜，具有
安貞之德；又以二乘剛應五，遇非其時，絕不可僥倖圖成，稍有妄
越，便損及〈屯〉之創始，自宜規固於其本位，而守之以正。二陰爲
小，所以斷之爲「小貞吉」。五屬陽，陽主動，具有奔放之能，尤
其在〈屯〉之創始即將落成的階段，更應發揮五陽的動力，以竟其
功；如規固於其本位，而居貞不動，則爲山九仞，功虧一簣矣！五陽
爲大，所以斷之爲「大貞凶」。

　　〈屯〉之成卦，以陽化陰，陽爲主而統率，所謂「乃統天」是
也；陰爲從而承受，所謂「乃順承天」是也。陰既從陽而承受，自應
規固於其本位，以待陽之施爲；陽則不然，因係統率之主，不能規固

而不動。如人之五官、四肢屬於陰，精神意志屬於陽，五官、四肢各應安於本位，分司職守，耳司聽，目司視，鼻司嗅，口司言語、飲食，乃至手持而足行，這才顯得正常生活的功效！假使耳不固定於耳的部位，而不能聽；目不固定於目的部位，而不能視；鼻不固定於鼻的部位，而不能嗅；口不固定於口的部位，而不能言語、飲食；乃至手足不固定於手足的部位，而手不能持、足不能行；各部門的結構是如此的不固定，還有存在的可能嗎？由是可見，陰小而以貞為吉。至於精神意志，原為奔放之能，周流不息，靈活不居，上下五千年，縱橫九萬里，都是精神意志的領域，任意馳騁，無所不至！假使精神意志也像五官、四肢，只是固定在一個角落，那就不能活潑運用，而頭腦思想便是窒息不通；一個人頭腦思想固而不化了，豈不就是死亡的狀態？至少是白癡。由是可見，陽大而以貞為凶；尤其五居天位，更應該發揮陽之功用，厚施潤澤，以加強創始之成果，切不可因〈坎〉雨之膏脂凝滯，而遂膠著不動矣。

上六：乘馬班如，泣血漣如。

　　上六以陰乘陽，而有「乘馬班如」之象，意思是迴還不進，前面已經解釋過了。〈屯〉為〈乾〉〈坤〉始交之卦，陰陽二氣初相接觸，彼此情形都很陌生，當然難免有些迴還不進的表現；何況以陰乘陽，其氣逆而不順，就更顯得盤旋不已，難以行進。或謂其他各卦，爻位排列亦有以陰乘陽者，何以不言「乘馬」？這就因為〈屯〉繼〈乾〉〈坤〉，首居創始之際，其他卦中，陰陽相交，縱有迴還之情，因非創始，其象不顯。故僅屯卦三見「乘馬」之辭，直到卦體最終為止，蓋為鄭重指示創始之難也。

　　「泣血漣如」之「血」，就是坤卦上爻「其血玄黃」之「血」；因為〈乾〉〈坤〉十二爻跟其他的卦爻都有密切關係，知其總者則知其分矣。「泣血」是取象於〈坎〉，上居〈坎〉，〈坎〉為血卦，〈坎〉又伏〈離〉，〈離〉為目，上與三應，三居〈震〉，〈震〉為出，目有血出，是「泣血」之象也。「漣如」為垂涕之貌，如《詩經‧衛風》：「泣涕漣漣。」上爻居〈坎〉，〈坎〉為水，水潤下，〈坎〉又伏〈離〉，〈離〉為目，水從目而下垂，乃垂涕也；又按風吹水上成文謂之「漣」，上變〈坎〉為〈巽〉，〈巽〉風在

〈坎〉水之上，而有「漣如」之象，故曰「泣血漣如」。意思是〈屯〉至上爻，卦體將變，變則必有損傷，亦猶之〈坤〉至上爻，乾陽來戰，而有玄黃之血也。

　　屯者難也，舉凡現象在創始時期，免不了都有些艱難，尤其創始的歷程，到了快要結束的階段，並不因為快要結束，而就沒有了艱難，反而艱難的程度更覺嚴重！如胎兒在母體內，從結胎起，到出生為止，就人生而言，這是一生的創始時期，當在十個月懷胎期內，固然斷斷續續地要遭到很多艱難，但總趕不上出生那個階段的嚴重；出生完全在血肉模糊中掙扎，可以引起疾病，可以導致死亡，而出生是懷胎十月最後的階段，也就是一生創始時期最後的階段。所以〈屯〉至最後的上爻，不僅是迴還不進而「乘馬班如」，更由於有了損傷而「泣血漣如」。

肆、彖傳

　　彖曰：屯，剛柔始交而難生。動乎險中大亨貞。雷雨之動滿盈。天造草昧，宜建侯而不寧。

屯，剛柔始交而難生。

　　〈雜卦傳〉曰：「乾剛坤柔。」按在〈屯〉之前，〈乾〉〈坤〉各皆獨自發展，至〈屯〉才由乾元開始交入〈坤〉體，故稱「剛柔始交」；不曰「乾坤」，而曰「剛柔」，以剛柔兩字的意境，為通常現象所習見，何者為剛？何者為柔？較易覺解耳。屯卦內體是〈震〉、外體是〈坎〉，〈震〉為出，又為反生，〈坎〉為險難，〈震〉在〈坎〉內，是即出生於險難之中，故稱「難生」。這是表示，任何現象在出生之初，都很艱難；如《說文》解「屯」，謂「象屮木之初生，屯然而難」。據卦變：〈屯〉自〈臨〉來。當復卦時，雖亦伏有乾元，但潛龍勿用，必至於〈臨〉，乾元浸長，而為二陽，於是始由二陽往交五陰以成〈屯〉；又以〈屯〉為十二月卦，佈支在丑，歲數將終，天運將始，正居新舊乘除之際，於時小寒當令，萬物萌芽，生於地中，而有寒冰之難，是即「剛柔始交而難生」之象也。

　　陰陽開始接觸，並不能一拍即合，要經過一次又一次的周折，才能夠結合得了，所以陰陽開始接觸的階段，總是很艱難。陰陽就是剛柔，這在日常生活事例中，枚不勝舉，如我們臨帖習字，才開始臨帖，費盡心力，模擬得還是不像，必須有一段很長的時間辛勤苦練，可是一經練得純熟了，那便洋洋灑灑，意到筆隨。臨帖就是以陽臨陰，由〈臨〉二往而臨之於五，以成〈屯〉之創始。故當臨帖之始，倍嚐辛苦，誠如俗語說的「頭難」是也。

動乎險中，大亨貞。

　　〈屯〉內體〈震〉、外體〈坎〉，〈震〉為動，〈坎〉為險，〈震〉居〈坎〉內，「動乎險中」之象也；〈乾〉象曰：「大哉乾元。」〈屯〉以初陽為主爻，而初陽乃乾元之所在，「大」之象也；〈屯〉由乾元始交於〈坤〉，而能和諧相與，終於開化坤陰，「亨」之象也；乾陽發動，內居初，外居五，得位而正，「貞」之象也。至其意義，須先從四德說起。乾卦〈文言〉釋「元亨利貞」四德，各皆有其獨具之意義，而且都作名詞看，但在其他的各卦裡，有些時候，則又活用。「元亨」的意思是大亨，「元」作「大」字解，而係說明用詞，所以說明「亨」之程度，已臻極限；「利貞」的意思是宜於貞，「利」作「宜」字解，而係說明用詞，所以說明「貞」之重要，必須堅守。《朱子語類》謂〈乾〉「元亨利貞」：「至孔子方作四德說，後人不知，將謂文王作《易》，便作四德說，即非也。」又謂：「以其能動即可以亨，而在險則宜守正。……故孔子釋此象辭只曰：『動乎險中，大亨貞。』是用文王本意釋之也。」所謂「文王本意」，就是上面講的，元亨解為大亨，利貞解為宜於貞，證之於〈隨〉〈臨〉〈无妄〉各卦的〈象傳〉，其義更顯。〈隨〉〈臨〉〈无妄〉的卦辭，皆直書「元亨利貞」四德；而在〈象傳〉，〈隨〉亦曰「大亨貞」，〈臨〉與〈无妄〉則曰「大亨以正」，「大亨以正」豈不就是「大亨貞」？意思是說，其所以大亨者，以能守正而貞也。蓋凡任何現象，在創始的時候，多少都有些危險；而於危險中，可以渡過，且能運行亨通，當然要持之以正，此乃尋常事理，無庸多贅。

雷雨之動滿盈。

　　內體〈震〉為雷，又為動，外體〈坎〉為雨，〈震〉雷發動，初陽浸長而至於二，由二往五，化坤陰為〈坎〉雨，於是〈坎〉雨流溢〈坤〉地；〈屯〉本〈坤〉體，〈坤〉為滿數，〈序卦傳〉曰：「屯者，盈也。」故「雷雨之動滿盈」。一本「滿盈」作「滿形」，亦取象於〈坤〉，〈坤〉身為形也。這一句是承接上一句的文氣，並引伸其意義。既經動之於險難之中，又能大亨而持之以正，其於陰陽之運行，自必極其融洽，各奏其功，在陽則振之以雷，萬物生機於以發動；在陰則潤之以雨，萬物形體於以滋長。《說文》云：「雷雨生物者也。」故伏者起而勾者達，萬物皆因之以生以長，各正性命，且能相與為用，棋佈星羅，充塞於天地之間，呈現出一片滿盈的氣象。固然，宇宙創始的情形，吾人無從實地觀察，但於新歲之初，可以髣髴得其境界：新歲之初，交進春令，天氣下降，地氣上騰，一面是春雷發動，一面又春雨纏綿，萬物即從雷雨交加之中，恢復生機，重新成長，不論飛潛走植，莫不欣欣向榮，由殘冬的蕭瑟荒涼，一變而為豐隆飽滿，所謂「雷雨之動滿盈」，其境界蓋如此也。或問：〈大象〉言「雲雷」，而此處言「雷雨」，何也？曰：〈大象〉言「雲雷」，是謂剛柔始交，〈屯〉猶在創始期內，其氣未暢，只是〈坎〉雲，尚未成雨；此處言「雷雨」，是繼「大亨貞」之後，既已大亨，其氣通暢，〈坎〉雲已變為雨，而創始功行業已圓滿矣！按〈屯〉與〈解〉為兩易卦，〈屯〉至大亨以後，即由雲雷〈屯〉而變為雷雨〈解〉。

天造草昧，宜建侯而不寧。

　　〈屯〉由乾元交〈坤〉，主動在〈乾〉，〈乾〉為天；〈乾〉五象曰：「大人造也。」〈乾〉又為造，造者作也、為也；「屯」字從草，卦內亦有山林草木之象，草者，荒穢蕪雜也；〈屯〉本〈坤〉體，中爻又互〈坤〉，坤陰為冥昧。故曰：「天造草昧。」意思是說〈乾〉〈坤〉始交於〈屯〉，天正造作于荒穢蕪雜而又冥昧之中，蓋即「天運初開，生機初動」，猶是洪荒之際也。這裡所講的「宜建侯」，就是卦爻辭裡所講的「利建侯」，義為宜於建立頭緒，以鞏固內部基礎；又因內〈震〉為動，外〈坎〉為勞，動而且勞，「不

寧」之象也。故曰：「宜建侯而不寧。」處在荒穢蕪雜之中，兼之冥昧不明，只有先從健全內部著手，分別建立頭緒；內部還沒有建立起頭緒，怎麼能夠適應這樣荒穢蕪雜的局面？而且時當創始，事態浩繁，更應該不遑寧處地去造作，否則不足以竟創始之功，此乃必然之理也。

伍、大小象傳

象曰：雲雷屯，君子以經綸。

〈屯〉本〈坤〉體，中爻又互〈坤〉，〈坤〉為地，內體〈震〉為雷，伏在〈坤〉地之下，兼以〈屯〉為十二月卦，節序小寒，於時雷固藏在地中，尚未發動，雷未發動，則氣未通暢，外〈坎〉只是雲氣鬱結而已，還未洩而成雨，故曰「雲雷〈屯〉」。〈屯〉之成卦，由乾元交〈坤〉，〈乾〉有「君子」之象；「以」者，因而用之也；「經綸」二字皆從絲，內體〈震〉通〈巽〉，初往應四，四亦為〈巽〉爻，〈巽〉為繩直、為長、為白，絲之象也。「經綸」是引而理之的意思，經者引之也，綸者理之也，在繅絲時，先從絲頭一條條地引出來，然後再分類理成一把把的絲；此皆取象始交於〈屯〉之〈乾〉〈坤〉。〈乾〉知大始，而創之於前，是即引之也而為「經」；〈坤〉作為用，而育之於後，是即理之也而為「綸」。宇宙萬物，其所以化生、成長，莫不由於〈乾〉〈坤〉之經綸，君子因即用其象，而經之綸之，故曰「君子以經綸」。

前面講過，〈大象〉稱「雲雷」與〈彖傳〉稱「雷雨」，各有其意境。〈彖傳〉是指〈屯〉在發用以後的情形，謂氣已大亨，功行圓滿，雷動而上，雨降而下，已由〈屯〉之難生而至於雷雨解矣！至於〈大象〉是指〈屯〉在創始之初的情形，謂〈乾〉〈坤〉始交，時當草昧，正待致力於創始，雷猶藏而未動，氣猶鬱而未通，外〈坎〉雲雖緊佈，還在未雨綢繆；不特此也，最感覺屯難的是荒穢蕪雜，有如一團亂絲，茫無頭緒，而又〈坎〉現〈離〉隱，天光不著，卦體本身，且屬於冥昧之坤陰，一切都在暗中摸索，處此境地，自應以建立頭緒為當務之急，所以卦爻辭一再地說「利建侯」。蓋頭緒不立，則無條理可循，很可能陷於治絲而益棼；即使有所造作，也不知從何著

手。故君子因觀其象，雲雷方現，屯難伊始，如欲解其鬱結，而治其屯難，大而謀國，小而臨事，都得要經之、綸之；經之以引其端，綸之以理其緒，務使在一團亂絲之中，漸露頭緒，而具條理。有了頭緒與條理，不論現象如何的複雜，就可以化繁爲簡，一步一步地推進，最後必能大亨以正，是即所以處雲雷之〈屯〉也。

初九象曰：雖磐桓，志行正也；以貴下賤，大得民也。

磐桓是石路崎嶇，曲而難行，前已言之矣。初與四應，四居〈坎〉，〈坎〉爲心志，「志」之象也；初居〈震〉，〈震〉爲行，「行」之象也；初九以陽爻居陽位，得位而正，「正」之象也。故曰：「志行正也。」意思是說：居〈屯〉之初，以言濟屯，爲期尚早，非爲崎嶇難行而磐桓，蓋因時機未熟，不可貿然而行；但志之所向，仍以濟屯爲懷，故居貞守正，先從自身做充實之準備，有所待而行耳。

易例：「陽貴陰賤。」初爻是陽，陽爲貴；二、三、四各爻都是陰，陰爲賤；二、三、四各爻居上，初九一陽居下，是「貴」者居於「賤」者之「下」。又據易例：「陽大陰小。」初爻是陽，「大」之象也；初與四應，初得四陰，資以相輔，「得」之象也；二、三、四互〈坤〉爲民，「民」之象也。故曰：「以貴下賤，大得民也。」意思是說：君子濟屯，當如初陽，居於坤陰之下，坤陰是代表民眾的，就是要居於民眾之下，而卑以自牧，以贏得全體民眾順而歸之，於是萬眾一心，可以濟屯矣。

六二象曰：六二之難，乘剛也，十年乃字，反常也。

易例：「陽剛陰柔。」六二以陰柔之資，乘在初陽之上，是謂「乘剛」。剛應在上以馭柔，〈乾〉乃統天是也；柔不能在上以馭剛，〈坤〉順承天是也。乘剛者陰陽氣逆而不順也，屯難之於六二，即爲陰陽氣逆，故曰：「六二之難，乘剛也。」濟屯之道，首在解其鬱結之氣，茲則反其道而行之，以柔乘剛，氣逆不順，適足以增高屯難，於濟屯乎何有？

六二爻辭裡，曾經解釋過，陰升至四，中爻〈坤〉體互成，而有十年之數，於是四陰與初陽相應，二陰亦與五陽相應，陰陽之間，

其氣已由逆而順，復反歸於陰陽常道矣，故曰：「十年乃字，反常也。」「反常」云者，謂六二乘剛，氣逆不順，有背陰陽之常道；至於十年，互〈坤〉成體，陰陽氣和，一反乘剛之逆，而仍歸於二氣正常之運行。

六三象曰：即鹿无虞，以從禽也；君子舍之，往吝窮也。

　　坤卦六三曰：「或從王事。」是六三之象爲「從」；三又互〈艮〉，〈艮〉爲黔喙之屬，是即「禽」也，《白虎通》云：禽爲鳥獸之總名，爲人所禽制也。「即鹿无虞」，是沒有虞人指引而去獵獸的意思，這在前面已有解釋；无虞而猶即鹿，以有從禽之慾望爲之驅使，故曰：「即鹿无虞，以從禽也。」事不可而妄動，心存乎禽，爲利所蔽。凡不由正道，動於利祿，而漫作干求者，當知所以自省焉。

　　三體〈震〉爲行，互〈艮〉爲止，行而又止，是「舍之」而不爲也；三與初無陰陽之情，上雖應位而陰居之，亦與三不相應，是三無所往，故曰：「君子舍之，往吝窮也。」即鹿无虞，自身已陷於迷惑的境地，而猶存僥倖之心，是何異乎盲人騎瞎馬，如此而往，除了吝而且窮的後果以外，別無所獲，窮更甚於吝也。

六四象曰：求而往，明也。

　　四應初，而又孚於五，〈屯〉至四，初陽和五陽皆已發用，〈震〉雷將動矣；五陽發用，〈坎〉雲鬱結之氣，亦可以疏通矣。據易例：「陽明陰暗。」陽既發用，則草昧之〈屯〉，至此已天光漸啓，而有頭緒可見，四本互〈艮〉爲求，故曰：「求而往，明也。」是說〈屯〉至四，時與位的關係，均告成熟，由蕪雜冥昧之中，已顯出可以經綸的頭緒。在人事社會，所謂時與位的關係，就是創辦事業過程中的一種氣機，這種氣機，凡屬有經驗的人，都能夠體會到，只要這種氣機發動，情形就明朗了，便可以往而求之，〈小象〉稱之爲「明」，此其義也。

九五象曰：屯其膏，施未光也。

　　創造到了最後的階段，更需要做的就是加以潤澤，所謂「膏」，義即指此。蓋以〈屯〉經六四，應初而孚五，陰陽氣和，於難生之

中，已獲有相當成果；但至五，五雖陽而體〈坎〉下陷，〈離〉又隱伏，幽暗無光。據易例：陽施陰受。陽既下陷，則不能如意施為，故曰：「屯其膏，施未光也。」謂於草昧時期，辛勤造作，歷盡艱難，經過六四轉逆為順，才能獲有向外發展之途徑；在一般人之常情，至此已心疲力竭，既經有了發展的途徑，於是不知不覺地就懈怠下去。其實，才有發展的途徑，並不能算是創造成功，更得要著力潤澤，以宣揚其光輝；自來創造事業，而功敗垂成，就是失敗於最後的自滿而懈怠。

上六象曰：泣血漣如，何可長也。

泣血漣如，是表示〈屯〉至上六，卦體將終，一如坤卦上六，而有「泣血」之傷。又以上變外體成〈巽〉，〈巽〉為長，但上以陰居陰，爻位皆正，上如不變，則〈巽〉之長不見於象，故曰「何可長也」；此係緊接「泣血漣如」一辭，而申其義。按〈屯〉之為卦，只是代表現象中創始的一個段落，無論什麼現象，不能長久停留在創始的段落裡，如長久在創始，現象便無從發展，那就違背生生不已之大道。另有一義，或謂〈屯〉至最後的上爻，還在「泣血」而沒有一個結局，這必須速謀自反之計，不可任其長此下去；其說亦有所見，併存之。

第四卦

蒙卦

蒙

艮　坎
上　下

—— **此係離宮四世卦，消息正月，旁通革，反對屯。**

　　「蒙」在文字上，主要的涵義有二：其一，蒙者穉也，即幼穉的意思；其二，蒙者昧也，即闇昧的意思；於物相當出生後的萌芽時期（齊人謂萌爲蒙，蒙通萌，故蒙含有萌芽之義）。物當萌芽時期，不僅體型幼穉，其感能亦復茫然而呈現闇昧狀態。蓋〈蒙〉繼屯卦之後，〈屯〉爲物之始生，故〈蒙〉爲始生後之物，正在萌芽而成長。就卦來看，內〈坎〉爲陷，外〈艮〉爲止，而〈蒙〉以九二一陽爲主爻，陽爲動能，但九二之陽陷於〈坎〉內，弱而無力，缺乏自主的動能，以致對外靜止，而無所表現；又據易例：「陽明陰暗。」九二以一陽陷於二陰之內，本已明轉爲暗，更上承互體坤陰，是幽暗已極，恰與「蒙」字的涵義相符，幼穉而且闇昧，有如出生後的嬰孩，對內既不能自主，對外而又懵懂無知！這可以作爲內〈坎〉陷外〈艮〉止的說明，也就是蒙卦的主要概念；卦之所以名「蒙」者，義亦在此。又按節序，物經嚴多凋落，一到正月，開始復甦，蟄者漸起，草木萌動，而〈蒙〉爲物之穉也，恰與正月物象相符，故〈蒙〉之消息爲正月。至於旁通〈革〉、反對〈屯〉，因〈革〉爲革故，而〈蒙〉至上九「擊蒙」，亦爲擊去其蒙，也就是革故，兩卦卦情有相通之處，故〈蒙〉與〈革〉旁通；反對爲〈屯〉，已詳屯卦，茲不再贅。

壹、總說

佈卦的次序

　　〈乾〉〈坤〉始交於〈屯〉，而合〈坎〉〈震〉成卦；即由內在〈震〉雷之熱力，與外在〈坎〉水之滋潤，以創生萬物。萬物既經創生，必有一段萌芽時期，資以成長，於卦則爲〈蒙〉，這在前面已略略提到，茲再舉例以明之。如稻穀播種，農夫將種子撒入水田泥土之內，經過一定時間，並經水土交融，促使其種子涵蘊之熱力發動，於是稻種外殼張開，而內在生機亦即隨之而向外突出，〈解・象〉稱之爲「甲坼」，是即〈屯〉之開始創生；嗣後便逐漸抽出秧苗，而呈露萌芽現象，但秧苗雖已抽出，其時體能猶嫩，必須加意培護，施之以分別插秧之程序，方能暢遂成長，是即萌芽時期之〈蒙〉，緊接於屯卦之後。故〈序卦傳〉曰：「物生必蒙，故受之以蒙；蒙者，蒙也，物之稚也。」蓋任何物體，出生以後，當然要經過幼稚而闇昧的階段，此〈蒙〉之所以次〈屯〉也。

　　再者，〈蒙〉與〈屯〉爲反對卦，在卦氣上，彼此是息息相通，而且順序啣接。按屯卦是由乾元深入〈坤〉體之下，而居於最低的位置，因〈屯〉當創生之始，乾元必須向下扎根，使能成爲〈震〉雷之熱力，以開化基本生機，其氣不可外馳，而宜內養，故在外體，〈乾〉五亦入於〈坤〉，變〈坤〉成〈坎〉；據〈說卦傳〉：「坎，陷也。」其氣亦下陷而向內滋潤，期與內體〈震〉雷之熱力相結合，必如此而後始能創生萬物。至於蒙卦，則與此有異。〈屯〉內乾元，在〈蒙〉已進升而居於二，〈屯〉外〈乾〉五，在〈蒙〉亦進升而居於上；即以乾元於內升二，遂成〈坎〉體，〈乾〉五於外升上，遂成〈艮〉體。〈坎〉爲陷，〈艮〉爲止，內陷而外止，是〈蒙〉亦如〈屯〉，氣不外馳，而專重內養。凡物正萌芽，其體能猶屬幼稚而闇昧，非專重內養，不足以保持其存在，更不足以促進其成長；但〈蒙〉之與〈屯〉，雖皆專重內養，而在卦氣上，〈蒙〉則較〈屯〉已進一步。兩者皆以陽爻爲主，〈蒙〉之內外陽爻，以之視〈屯〉，則皆向上伸展，這就意味著物至萌芽，其體能固然還嫩，卻已優於剛出生之時，故在屯卦後，繼之以〈蒙〉。尤其〈屯〉以〈坎〉〈震〉成卦，內〈震〉而外〈坎〉；〈蒙〉以〈艮〉〈坎〉

成卦，內〈坎〉而外〈艮〉。依〈乾〉〈坤〉六子之例：〈震〉爲長男，〈坎〉爲中男，〈艮〉爲少男，三者皆陽；惟長男之〈震〉陽，力量最強，中男之〈坎〉陽次之，少男之〈艮〉陽又次之。凡物在創生之始，需要強有力之陽，以資開化，故〈屯〉以長男〈震〉陽爲內在的主宰，外則得有中男〈坎〉陽以滋潤之，方可竟開化之功；物至萌芽，只須孕育而已，所需要之陽，不必如創生初期之強，故〈蒙〉以中男〈坎〉陽爲內在的主宰，外則得有少男〈艮〉陽以穩定之，即可達成孕育之任務。是則〈蒙〉之內體，恰好輪序於屯卦內體之後；〈蒙〉之外體，恰好輪序於屯卦外體之後。此亦〈蒙〉繼〈屯〉後之又一義也。

成卦的體例

易例：「坎爲險難。」〈屯〉之外體爲〈坎〉，是表示險難自外而來；〈蒙〉之內體爲〈坎〉，則表示險難自內而起。任何事物現象，剛在創生的時候，所遭遇的困難，甚至於危險，都是外在的壓力；如剛脫離母體的胎兒，因承受不了母體骨盤的壓迫及大氣層的刺激，甫一出生，即呱呱而出，故創生之〈屯〉的〈坎〉險在外。但既經創生，到達萌芽的程度，其困難與危險，便非外在的壓力，而是自身的柔弱，無以維持其生存；如出生後的嬰兒，沒有自主的能力，飲食寢處，在在需人照顧，故萌芽之〈蒙〉的〈坎〉險在內。抑有進者，基於〈蒙〉與〈屯〉反對的關係，〈屯〉外〈坎〉險，必然演進而爲〈蒙〉內〈坎〉險，這從中國歷史上可以獲得證明；自秦漢以還，每一崛起的新興朝代，在鼎革之初，東征西討，其險難完全來自外在的動盪不安，迨至削平海宇以後，狃於安逸，變起蕭牆，於是內部發生統治的問題，而成〈坎〉險在內之〈蒙〉矣！就因爲〈屯〉之外〈坎〉變爲〈蒙〉之內〈坎〉，而〈屯〉之內〈震〉亦即變爲〈蒙〉之外〈艮〉。〈說卦傳〉曰：「震，動也；……艮，止也。」宇宙法則，動之後必有所止，止就是靜止不動的意思；以幼稚而闇昧之〈蒙〉，居於險難之中，當然表現於外的是靜止狀態，絕不能冒險犯難而有所行動，義即〈象傳〉所說的「險而止」。

〈蒙〉本〈坤〉體，而由〈乾〉來開化，以九二一陽爲成卦之主，但九二一陽陷入於〈坎〉，〈坎〉爲隱伏，而又爲重重坤陰所壓

制：坤陰原極幽暗，是九二雖具陽明之資，卻隱伏於幽暗之中，一團漆黑，以人而言，乃智慧未開、懵懂之至也。兼之，外體〈艮〉，於〈乾〉〈坤〉六子為少男，而有孩童之象，孩童而懵懂，故卦辭稱之為「童蒙」；惟其是孩童懵懂而蒙，才能夠一本之於天德，無後天人慾的絲毫消耗，氣化運行完全注之於內，以促使其身體加速成長，而遵循先天數的標準，一變二、二變四、四變八的發展。等到孩童期間一過，其身體成長率，即很顯著地下降，這在現代生理學，亦謂孩童體內細胞分裂，是一分為二的倍數擴張，其說與《易經》先天數相符。由此可見，孩童之所以懵懂而蒙，並不是氣質不美，而是天德的表現；所謂「天德」，是說人稟宇宙氣化而成形，宇宙氣化之能作育萬物，在有一定之規則，以遂其不息之運行，這種氣化運行的規則，隨著氣化運行降及人身，便成為人的天賦理性，天德之義，蓋即指此。懵懂的孩童，根本就沒有自己的意識，其飲食、寢處都是承受氣化運行的支配，而生活於氣化運行的規則之中；所稟賦的氣化，完全使用於內養，故能自然成長，而且成長得很快。〈蒙〉在卦體上，內則〈屯〉初升二，外則〈屯〉五升上，內外陽能依序而升，也就是從氣化運行的情態，以顯示其成長。至於外體〈艮〉止，有穩定如山之象，內體〈坎〉水，伏於〈艮〉山之下，〈大象〉贊之為「山下出泉」。泉水雖微，卻極純潔而源遠流長，意思亦在說明蒙卦卦體之境界；詳見〈大象傳〉之解釋，茲從略。

立卦的意識

　　〈蒙〉之為義，在從宇宙氣化的表現，引伸而為人事社會的規範。主爻九二來自乾元，而能成長於坤陰幽暗之中，並不因為自身幼穉，遂致遭受發育上之影響；是則〈蒙〉對氣化，不但無礙，反而可以促進氣化之成長，以其內注而不外洩也。宇宙法則之於氣化表現，既然是如此，氣化是萬有的源頭，施之於人事，當然也是如此。任何人，不分智愚、賢不肖，於其一生的過程中，遭遇〈蒙〉的處境，所在皆是。初臨一件事情，總是感覺棘手，瞻顧遲疑，茫無頭緒，不知道怎麼做才比較妥貼，這當然是一種蒙；初到一個地方，大街小巷，很繁雜地呈現在目前，連路徑的方向都弄不清楚，而有寸步難行之感，這也是一種蒙；初接觸一個社會，所看到的人，皆是陌生

的面孔，每每因為新的場合，窮於應付，致使手足無所措，顯得非常
天眞而稚氣，不用說，這更是一種蒙。不過初臨的事情，雖然感覺棘
手而瞻顧遲疑，可是就由於瞻顧遲疑，對這件事情便獲得體驗，至
後來，甚或順利以達成；初到的地方，雖然方向莫辨而寸步難行，
可是就由於寸步難行，對這個地方便加深了解，至後來，甚或熟悉
如故鄉；初接觸的社會，雖然場合生疏而窮於應付，可是就由於窮
於應付，對這個社會便妥求融洽，至後來，甚或藉此可以拓開人事
關係。要之，無論是對事情、對地方、對社會，都從〈蒙〉的處境
裡，逐漸發展起來，蒙卦的功用之大，於此可見一斑。有些人不明瞭
這種道理，愚而好自用，強不知以為知，惟恐人家發覺自己的幼稚和
闇昧之處，儘量掩飾，故作聰明，這無異乎是自己孤立自己、自己削
弱自己，斷絕了別人指點的來源，封閉了知識傳授的門戶，結果是永
遠陷於無知的窘境，幼稚得站不起來，無從立足於社會！假如愚而安
愚，本來不知道，就是不知道，表裡如一，毫不掩飾，猶之懵懂的孩
童，以〈蒙〉處蒙，是怎樣，便怎麼，一種懵懂的情態，活潑潑地顯
露出來，似此天眞的表現，自然而然地引起社會同情，任何人看到
了，都會樂予援助，而自身也就能夠很順利的發展。由是可知，凡屬
現象的形成，惟其能蒙，所以不蒙。

　　以上僅就普通功用而言，還未論及最高的意義。〈蒙〉的境界，
氣聚於內，集中存養，根本就沒有自己的意識，而係天德在發用，
前面已有交代。中國各家修持的功夫，其途徑雖各有不同，但殊途
同歸，最後都是追求天德，也就是要回復到〈蒙〉的境界。道家的
修眞，是從「少私寡欲」做到「恍惚窈冥」的「孔德之容」。老子
主「無為」，而曰「我獨泊兮其未兆，如嬰兒之未孩」，又曰「俗
人昭昭，我獨昏昏」，這豈不就是天德之〈蒙〉的另一面說法；而
「無為」是不加匠意，一任自然，更符合於蒙卦的涵義。釋家的參
禪，是從「心無罣碍」，做到「究竟涅槃」的最後成果；佛典裡千言
萬語，反覆闡明，綜其要領，無非是一個「空」字。〈蒙〉之所以
為蒙，首在沒有自己的意識，惟其沒有自己的意識，才能夠空；故
空的條件，也就在沒有自己意識之蒙。儒家的立身行己，是從「知
止而定」做到「止於至善」，並以之明其明德。孟子主「坐忘」，
而曰「我四十不動心」，又曰「我善養吾浩然之氣」，不動心而善

養氣，何異乎童蒙無所用心，而專氣致柔以內養；尤其所謂「坐忘」，則已入於懵懂無知蒙的境界之中矣。總而言之，道家修持的指標，是修心養性；釋家修持的指標，是明心見性；儒家修持的指標，是盡心知性；都是在心靈上用功夫，以探索本來的性天。本來的性天，純潔之至，空明無物，靈活不居，與自然合而爲一，存養於氣化運行規則之中。蓋凡修持者，必須淨化頭腦到了眞空領域，無思無慮，萬念俱泯，其體內氣脈輪轉，亦自然而然；這樣地持之既久，才可以由空明而靈活，由靈活而智慧昇華，所謂「寂然不動，感而遂通」，於是超凡入聖矣！但這些情況，可以說就是〈蒙〉的境界。〈蒙〉距出生之時未久，其象如山下初出之泉，非常純潔，完全本諸天德，空空了了，無絲毫自己的意識摻雜於其間，而爲修持者所必經之途徑；果眞能蒙，方能超凡入聖，故孔子在〈彖傳〉裡贊之曰：「〈蒙〉以養正，聖功也。」

貳、彖辭（即卦辭）

蒙亨，匪我求童蒙，童蒙求我。初筮告，再三瀆，瀆則不告。利貞。

蒙〈亨〉

宇宙發展初期，由於太極的渾沌，整個的太空，什麼都沒有，只是一片鴻濛大氣，如果站在蒙卦的角度上來看，可以說這是蒙之至矣；然即由於太極的渾沌，而能於渾沌之中，專氣致養，一經養得充足了，便判爲陰陽兩種氣化，而陰陽兩種氣化，復經各樣不同的方式，往來複合，以化生萬物。在《易》就是由太極而兩儀，由兩儀而四象，由四象而八卦，由八卦而六十四卦，以至於品物流形，齊頭並茂，發展成爲今日宇宙之萬有，林林總總，各暢其生，可以說這是「亨」之至矣。「蒙亨」一辭，義爲蒙則必至於亨，宇宙就是蒙亨的最高實例，宇宙的發展，既然是由蒙而亨，那麼，宇宙所孕育出來的萬物，當然也是由蒙而亨，諸如花草竹木，無一不是從剛出生的幼苗，逐漸成長，而生枝、而發葉、而開花、而結果；又如蟲魚鳥獸，也都是從極其微弱的小生命，逐漸成長，而能躍、而能泅、而能

飛、而能走。至就人類一生的過程，更可以看得清楚，人在嬰孩期
內，不論稟賦氣質如何，一是皆顯得懵懂而不能自主，但至長大成人
以後，除極少數身心殘疾者外，一般皆能自立，有些卻成為英雄豪
傑，創造出驚天動地的事業。由此可見，宇宙間所有現象，莫不先由
於蒙，而至於亨，故文王於蒙卦首即繫之曰：「蒙亨。」

　　「蒙亨」乃宇宙的法則，可以支配一切，即使是社會現象，亦在
其支配之下。懵懂無知的小孩子，自己不能進飲食，人家會餵他；自
己不能行走，人家會抱他；連大小便也由人家替他料理；在街道上遇
著車輛，車輛也會讓開他。為什麼會這樣？這就因為小孩子是懵懂
無知的，懵懂無知便能引起社會同情，而在人家照顧之下，得以成
長。我們在習性上都有這種經驗：遇見一位忠實渾厚的人，對於不知
道的事情，不知道就是不知道，表現得非常誠摯，我們便不自覺地予
以指點，表現得愈是誠摯，指點得愈是詳細；因為忠實渾厚的人和懵
懂無知的小孩子是一樣，所有的表現，都是發之於天德的至情。天德
的至情，等於人類心理上的橋樑，而有溝通彼此情感的作用，忠實渾
厚的人像小孩子表現得那麼誠摯，當然可以激發人家的同理心，而予
以由衷的愛護與援助，所以雖蒙而亨。

　　在此，尚有一則附帶的說明：蒙卦卦辭於「元亨利貞」四德，
只繫之曰「亨」，而在卦辭最後，續之曰「利貞」，但不及於
「元」；元者始也，萬物肇端之始，是始於〈屯〉。〈屯〉由乾元發
用，以開化坤陰，而創始萬物，故所繫之四德，與乾卦相同，直書
曰「元亨利貞」；〈蒙〉繼〈屯〉而為出生後之萌芽時期，已非萬
物肇端之始矣，故四德無「元」。蓋六畫之卦，兼三才而兩之，內
涵繁複，各有特具之卦情，其卦情不同，所繫之四德，亦即隨之而
異；各卦之於四德，有及其一，有及其二，有及其三，亦有四德全備
者，或四德全無者。凡繫之曰「元」，其卦必有創始之象，惟此所謂
「創始之象」，不僅限於萬物之創始，某一現象之創始，亦得謂之
「元」；凡繫之曰「亨」，其卦必有通暢之象；凡繫之曰「貞」或
「利貞」，其卦則須穩定而守正。至於四德全無者，在卦情上必較為
歧出，而另有所指，非四德所能概括，甚或有背於四德。此不過略舉
其端，學者可以準此類推。

匪我求童蒙，童蒙求我。

　　〈蒙〉以九二爲主爻，九二居內，而與外體六五相應；九二既爲主爻，而又居內，故稱「我」。蒙卦構成，是由〈乾〉來化〈坤〉，原係〈坤〉體，〈坤〉爲自，又爲身，自身亦「我」之象也；外體〈艮〉爲「求」，〈艮〉又爲少男，其象爲「童」；九二陷於〈坎〉內，〈坎〉爲隱伏，而又在幽暗坤陰之下，其象爲「蒙」；「匪」者非也，謂九二雖與外體六五相應，但非九二往而之五，而是六五來而就二。五體「童」，二爲「我」，卦則爲〈蒙〉，二不往五，是「匪我求童蒙」；五來就二，是「童蒙求我」。爲什麼二不往五、五來就二呢？這是本諸卦氣上的關係。〈蒙〉較〈屯〉在卦氣上固然跨進一步，由乾元進居於二，但二入於〈坎〉窞，其氣猶弱，力未充足，不可向外發洩，洩則其氣歸於消散，仍須向內聚斂，斂則其氣方能致養，二如往五，則氣外洩矣；五如就二，則氣內斂矣。證之以實際現象，當更瞭然！前面曾經舉過嬰孩的例子，嬰孩所具有的氣化猶嫩，生命力極其脆弱，自身不能向外攝取生活上的營養——不能自進飲食，必須外在的營養向內遷就自身——需要人家來餵，這就由於「二不往五，五來就二」之故也。

　　論其本，所謂「匪我求童蒙，童蒙求我」，固然是本之於卦氣而來；論其用，則此二辭涉及之範圍廣矣！如修持者都是在修本來性天，但本來性天絕不是刻意追求所能達到的。凡有修持功夫的人，都有這種體驗：愈是刻意追求，愈是不能到達本來性天，因爲本來性天，就是〈蒙〉的境界，而〈蒙〉的境界，根本就沒有自己的意識；既經刻意追求，有了意識作用，那就不純潔了，無異乎是背道而馳，怎麼能夠回到〈蒙〉的境界之內，而領悟本來性天呢？古今來修持成功者，無一而不是在工夫純熟之時，火候恰到好處，那種本來性天，自然而然地會在〈蒙〉的境界之內出現，於是一旦豁然貫通而頓悟了，所以說「匪我求童蒙，童蒙求我」。其次，如我們在事業工作的機會上，也常有這樣的情形，有些時候，我們處心積慮，想謀取某一種工作的機會，反而不能成功，倒是在無意之中，忽然有一種工作機會來臨，所謂「有意栽花花不發，無心插柳柳成陰」是也。這就說明一切都得要順應自然，宇宙的氣化規則，自非我們人爲的匠意所能

左右。或有根據老子所講的「大智若愚」，遂認爲已經是智，而且是大智，何以能愚？如云「若愚」，豈不是人爲的作法，有意裝成的？既是有意裝成的「若愚」，那就不是「童蒙求我」，而是「我求童蒙」了！曰：不然。所謂「大智」，是就人類觀點而言，如從宇宙來看，宇宙是無限的大，人類智慧不論怎麼高，對宇宙間的了解，還是很少很少，微不足道；而且愈是智慧高的人，愈覺得自己不夠，簡直就像一個童蒙的愚者，所以說「若愚」，這並不是有意裝成，而是極其自然的表現，正符合於「童蒙求我」之義。

初筮告，再三瀆，瀆則不告。

「筮」是祈禱的意思。《易》有筮法，姬周時爲太卜所掌，凡遇有不明之情事則筮之，而於著策中祈禱其指示；〈蒙〉爲「物之穉也」，而闇昧不明，一切皆仰承自然法則爲之啓發，故有祈禱之筮象。「告」字是取象於互卦與旁通，九二與三、四兩爻互〈震〉爲出、爲言，旁通〈革〉〈兌〉爲口、〈革〉〈巽〉爲申命，口出言而申命，是即告也；〈繫辭傳〉於占筮贊之曰：「君子將有爲也，將有行也，問焉而以言，其受命也如響，无有遠近幽深，遂知來物。」故經祈禱而筮，必得響應，其象即所謂「告」。「瀆」字是取象於內體〈坎〉，〈坎〉爲溝洫，又爲大川，是即瀆也；古稱江、淮、河、濟爲「四瀆」，是則小如溝洫，大如江、淮、河、濟，皆納之於〈坎〉而稱「瀆」。但瀆之爲訓，尚另有其義；〈繫辭傳〉曰：「君子上交不諂、下交不瀆。」瀆者慢也，即慢瀆不敬的意思，筮如慢瀆不敬，當然不能獲得著策上之正確響應，所以說「瀆則不告」。至於「初筮告」之「初」與「再三瀆」之「再三」諸字，皆取象於爻位上的關係。主爻九二與六五陰陽相應，五居互體坤陰之首，凝聚性能最強，因有陰陽相應之關係，其氣內斂而下行，以致養九二，是即所謂「初筮告」。六四、六三兩爻，亦皆體〈坤〉，而具凝聚性能，五居首，既已內斂下行，三、四兩爻，自亦隨之而內斂下行；然三、四兩爻與九二無陰陽相應之關係，雖內斂而下行，卻不能致養於九二。在爻位次序上，六五居首而開始下行，「初」之象也；六四隨五而繼之下行，「再」之象也；六三又繼四而亦下行，「三」之象也。惟六四、六三與九二不應，是即所謂「再三瀆」。字

宙間的氣化，固然是陰陽相應，但非任何陰陽氣化，彼此都能夠相應，其能相應者，必須具備相應的條件，這種相應的條件，就是上面所講的爻位關係，可再參閱以下列圖解：

一、初筮告：六五居九二之應位，故筮而告。

二、再三瀆：六四居初爻之應位，與二不應，故瀆而不告。

三、再三瀆：六三居上爻之應位，與二不應，故瀆而不告。

以人為例，猶如某甲女子看到某一位男子，怦然心動，一見鍾情，大有非嫁不可之勢；可是換了某乙女子，對這位男子的觀感則不然，只是漠漠視之而已；至於某丙女子對這位男子，不僅無動於衷，甚或發生厭惡之感。這位男子相當於九二，而某甲女子相當於六五，與這位男子氣化相投，爻位相應也；某乙女子相當於六四，某丙女子相當於六三，皆與這位男子氣化不相投，爻位不相應也。卦辭於互體坤陰三爻，分別稱之曰「初」、曰「再」、曰「三」，並各示之以「告」或「不告」，其意境大蓋如此。

凡取決於筮者，是因為遇有不明的情況，而發之於內心的祈禱，這當然要一本初衷，出諸至誠，如雜有世故上不純的意念，而二三其德，那就違背祈禱的意義，也就不成其為筮，得不著什麼結果，所以初筮而曰「告」，再三而曰「不告」，這種道理，豈僅乎筮？推而至於人事社會現象，莫不皆然。假使我們有什麼事情和人家接洽，要是一本諸誠摯的態度，入情入理，坦率表達，肝膽性分，活潑潑地顯露於外，像這樣的至誠感人，人家的反應，當然也就比較誠摯，而所接洽的事情，可能有很順利的收穫，甚至圓滿達成；反之，要是巧使虛偽，精光陸離，不實之情，溢於言表，完全是一種世故的氣氛，像這樣的不誠懇對人，人家勢必心理設防，其反應可能更不誠懇，所接洽的事情，不但毫無成果，反而弄得更壞。如再證之以自然現象，尤覺明顯；從元素到化合物，任何兩者之間，必須真切實在，才能夠結合成為一體，其間稍有扞格不實之處，便結合不了，所謂「誠者自成也」、「不誠無物」。

利貞。

「利」者宜也，「貞」者正也，合而言之，就是宜於守正的意思；惟此所謂「守正」，指的是守〈蒙〉之正。〈蒙〉的境界，本諸

天德，天德是陰陽運行的規則，而爲宇宙最高的準據，萬物依之而生、依之而長；守〈蒙〉之正，無異乎是在保守天德，天德是最正確不過的，當然要牢牢保守，所以說「利貞」。前面講過，〈蒙〉因爲養於天德之中，故呈現懵懂狀態，但既經是懵懂之〈蒙〉，即應該以〈蒙〉處蒙；尤其在後天人事社會裡，隨時皆可能遭遇到〈蒙〉的場合，絕不能強不知以爲知，強不知以爲知，便與守〈蒙〉之正背道而馳，此亦「利貞」之又一意義。

參、爻辭

初六：發蒙，利用刑人，用說桎梏，以往吝。

　　初居〈蒙〉始，而爲〈震〉位，〈震〉爲動，有開始發動之象，故曰「發蒙」；發蒙是說初六〈蒙〉甫發端的意思。「用」字是取象於〈坤〉，〈蒙〉本〈坤〉體，初六又屬於坤陰，〈坤〉爲用；「利」者宜也；初體〈坎〉，〈坎〉有刑罰之象，初於爻位爲〈震〉，〈震〉動則內體變爲〈兌〉，〈兌〉值秋令，具肅殺之氣，是亦「用刑」之象；〈蒙〉由〈乾〉來交〈坤〉，〈坤〉爲人，〈乾〉亦有人象。故曰「利用刑人」，意思是說剛在〈蒙〉甫發端之初，即應嚴加管束，不得寬縱以敗壞其習性；這裡所謂的「刑人」，就是借以形容嚴加管束之義。「用說桎梏」的「說」字，古通「脫」，即脫落的意思，初變體〈兌〉，〈兌〉爲毀折，有脫落之象；「用」字還是取象於〈坤〉，一如「利用刑人」之「用」。《說文》：「桎，足械也。」「梏，手械也。」是皆刑具，取象於內體〈坎〉，〈坎〉有刑具之象，〈坎〉之初、二兩爻，有〈艮〉體半象，〈艮〉爲手，械之在手者爲「梏」；〈坎〉之二、三兩爻，有〈震〉體半象，〈震〉爲足，械之在足者爲「桎」。桎就是現在所通稱的腳鐐，所以限制其足之行；梏就是現在所通稱的手銬，所以限制其手之動。手足行動，皆予限制，以喻當〈蒙〉之初，必須嚴加管束。又據整體卦體來分析，外體〈艮〉爲手，二三四互〈震〉爲足，而內體〈坎〉爲刑具，也有刑具與手足相連之象；且〈震〉行而〈艮〉止，亦係限制行動而加以管束也。至於「以往吝」的「往」字，與屯卦卦辭「勿用有攸往」的「往」字同義，本之於卦氣以立

言；按易例：「卦氣由外而內謂之來，由內而外謂之往。」往就是向外發展的意思。「吝」字的涵義，是施展不開而顯得羞吝。凡陽爻過於擴張，必至遭遇損傷而悔，如〈乾〉之上九「亢龍有悔」；陰爻過於收斂，必至施展不開而吝，如〈蒙〉之六四「困蒙，吝」。「以」字為語助辭，是說在〈蒙〉之初，即以「用說桎梏」放任的態度，聽從其向外發展，則因本質上幼穉闇昧，勢必羞吝而施展不開，乃至於手足無所措，何如桎梏之為愈也。又據爻位關係，初爻應位在四，四為「困蒙吝」，初如不加管束，任意發展，往而之四，其結果當然是吝，故曰「以往吝」；意即初應專氣致養，不能向外而往，往則必吝。

　　前已略略提到，物當〈蒙〉初，還在萌芽期內，氣質猶弱，不能自主，應嚴加管束，好像「刑人」一樣，稍有寬縱，便影響其成長；如教養孩童，一開始就要端正其習性，處處都應該檢點到，不可流於放任，以致產生偏差。所以周公特於初爻示之曰「發蒙」，蓋謂慎之於始也；尤其是在某一方面放任了，將來就會在某一方面形成不良的後果。假使在飲食方面放任了，暴飲暴食，沒有節制，將來就會形成嚴重的腸胃痼疾；在求學方面放任了，嬉遊散蕩，不知上進，將來就會形成身無一技的窘境；在社會生活方面放任了，涉足下流場所，染上惡習，將來就是形成無惡不作的流氓。這便是初爻如「用說桎梏」，而不加以管束，則必至於六四「困蒙，吝」。

九二：包蒙吉，納婦吉，子克家。

　　「包」是包容的意思：《說文》：「包，象人裹妊；巳在中，象子未成形也。」按元氣起於子，男左行三十，女右行二十，俱位於巳，故為裹妊於巳，是即「包」之字義也。〈蒙〉本〈坤〉體，二又居內體之中，上承互體〈坤〉，二變亦〈坤〉，〈坤〉為腹、為囊，有包容之象。但這裡所講的「包蒙」，不僅取象於〈坤〉，而係另有所指，因為蒙卦卦氣，重在內養，而主爻九二，又陷於〈坎〉中，無從向外行進，必須應爻六五自外而內，就二以致養；虞易亦謂九二內則據初，外則應五，羣陰相涵，有如婦人懷妊，包容胎兒也。易例：卦氣運行，間或有陽包陰，亦或有陰包陽。「陽包陰」，主動在陽，陽之所以要往而包陰，目的是為化陰，如〈泰〉

之九二，往包在外之陰爻六五，從而開化整個荒穢之坤陰，故曰「包荒」；「陰包陽」，主動卻不在陽而在陰，陰之所以要來而包陽，目的是爲養陽，如〈蒙〉之九二，陽猶蒙稚，須待在外陰爻之六五，來而包二，以養其蒙，故曰「包蒙」。「包荒」固然有通泰之圓滿成果，「包蒙」亦不失爲涵養之功能；〈蒙〉二如無五來致養，便不能充實而成克家之子，「包蒙」而斷之曰「吉」，蓋即以此。「納婦」之「納」，與「包蒙」之「包」，前後兩相呼應，從六五涵養九二的角度上看是「包」，從九二承受六五的角度上看是「納」，也可以說納字是由包字引伸而來。〈蒙〉〈革〉旁通，〈蒙〉二與三四兩爻互〈震〉，〈震〉長子有夫象；〈革〉二與三四兩爻互〈巽〉，〈巽〉長女有婦象。〈蒙〉既通〈革〉，則〈震〉夫〈巽〉婦亦相通矣；夫婦既經相通，是即「納婦」之象。蓋以六五盛陰有婦象，下就九二，二即接納五陰，資以爲養，其情有如納婦，故以「納婦」喻之；至於「納婦吉」之「吉」，亦有其特定之內涵，謂九二以「見龍」之陽，而能接納羣陰之涵養，致役乎〈坤〉，以促進自身之成長，這當然是吉。「子克家」的「子」，是取象於二、三、四爻互體〈震〉，〈震〉爲長子，故稱「子」；「子克家」的「家」，是取象於外體〈艮〉，〈艮〉爲宮室，又爲門闕，有家之象，故稱「家」；〈震〉在〈艮〉下，居於宮室門闕之內，而又長子主器，是有撐持門戶之象，故稱「克家」；這一句與在上的一句，文字是互相啣接的，謂既納婦而吉，當然就能夠成爲克家之子。

　　從〈屯〉初乾元，發展而爲蒙卦主爻之九二，其元陽已非「潛龍勿用」，而係「見龍在田」，兼之外體〈艮〉止，所凝聚之坤陰，下就九二，二得陰之涵養，自身益臻充實，有如孩童已漸長大，可以納婦克家矣；但處〈蒙〉時，仍宜專氣內養，二雖納婦克家，無須如初爻之「刑人」管束，而納婦克家，亦不過是言其本身之成長，並未涉及於外界之發展，蓋猶不超出內養之範圍，其氣聚而未散也。這就意味著，我們只要處境是〈蒙〉，儘管到了某一階段，〈蒙〉的境界有些開展了，亦只能注重於本身的充實，如稍有開展，便貿然向外發揮，其氣一經洩之於外，即不能涵養其蒙矣；好像煮飯，在將熟未熟之時，絕不可揭開鍋蓋，鍋蓋若是揭開了，其氣不圓而消散於外，則無從達到煮熟的程度。以小喻大，處〈蒙〉之道，蓋如此也。

六三：勿用取女，見金夫，不有躬，无攸利。

「勿用」乃經文常見之辭，如坤卦初爻曰「潛龍勿用」，屯卦卦辭曰「勿用有攸往」，就是不可資以爲用的意思。〈蒙〉本〈坤〉體，〈坤〉爲用，三則坤陰不正，故言「勿用」；三應上〈艮〉，〈艮〉爲手，又爲求，以手求之，是即「取」也；三與四五互〈坤〉，坤陰有婦女之象，二應五爲納婦，三居五爻之下，而與九二不應，非婦而爲「女」也。三爲陽位而躁，陽居之，過於剛猛，陰居之，更失其爲純良之女性，主爻九二，自有五來相應，三非九二之匹配，且乘在九二之上，而有凌陽之勢，故曰「勿用取女」，謂六三之女，不可取也；「取」古通「娶」。「見金夫」的「見」，是取象於〈坎〉，三體〈坎〉，〈坎〉通〈離〉，〈離〉爲目，有「見」象；又因三上相應的關係，三變爲〈兌〉，〈兌〉亦爲見，〈雜卦傳〉曰：「兌見，而巽伏也。」「金夫」是取象於三之應爻上九，上九亢陽，太剛則折，且乾陽納金，陽對陰而言爲「夫」，是上九乃最剛勁之夫，三與上應，故曰「見金夫」；謂六三已有上九最剛勁之金夫相應，而非九二所能娶之女也。「不有躬」的「躬」，是取象於〈坤〉，〈蒙〉本〈坤〉體，三又居互體〈坤〉，〈坤〉爲自身，斯稱「躬」；三既與上九之亢陽相應，其自身之陰難免不發生變化，蓋三應上，居於極位，則有「龍戰于野」之勢，體便傷矣，故曰「不有躬」，謂自身且莫能保。最後斷之以「无攸利」，謂六三自身且莫能保，其於九二，當然沒有什麼補益；「攸」字作「所」字解，意即无所利也。要之，五應二而稱「婦」，三不應二而只稱「女」，即表示與九二之主爻無關。

宇宙間多種元素，其能配搭在一起，以構成化合物，彼此之間必須具有相輔相成之關係，要不然，各自存在，互不相關，即使勉強湊在一起，也無從構成化合物，這是很普通的科技常識，眾所皆知，毋庸多贅；而在陰陽間的配合，其原理正是如此，某種陰才能配合相關的某種陽，某種陽才能配合相關的某種陰，並不是任何一種陰陽可以隨便搭配。前面曾經舉了例子，如某乙女子看到某甲男子，一見鍾情，可是換一個某丙女子，對某甲男子就不得見如此熱烈，這便說明了陰陽之間的配合，有其必備的條件；在卦爻裡就是相應的關係，

易例：「初與四應，二與五應，三與上應。」六三既不應二而應上九，當然不是九二所需要的坤陰。以人而言，孩童到了九二，陽氣化正在成長期間，需要外在的坤陰來涵養，但坤陰雖能養蒙，並不是漫無標準，如在飲食方面，只能投之以適當的營養，奇珍異味，則非所宜；如在教導方面，也只能按部就班、逐漸啓發，要是好高鶩遠，反足以殘害身心。此所以六三之陰，不符九二之陽的需要。

六四：困蒙吝。

《六書本義》：困，木不得申也，從木在口（口古圍字）中，借爲窮困、病困之義。窮困指的是生計艱難，以至於困頓不堪；病困指的是身體衰弱，以至於困憊不起。生計困頓，自非偶然，最主要的還是由於精神動力過於頹廢，無從發展其生計；身體困憊，不庸說，那便是由於精神動力的不夠，撑持不住五官百骸的身體。這裡所講的精神動力，在《易》就是乾陽的作用；質言之，凡是乾陽匱乏，或是乾陽萎縮，便會陷於困境。六四居於互體坤陰深處，上下皆係坤陰，而爲重重坤陰所壓制，死氣沉沉，毫無生機！其在上之上九一陽，爲六五之陰所阻隔，其在下之九二一陽，又爲六三之陰所阻隔，乾陽不接，闇昧不明，其必至於困也無疑，故稱之爲「困蒙」。〈蒙〉之所以爲「蒙」，是承受天德的支配，就是生活在氣化運行的規則中，而無須乎使用自己的意識；名雖爲「蒙」，其一切生活的運行，並不是無所依據，而且所依據的是最高的天德。「蒙」而至於「困」則不然，因爲六四坤陰沉滯，致使乾陽湮沒殆盡，可是乾陽之於宇宙，乃萬有生機動能的創始者，而爲天德之所本，沒有了乾陽，等於喪失了天德的依據；乾陽之於人身，乃內在精神意志的創造者，而爲意識能力之所本，沒有了乾陽，等於喪失了意識的能力。六四在〈蒙〉，誠如〈小象〉所講的「獨遠實也」，而不見乾陽，其自身既經喪失了意識能力，而在宇宙大法則中，又無天德以資依據。一個人如果意識能力沒有成熟，只要有天德依據，還可以啓發其蒙，如連天德一併喪失了，那就好像神經病者，腦神經已壞，無法承受天德的支配，於是生活失據，由困而吝，故曰「困蒙，吝」。

六五：童蒙吉。

　　五居外體〈艮〉，〈艮〉為少男，有童子之象，故言「童」；童子既幼稚，而又懵懂，完全是〈蒙〉的境界，故即以童狀蒙而言「童蒙」。但童子正在成長時期，如獲有適當之涵養與啟發，其身心兩界，均能在成長之中而逐漸開化，並不是久陷於〈蒙〉境，此亦「童蒙」應有之象；程《傳》謂：「童取未發，而資於人也。」其意亦以童為未發之純，須得涵養與啟發。五變外體成〈巽〉，〈巽〉者入也，入是入之於內，就是內行向下的意思，表示五以陰而下入於內，以應九二之陽；五陰二陽，各皆居中，而能自持以正，並無踰越之情，彼此往來，極其融洽，而能契合一致，並無牽強之處。五下應二，以陰育陽，而陽得涵養；二上應五，以陽化陰，而陰得啟發。於是茅塞頓開，而蒙者不蒙矣！然而六五何以獨能與九二密切相應，而且獲得開化的成果呢？這是由於五與二具有應位的關係；所謂「應位」，易例裡已略為提到，好像一個愛吃甜味的人，與之以苦味的食品，當然不對胃口，而扞格不入；如果與之以糖製食品，那正投其所好，食之而甘。六五之應九二，就猶如糖製食品與愛吃甜味的人，陰陽之間，水乳交融；三、四兩陰，不應二陽，則如苦味食品，不適合於愛吃甜味之人。「應」為關係，自非這樣簡單，此處茲舉出簡單事例，為使讀者在髣髴模擬中，便於覺解耳。蓋人稟氣化而生，氣化本身原有各種不同之性能，故人在先天稟賦上，其氣質即不盡相同，有偏於文藝氣質，而好玩琴棋書畫；有偏於武術，而喜弄刀槍劍戟。文藝氣質之好玩琴棋書畫，不僅可以培養其研究心得，即連琴棋書畫，亦因之而提高存在的地位；武術氣質之喜弄刀槍劍戟，不僅可以促進其身手功夫，即連刀槍劍戟，亦因之而增加攻守的價值。六五之陰下應九二之陽，不僅陽有所獲，而陰亦有所歸，陰陽各得其所，自會有開化的成果。

　　最重要的一點，是五變〈巽〉，而〈巽〉為順。按五與二雖皆得中，但未得位，二應五，變〈巽〉得位而順；五應二，變〈坤〉亦得位而順。兩皆得位，而且卦氣和諧、上下皆順！下之所以順，是因五對下而能順應九二之陽；上之所以順，則為五對上又能順承上九之陽。〈蒙〉以體內陰暗重重，生機不起，以致蒙昧，而又蒙穉；

然欲化除陰暗，固非乾陽之光明不可。至欲培養生機，更得需要乾陽爲之鼓舞；而〈蒙〉之成卦，只有上九與九二上下兩陽，五以一陰居中，與上下兩陽皆能發生關係，一則順應，一則順承。可以說〈蒙〉至五，乾陽已在發揮作用矣！乾陽既經發揮作用，〈蒙〉即不至於「蒙」；兼之，五有童子之象，童子亦非久於蒙者，故曰「童蒙吉」。

上九：擊蒙，不利爲寇，利禦寇。

上居〈艮〉，〈艮〉爲手；上與三應，三體〈坎〉，五已應二變〈巽〉，上動亦成〈坎〉，〈坎〉爲弓輪；〈坎〉通〈離〉，〈離〉爲矢，又爲兵戈。手執弓矢、兵戈，有格殺之象，故曰「擊蒙」；擊者格殺也，即格殺而去其蒙的意思。「困蒙」至六五之涵養與啓發，當已不復蒙矣，如經過六五，其蒙尚不能治癒，到了上九，仍然是蒙，則其蒙之習性已深，非用大力去之不可，故不惜過猛而至於格殺，以擊其蒙；然治蒙過猛，難免有失，最可能的流弊，是蒙而必須擊之，方能去其蒙，蒙之程度已極矣！而治之者以格殺之擊，其治之方式，亦已極矣！蒙之極而治之亦極，於是相激相盪，成爲敵對之形勢，故戒之曰「不利爲寇」。前面說過，上之應爻在三，三體〈坎〉，〈坎〉爲盜，盜即寇也，故三有寇盜之象，位居上之對手方，而爲治蒙之目標所在；但五變上動成〈坎〉，亦有寇盜之象。蓋以陽剛居上，治蒙而至於格殺之擊，太剛則折，其與蒙者，勢必兩相敵對，是尚未擊去蒙者之寇，而自身先已爲寇，殊有背於治蒙之道，故爻辭繼「不利爲寇」之後，示之以正確途徑，而曰「利禦寇」；「禦寇」的意思，是說防止蒙者流於爲寇的境地，虞翻謂「禦，止也」，《爾雅‧釋言》則謂「禦，禁也」，禁亦有止義。上如不動而居〈艮〉，〈艮〉爲止；初至五，有師卦體象，中爻互〈坤〉爲順，亦爲眾。合之則爲備有師眾，順而止之，斯即「寇禦」之象；尤其是順而止之，而不是敵對的強制，「擊蒙」之本旨，亦即在此。

茲再舉例以明之：孩童在玩骯髒不潔的糞土，父母看到了，便聲色俱厲地強加阻止，甚至施以體罰，結果怎麼樣呢？這個孩童基於自尊的反抗，避開父母，可能玩得更厲害；反之，如果父母給以一種有

趣的兒童玩具，並和顏悅色地勸導，不要再玩糞土，這個孩童無疑的就會欣然樂從，捨彼而就此。前者是敵對形勢的「爲寇」，後者是順而止之的「禦寇」。從這一個事例裡，應如何治蒙，更可瞭然。

　　先哲論〈蒙〉，有見上爻曰「擊」，而初爻曰「刑」，遂認爲初、上兩爻對〈蒙〉最爲重要，如吳曰愼則謂：「刑與兵，所以弼教，治蒙之道備矣。」實則初爻「刑人」，是在發蒙之先，施之管束，而用桎梏，以限制其行動偏差；上爻「擊蒙」，是在治蒙最後，嚴加檢點，而用格殺，以防止其蒙而不化。兩皆消極作法，而眞正治蒙之重心，還有賴於二、五兩爻之涵養與啓發；二之「納婦」，上應六五，而能獲得陰之涵養；五之「童蒙」，下應九二，而能獲得陽之啓發。至於三、四兩爻，一爲「无攸利」，一爲「困」而「吝」，只是指示不正之陰，非〈蒙〉所宜吸取也。

肆、彖傳

　　彖曰：蒙，山下有險，險而止，蒙。「蒙亨」，以亨行時中也。「匪我求童蒙，童蒙求我」，志應也。「初筮告」，以剛中也。「再三瀆，瀆則不告」，瀆蒙也。蒙以養正，聖功也。

彖曰：蒙，山下有險，險而止，蒙。

　　〈蒙〉以〈坎〉、〈艮〉成卦，〈艮〉居上而〈坎〉居下，〈艮〉爲山，〈坎〉爲險，〈坎〉在〈艮〉下，是「山下有險」之象；〈艮〉又爲止，〈坎〉險之上，而有〈艮〉止，卦氣上行，〈艮〉則止之，是「險而止」之象。按卦體排列，上下就是內外，〈坎〉險在下，是表示險在內而非在外。任何事物現象，正當蒙稚時期，皆因本身無能，而被困於險難，在人如出生未久之嬰孩，囿於懵懂無知，飲食寢處，在在都存有險難的可能，一不小心，就會導致疾病，其險難即從日常內在生活而起；猶之高山之下，必有深壑之險，其險境的形成，若窮其所自，即成自山體本身之內，故曰「山下有險」。但〈艮〉象爲山，其義爲止；止者，止於其所也。山之形勢，極其穩定，而能很安詳地止於其所；蒙稚的嬰孩，雖有一些險難，蘊藏在本身之內，可是基於蒙稚無知，根本就不理會這些

險難，而處之泰然，止於險難之中，有如山之穩定，不驚恐，不憂慮，嘻嘻自適，遂在險難之中，以逐漸成長，故曰「險而止」。又據《廣韻》：「止，停也。」即停止而不行進的意思。蒙稺的嬰孩，無絲毫自主的能力，最基本的生活如飲食寢處，都不能自己料理，遇有險難，當然停止不進，而不至於冒險犯難；也就因為嬰孩蒙稺，不至於冒險犯難，一順乎自然，沒有自己的造作行為，完全生活在天德運行之下，反而能防止險難。是所謂「險而止」，不僅是「不犯難行」，且有防止險難之義，〈蒙〉之境界，足以觀矣。

蒙亨，以亨行時中也。

〈說卦傳〉曰：「〈艮〉，東北之卦也，萬物之所成終而所成始也。」東北由癸至甲，在卦氣運行上，為始終交遞之際，而始終乃時間的用語；艮卦〈象傳〉又曰：「時止則止，時行則行，動靜不失其時，其道光明。」是〈艮〉有所謂「時」之象。據卦變，〈蒙〉自〈艮〉來，〈艮〉九三下而居二，遂由〈艮〉變成〈蒙〉，在〈艮〉之九三，其位不中，下而居〈蒙〉之九二，位則得中，是由〈艮〉變〈蒙〉，而有所謂「中」之象。「蒙亨」的「亨」，義訓通暢，中爻互〈震〉為行、為動，謂〈蒙〉之所以通暢而亨，以其行動得時得中也；得時則不急不徐，適得其宜；得中則不偏不倚，恰到好處。〈蒙〉之行動既能不急不徐，適宜而得時，又能不偏不倚，恰好而得中，當然可以通暢而亨，故曰「以亨行時中也」。然而既已蒙矣，蒙則無知，如有行動，必至昏亂，何以能得時？又何以能得中呢？這得要先從天德說起。前面講過，所謂「天德」，就是陰陽氣化運行的規則，陰陽氣化為創造萬物，作有規則的運行，其運行的軌跡，最適宜不過的，而且恰到好處，要不然，便無從化生萬物；如嬰孩無知，是因為距離初生之期不久，還沒有養成自己的意識，而一本乎天德，以氣化運行的規則為依歸，氣化如何運行，嬰孩的動作，即起而應之，雖是無知，卻能飢則食、倦則眠，舉凡啼笑作息，不待人教，自然會作合乎標準的表現，誠如孟子所說的「不慮而知」、「不學而能」。如果窮究嬰孩無知，何以能有合乎標準的動作，那就是氣化運行有以使之然也；氣化運行，既經具有規則，不急不徐，不偏不倚，即使蒙如嬰孩，其在生活上的動作，自能得時得中，此所以

「蒙」而曰「亨」。

匪我求童蒙，童蒙求我，志應也。

〈蒙〉體之所以能開化，最主要的是在二、五兩爻陰陽相應。二曰「納婦」，意謂二陽已漸成長，急需應位的五陰爲之涵養，但二雖需要五陰，並不是出之於干求，而是五陰自然而然地下就二陽，與之相應；二、五既然相應，於是二得陰之涵養，五亦得陽之啓發，因而化蒙。五體少男之〈艮〉，而有「童蒙」之象，二係蒙卦主爻，變〈坤〉爲自、爲我，故卦辭曰：「匪我求童蒙，童蒙求我。」這在卦辭裡，已作詳盡的解釋。約而言之，是說二陽五陰，兩情融洽，彼此相應，並非普通形式上的結合，完全發於內在的誠摯，從心靈上交織在一起，而成感應之狀，故〈象傳〉贊之曰「志應也」。「志」是取象於〈坎〉，九二體〈坎〉，爲心、爲志；「應」之爲義，是就陰陽而言。《易》凡言「應」，指的都是陰陽；兩個陽爻，兩個陰爻，間或也有「依存」的關係，但那是相比，而不是相應。陰陽相應，在實際現象裡，如某男子看到某女子，便一見鍾情，而某女子看到某男子，也是非嫁不可，兩人從內心裡發生性分上的眞情，好像觸電一樣，膠著而不可分開；又如一對恩愛夫妻，因事分居兩地，某一個淒清之夜，丈夫正在思念妻子，恰好就是這個時候，妻子也在思念丈夫，雖隔千里萬里之遙，而「心有靈犀一點通」。所謂「志應」的意境，髣髴如此。

初筮告，以剛中也。

我們常有這樣體驗：創辦任何一種事業，在創辦之初，總是精神專注、意志集中，興趣非常之濃，過了一段時候，就漸漸由濃轉趨平淡。至於因事態不明，而用祈禱決之於筮，在祈禱之初，當然更是精神專注、意志集中，表現極其誠懇，才可以獲得祈禱的反應，而有著草上正確的指點，所以卦辭曰：「初筮告。」「告」就是反應的指點，前面解釋卦辭，已有交代。因爲〈蒙〉之主爻是九二，而九二以陽剛得中，陽剛而能得中，是表示陽剛之氣已經到了飽滿集中的程度，發之於用，又能恰到好處；陽剛之氣，本來是萬有動能的創造者，最富於感能，若已飽滿而集中，一經發動，不成問題是有

感斯應，必能獲得正確的反應。在人，陽剛之氣就是性分上的丹田真氣，這種丹田真氣，只有在發動之初，其精神意志才顯得集中而專注，平時卻看不見有什麼特殊表現；人遇不平之事，動了丹田真氣，也只是那一陣子，過後就漸漸平復了，所以卦辭只於初筮而曰「告」，〈象傳〉因即贊之曰：「剛中也。」剛中指的就是陽剛之氣得中；剛中的意境，可以再用道家的「念力」來說明。所謂「念力」，在由精神意志集中，而專注於一點所產生的力量，如有某男子在街上見到一位某女子儀態極美，怦然有動於衷，遂跟隨這位女子之後，目不轉睛，全神貫注，走不到幾百步，這位女子可能回頭看一看，其所以回頭看，是出之於不自覺，莫知然而然，完全受了某男子念力的影響；而精神集中意志專注的感應，源頭還是肇自陽剛得中，也就是這裡所說的「剛中」。蓋念力之產生，由於精神意志集中而專注，精神意志之能集中專注，則由於丹田真氣發動，丹田真氣之所以發動，那就是陽剛得中的剛中作用。由此可見，剛中意境是如何的高，其作用是如何的大。

再三瀆，瀆則不告，瀆蒙也。

　　試觀春秋古筮，凡遇一件不明的事態，要是取決於筮，只有筮一次，那就是所謂「初筮」，不會再而三地筮。為了一件事，而至再而三地筮，在祈禱者意念中，固然不專而雜，已屬不誠，尤其對待神明，近乎褻瀆，最為不敬；不誠而又不敬，還能夠獲得正確的感應嗎？所以卦辭說：「再三瀆，瀆則不告。」瀆是取象於內體〈坎〉，〈坎〉為溝瀆，但瀆之取象，雖為溝瀆，而瀆之涵義，卻為褻，這可以參閱卦辭的解釋；〈象傳〉則據瀆之涵義，而曰「瀆蒙也」，謂有褻瀆於蒙，以致筮而不告。蓋以〈蒙〉無自己的意識，一本乎自然，而為天德境界，其於人天之間，息息相通，以言感應，非常靈敏；但如二三其德，衷心不誠，雜有褻瀆態度，〈蒙〉之境界，即已喪失，而人天之間的管道，亦即隨之而阻塞不通，便無從發生感應作用矣！這不僅人天的關係是如此，人與人的關係亦莫不然；如與人交往，完全擺出一副世故的面孔，朝三暮四，藏頭露尾，似此不誠對人，人家怎麼樣呢？當然心理設防，而回答的更是不誠，可能變本加厲地狡詐，終於導致不愉快的收場，根本就談不上感

應。人尙如此，何況神明？瀆則不告，固其宜也。

蒙以養正，聖功也。

　　二至上，有頤卦體象，頤者養也。〈頤‧象〉曰：「養正則吉也。」〈蒙〉以九二爲主爻，九二得中，互體爲〈震〉，〈震〉長子主器，是即正也；九二得六五涵養，是即養正，故曰「蒙以養正」。九二體〈坎〉，〈坎〉爲思，〈洪範〉云：「思曰睿……，睿作聖。」是所謂「聖」，取象於〈坎〉；〈繫辭傳〉曰：「三多凶，五多功。」六五順應九二，其象爲「功」，故曰「聖功也」。這兩句是贊卦辭「利貞」之義，謂以〈蒙〉守蒙，而養其正，乃作聖之功夫。蒙卦緊接屯卦，初生未久，渾渾沌沌，天德是依，生活一切，還守在本來性天之內，本來性天，就是各家修持所追求的終極目標；而〈蒙〉之爲「蒙」，在於卦氣內行、神不外馳，那更是修持者所必備的重要條件。以靜坐而言，靜坐的內容，無非身體不動，呼吸不亂，頭腦不想，其行功的層次，是由身體不動，做到呼吸不亂，由呼吸不亂，做到頭腦不想，豈不就是神不外馳、卦氣內行的〈蒙〉嗎？前面講過，儒家是盡心知性，道家是修心養性，釋家是明心見性，都從心不外務著手，以保全性的內養，因爲心與性，義屬表裡，好像一座鏡子，如將鏡子收藏在箱櫃裡，以存其光明之體，那是性；如將鏡子放在外面，用來照物了，便是心。所以有感爲心，心常動之於外；無感爲性，性則蘊之於內。心如不動，性則圓融，這一套由心到性的修持，無異乎是要返回本來性天，而入於〈蒙〉的天德境界，庶幾乎與宇宙合而爲一矣！故能以蒙養正，乃作聖的功夫，其成就之大，非語言文字所能形容。

伍、大小象傳

象曰：山下出泉，蒙，君子以果行育德。

　　〈蒙〉以〈艮〉〈坎〉成卦，外體〈艮〉爲山，內體〈坎〉爲水，中爻互體〈震〉爲出，〈坎〉水在〈艮〉山之下，而爲山下初流出來的泉水，故曰：「山下出泉，蒙。」意思是說〈蒙〉尙出生未久，物之穉也，而泉水乃水之源頭，不像江湖河海的水，那樣的浩瀚

無涯，只是纖細之流而已；尤其初出山下的泉水，發源未久，才具水之雛形，其爲體也，極其微弱，一如幼稚之〈蒙〉。前面講過，〈蒙〉之境界，非常純潔，這與泉水亦有類似之處；泉水本來就是很潔的，何況山下初流出來的泉水，沒有經過任何的汙染，清澈到底，光明如鑑。一種晶瑩之體，擬諸純潔之〈蒙〉，允稱恰當，所以〈大象〉即用「山下出泉」爲喻以贊〈蒙〉，亦即老子所謂「上善若水」之義也。〈蒙〉以九二陽爻爲主，九二之陽，自〈乾〉來居內體之中，〈乾〉爲君子，是有「君子」之象；〈艮〉體一陽，高居卦上，有果蓏之象；中爻互體〈震〉爲行，是爲「果行」，果行之義，謂無三心二意，是怎樣，就怎樣，毫不猶疑，而果決於行，且能徹頭徹尾、篤篤實實，行之必有成果而後已。〈蒙〉本〈坤〉體，經由〈乾〉來化〈坤〉，而〈坤〉以養〈乾〉，從而構成〈蒙〉之天德境界，是〈坤〉爲育而〈乾〉爲德；卦內六五之陰下應九二，以涵養九二之陽，陰養陽德，亦有「育德」之象。「德」而曰「育」者，德非經育養，無以成其爲德。蓋德對道而言，在天爲道，在人爲德，而德者得也，人能得天之道，以行之於人事，斯可稱之爲德；如天道無私，以化育萬物，人若亦無私情，以化育萬民，則得之矣。故德非小恩小惠，如同天道一樣的偉大，當然需要長久的育養，其德之基礎方見博厚；但德之育養，並非普通常人所能辦得到，即果決而有成果之行，亦不可寄望於人人，必須抱道君子，才能夠果行，才能夠育德，故曰「君子以果行育德」。「以」之爲義，因之也、用之也，謂君子即因山下出泉之〈蒙〉，而用其純潔，藉使行則因之而果、德則因之而育；尤其果行即所以育德，育德即所以果行，斯二者又係相須而成也。

初六象曰：利用刑人，以正法也。

初體〈坎〉，〈坎〉爲法律；據納甲：〈坎〉初爻辰爲寅，寅上值廉貞，廉貞性最謹肅端正，以廉貞居於法律地位，是有「正法」之象。寅在時間上，天猶未明，最多不過是微明而已，這種將明未明之際，擬之於發蒙之初，恰相類似。〈蒙〉的本來，就是蒙昧，初居〈蒙〉之最下端，乃蒙昧之至者：兼之，初體〈坎〉，而在〈坎〉之下，〈坎〉已幽暗，在〈坎〉之下，乃幽暗之至者。以極蒙昧之

資，又居極幽暗之環境，當然很容易發生偏差，必須嚴加管束，猶之施刑於人，以限制其行動，並端正其趨向，而納之於合法之正軌，故曰「以正法也」。前面爻辭裡面曾經解釋過，如對孩提之童，須有適當之管束與教導，不可一任其放縱；孩提之童懵懂無知，任其放縱，難免不染成惡習，而淪於下流。因當發蒙之始，就一個現象發展而言，是最爲重要的關頭，所謂「愼之於始」是也，應牢牢把握，而必正之以法也。

九二象曰：子克家，剛柔接也。

主爻九二，互體成〈震〉，〈震〉爲長子，上承外〈艮〉，〈艮〉爲宮闕；長子主器，而居宮闕之內，以撐持門戶，是有「子克家」之象。子之所以克家，以九二是「見龍在田」之陽，陽已成熟，可以接納六五之陰的涵養，而六五之陰亦下而順應，以養九二之陽，陰陽之間，兩情融洽，陽性剛，陰性柔，故曰「剛柔接也」。《虞氏易》則取「旁通」爲說，具見爻辭解釋，不再贅述。證之於實際現象，例如我們的精神意志很飽滿，而具有聰慧的思想能力，才可以吸收書本的知識；而書本知識，也只在精神意志飽滿的情形之下，才可以啓發我們的思想。精神意志，屬於陽剛；書本知識，屬於陰柔。所謂「剛柔接」的境界，大概如此。

六三象曰：勿用取女，行不順也。

三變內體成〈巽〉，〈巽〉爲順。三未變不順，三與二、四又互成〈震〉，〈震〉爲行，是有不順而行之象；因爲三以陰柔之質，居陽剛之位，不無僭越之嫌，而又乘在九二之上，當然談不到匹配，其與九二，不僅不應，且有凌陽之勢，故曰：「行不順也。」爻辭所以戒之「勿用取女」，道裡就在此。舉例以明之，如我們爲謀自身發展而作某種進取，若在進取的行動中，諸多不順，即應放棄，已感不順，而仍進取，不但毫無所獲，反而招致損傷、破敗；這就由於所進取之標的，並不是自身應有之資用，好像六三之於九二。

六四象曰：困蒙之吝，獨遠實也。

易例：「陽實陰虛」。「遠實」之「實」，是指陽而言；六四對在上之上九一陽，爲六五所阻隔，對在下之九二一陽，又爲六三所阻

隔，上下兩陽，距離皆遠，而獨處於群陰之中，困於幽暗，故曰：「獨遠實也。」陽是主宰的能力，萬有生機，皆藉陽爲之鼓舞以發動，沒有陽，或者陽不爲所用，便喪失了主宰的能力，而無從發動生機，這當然要陷於困頓的地步。在人，陽是精神意志，精神意志如果不健康，而喪失了功用，便莫知所之，進退無據，形同白癡，一切都施展不開；到了這種程度，還能夠不由困頓而至於「吝」嗎？

六五象曰：童蒙之吉，順以巽也。

五變外體成〈巽〉，〈巽〉爲「順」。〈蒙〉本〈坤〉體，卦氣內行，順而內行，自然而然的，五遂下應九二之陽；但〈巽〉之爲義，〈說卦傳〉釋之爲「入」，入是入之於內，表示最爲深切的意思。蓋以五、二陰陽之應，並不僅是外表形式的結合，而是內在眞性情的融洽，融洽得最爲深切，故曰：「順以巽也。」順而重之曰「巽」，極言其陰陽兩情相入之深切，以〈蒙〉至六五階段，陰有所歸，陽有所養，陰陽開化，順而且巽，已達到孩童天德境界的頂點，所以爻辭斷之爲「吉」。間嘗看到一對恩愛夫妻，丈夫想吃某一道菜，尚未說出，妻子就已經做了這一道菜；妻子想製某一種衣服，尚未說出，丈夫就已買了這一種衣料。夫妻之間，丈夫有此意念，妻子的意念也就起而應之，兩情融洽，如此其極，莫知然而然，莫知至而至。是即「順以巽」之實例說明，殆由天德爲之主宰也。

上九象曰：利用禦寇，上下順也。

上九與六三相應，上九在上，變則外體成〈坤〉，〈坤〉爲順，其象是上順；六三在下，變則內體成〈巽〉，〈巽〉亦爲順，其象是下順；故曰：「上下順也。」在上之上九，乃化蒙之陽明，是指治蒙者而言；在下之六三，居於群陰之下，而又體〈坎〉，幽暗已極，是指蒙者而言。〈蒙〉至上九，其蒙如猶未化，不得已而動用兵刑之威，以擊其蒙；但既動用兵刑，即難免不形成敵對，而相激相盪，甚至淪爲盜寇，故必須妥爲防禦，循循誘導，使不致淪爲盜寇。夫而後治蒙者與蒙者，上下之間，可以順利相處，而治蒙之道，亦因之而順利達成；這在爻辭裡，已舉例而詳加解釋，茲不贅。

Note

Note

國家圖書館出版品預行編目資料

周氏易經通解（第一冊）／周鼎珩遺著、陳素
　素等記錄. －－初版.－－臺北市：五南圖
　書出版股份有限公司, 2021.11　面；　公
　分
ISBN 978-626-317-250-0（平裝）

1.易經　2.注釋

121.11　　　　　　　　　110016203

4X1W

周氏易經通解（第一冊）

作　　　者 — 周鼎珩遺著、陳素素等記錄

校　　　對 — 李鴻儒、陳永銓

發 行 人 — 楊榮川

總 經 理 — 楊士清

總 編 輯 — 楊秀麗

副總編輯 — 黃惠娟

責任編輯 — 吳佳怡

封面設計 — 韓衣非

出 版 者 — 五南圖書出版股份有限公司

地　　　址：106台北市大安區和平東路二段339號4樓

電　　　話：(02)2705-5066　　傳　　　真：(02)2706-6100

網　　　址：https://www.wunan.com.tw

電子郵件：wunan@wunan.com.tw

劃撥帳號：01068953

戶　　　名：五南圖書出版股份有限公司

法律顧問　林勝安律師事務所　林勝安律師

出版日期　2021年11月初版一刷

定　　　價　新臺幣400元